KB116897

당신 앞의 10년

미래학자의
일자리 통찰

당신 앞의 10년
미래학자의 일자리 통찰

1판 1쇄 발행 2020. 5. 11
1판 3쇄 발행 2021. 7. 1

지은이 최윤식

발행인 고세규
편집 심성미 디자인 정윤수 마케팅 백선미 홍보 김소영
발행처 김영사
등록 1979년 5월 17일 (제406-2003-036호)
주소 경기도 파주시 문발로 197(문발동) 우편번호 10881
전화 마케팅부 031)955-3100, 편집부 031)955-3200 | 팩스 031)955-3111

저작권자 © 최윤식, 2020
이 책은 저작권법에 의해 보호를 받는 저작물이므로
저자와 출판사의 허락 없이 내용의 일부를 인용하거나 발췌하는 것을 금합니다.

값은 뒤표지에 있습니다.
ISBN 978-89-349-8632-4 03320

홈페이지 www.gimmyoung.com   블로그 blog.naver.com/gybook
인스타그램 instagram.com/gimmyoung   이메일 bestbook@gimmyoung.com

좋은 독자가 좋은 책을 만듭니다.
김영사는 독자 여러분의 의견에 항상 귀 기울이고 있습니다.

최윤식 박사의 **미래 한국 리포트**: 일, 회사, 능력 편

당신 앞의 10년

Insight
into
Job

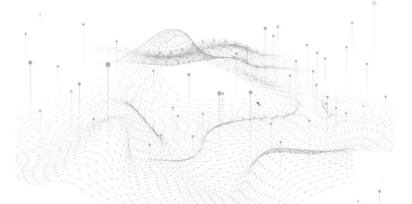

미래학자의
일자리 통찰

최윤식 **지음**

김영사

어떤 직업을 선택해야 할지
막막한 사람에게

일자리 불안이 크다. 불안이 커질수록 '나의 다음 일자리는 무엇일까?'라는 당장의 고민도 커진다. 일자리 고민은 여기서 끝나지 않는다. 당장도 문제인데, 최소 60년 이상 일해야만 먹고사는 100세 시대 공포가 몰려오면서 미래 일자리에 대한 두려움도 함께 커진다. 지금 당장, 혹은 미래에 어떤 직업을 선택해야 할지 막막한 사람들이 주위에 늘어만 간다. 걱정과 우울함으로 시간을 보내기만 하는 것은 해법이 아니다. 무엇을 해야 할까?

필자가 조언하는 것은 '생각'이다. 두려움에 떨지만 말고 당신의 힘으로 미래를 생각해보라. 막연한 공포에 사로잡히거나 디스토피아 시나리오에 귀를 기울이지 말라.

물론 당신이 전문 미래학자나 미래 연구가가 아니기 때문에 의미 있는 미래를 예측하는 방법을 잘 알지 못할 것이다. 하지만 낙심하지 말라. 당신이 좀 더 나은 미래를 꿈꾸고, 의미 있는 미래를 생각해볼 수 있도록 이 책이 도와줄 것이다. 이 책에서 오랫동안 세계의 변화를 추적하고 연구한 내용을 기반으로 미래의 일과 회사, 그리고 능력 등을 예측해보았다.

필자의 미래 예측은 예언이 아니다. 사람은 미래를 완벽하게 맞힐 수 없다. 그러니 이 책에서 예측한 미래의 모습을 예언처럼 받아들이지 말고 다양한 가능성이라고 생각하기 바란다. 지금과 또 다른 미래의 모습 중 하나라고 말이다. 이런 편안한 마음으로 필자의 예측을 읽으면서 다양한 생각을 시작하라. 두려움과 공포로 마음을 가득 채우기보다 논리적이고 확률적인 관점에서 미래를 생각한다면 최소한 당신의 기분은 훨씬 더 좋아질 것이다. 운이 좋다면 미래에 대한 새로운 희망을 발견할 수도 있고, 두려움을 떨치고 미래를 대담하게 준비할 힘과 지혜 그리고 좋은 방향을 찾을 수도 있다.

이 책에서 직업과 일자리 두 단어를 구별해 사용할 것이다. '직업職業/job'의 사전적 의미는 "생계를 유지하기 위해 자신의 적성과 능력에 따라 일정한 기간 동안 계속하여 종사하는 일"이다. 직업이란 단어를 사용할 때는 특별하거나 고유한 직무 혹은 과업까지 포함한다. '일자리'도 사전적 의미로는 비슷한 뜻이다.

하지만 단순하게 일을 할 수 있는 기회만을 언급할 때도 사용한다. 필자는 이 책에서 특별하거나 고유한 직무 혹은 과업의 변화를 언급할 때는 '직업'이라는 단어를, 단순하게 일을 할 수 있는 기회나 자리의 규모 등을 다룰 때는 '일자리'라는 단어를 사용할 것이다.

이 책은 미래의 단편을 예측하기는 하지만 미래에 어떤 직업이 출현하고 미래의 직업은 어떤 이름으로 불릴지 등을 다루지는 않는다. 변화를 만드는 힘과 흐름을 알면 미래를 짐작해볼 수 있다는 데 초점을 두었다. 다시 한번 말하지만 정확한 예언은 불가능해도 미래 변화의 가능성을 논리적 혹은 확률적으로 계산해볼 수 있다. 이 정도면 근거 없는 막연한 기대나 어리석음이 만들어내는 과도한 두려움에서 벗어나 미래 불안을 최소화할 수 있다. 우울함에 빠져 아무런 행동도 하지 못하고 바닥에 털썩 주저앉아 비관하는 삶에서 벗어나 약간의 자신감과 방향성을 가지고 미래를 차근차근 준비할 수 있다. 이것이 이 책의 집필 동기다. 한 가지 더 기대를 품는다면, 어떤 직업을 선택해야 할지 막막한 사람에게 조그마한 희망을 던지는 것이다.

이 책이 나오기까지 수고해준 몇몇 분에게 감사드린다. 가장 먼저 필자의 원고를 인내심을 가지고 기다려주고 수많은 독자에게 선보일 수 있도록 힘써준 김영사 고세규 대표님에게 감사드린다. 늘 옆에서 마음의 휴식처가 되어준 아내, 미래 희망이 되어준 아

이들, 기도와 염려로 굳건하게 자리를 지켜준 부모님에게도 감사
드린다. 필자의 연구를 도와준 부소장과 연구원들에게도 감사한
다. 마지막으로, 미래를 보는 필자의 생각에 관심을 가지고 격려
와 지지를 보내주는 독자에게도 무한한 감사를 드린다.

2020년 5월 캘리포니아에서

미래학자 최윤식

2장 미래의 회사

3장 미래의 능력

1
장

미래의 일

미래 직업 키워드 1:
성장

일자리의 변화를 포함해 먼 미래의 직업을 예측하고 대비하기 위해 당신이 가장 먼저 해야 할 일은 관련된 '핵심 키워드'를 기억하는 일이다. 필자가 조언하는 미래 직업과 일자리를 예측하고 대비하는 핵심 키워드는 5가지다. 성장, 이동, 변화, 소멸, 창조.

첫 번째 키워드는 '성장'이다. 먼저 일자리 총규모의 성장이다. 미래의 수많은 변화 가능성 중에서도 가장 기초가 되는 키워드다. 미래 일자리에 대해 떠도는 이야기 가운데 가장 큰 오해는 '일자리 수의 감소'다. 이는 반은 맞고 반은 틀린 예측이다. 특정한 일work이나 직업job의 소멸도 맞고 특정 지역에 따라 일자리 규모가 감소하는 것도 맞지만, 지구 전체에서 일자리 총규모는 증가한다. 인류의 역사가 그랬다. 인구가 계속 증가하는 한, 일의 규모가 커지기 때문에 일자리 전체 규모도 계속 커진다. 인구가 증가하면 부의 총량도 증가한다. 인구 증가와 부의 총량 증가는 시장 규모를 확대시키기 때문에 계속해서 새로운 일자리나 직업을 탄생시킨다. 단, 일자리 규모의 증가 속도가 생각보다 늦거나 기술의 발달로 기존 일자리는 빠르게 사라지고 새로운 일자리는 느리게 생겨나기에, 단기적으로 일자리 총량이 감소하는 것처럼 보일 뿐이다. 하지만 시간이 지나면 기술이 만들어낸 새로운 일자리 수도 더 빠르게 증가할 것이다.

증기기관을 발명하고 적극적으로 활용하기 시작하자 방직물 생산량이 비약적으로 늘었다. 미래를 적극적으로 받아들인 영국에서는 경제가 폭발적으로 성장했다. 인공지능AI과 로봇의 발명은 생산량과 아이디어 혁신을 늘릴 테고, 바이오와 나노 기술은 새로운 원자재를 만들어줄 것이다. 이는 새로운 산업혁명을 일으켜 세계경제는 다시 한번 급격한 성장을 할 것이다.

혁신은 또 다른 혁신을 몰고온다. 혁신의 연속을 촉진한다. 한 산업에서 일어난 혁신은 다른 산업에도 영향을 준다. 자동차의 발명은 그 자체로 많은 일자리를 만들었지만 자동차 부품과 소재, 도로 건설, 주유소, 도로 주변 서비스업, 장거리 운송, 물류와 배송 등을 새로 창출하거나 변화시켰다. 자동차를 더 많이 탈수록 자원과 상품 그리고 사람의 이동이 더 빠르게 일어나면서 도시가 확장되었다. 마차 산업이 무너지면서 없어진 일자리나 감소한 부의 규모와는 비교가 되지 않았다. 미래도 이렇게 바뀔 것이다.

다음으로, 미래에는 일자리를 구하는 사람의 능력도 '성장'한다. 기술 발달 덕분이다. 역사적으로 볼 때, 기술이 발달할수록 인간의 일하는 능력도 성장했다. 인간의 능력이 성장하는 만큼 일하는 수준도 성장했다. 일하는 수준이 높아지면 생산성의 향상이 일어난다. 생산성 향상은 제품과 서비스 가격을 하락시켜 더 많은 소비자가 시장에 참여하게 한다. 시장 규모의 증대는 다시 일자리 수의 증대를 가져오는 선순환을 만든다.

단, 시대에 따라서 이런 선순환의 속도가 차이 날 뿐이다. 어떤 시대에는 선순환이 빠르고, 어떤 시대에는 느릴 뿐이다. 특정한 지역에서는 선순환이 빠르고, 어떤 지역에서는 선순환이 아주 느릴 뿐이다. 농경시대에는 과거 수렵시대보다 더 많은 일자리가 만들어졌지만 일자리가 만들어지는 속도가 느렸다. 기계를 발명해서 노동력을 증대시킨 산업시대에는 일자리 증가 속도가 빨랐다.

앞으로 열릴 제4차 산업혁명 시대이자 지능 시대는 인공지능으로 대변되는 뇌기계의 빠른 진보와 스스로 더 많은 뇌를 사용하는 인간의 변화로, 개인당 노동 능력의 극대화가 일어나 부의 총량이 더욱 증가할 것이다. 인공지능 기술이 결합된 자율주행차와 로봇도 노동력 극대화에 기여한다. 5G 통신 기술을 뛰어넘어 6G, 7G 등 계속되는 통신 기술의 발달은 더 넓고 빠른 연결과 소통의 증대를 만들 것이다. 더 빠른 교류 속도는 개인별 노동력의 승수효과를 높인다. 노동력의 증대는 생산성 향상을 일으켜 더 많은 생산과 소비를 낳고, 소비시장의 성장은 부의 규모를 증가시킨다.

필자가 예측하는 디지털 영생이나 생물학적 반*영생도 부의 축적 증가와 부의 누림을 극대화할 것이다. 이런 모든 변화가 21세기 인구 폭발과 맞물려 일자리 총규모의 증가 가능성을 키워 준다.

미래 직업 키워드 2:
이동

두 번째 키워드는 '이동'이다. 이 키워드는 '성장'이란 키워드와 함께 움직인다. 앞에서도 설명했듯이, 미래 일자리의 총규모는 성장하지만 모든 지역에서 동일하게 일어나지 않는다. 일자리 수가 증가하는 지역이 '이동'한다. 일자리가 증가하는 업종도 '이동'한다. 이는 글로벌 경쟁구도, 인구구조, 신기술로 인한 신시장 형성 등의 이유 때문이다. 먼 미래로 가면, 일자리가 늘어나는 장소가 현실에서 가상으로 대이동하는 놀라운 사태도 발생한다. 필자는 3단계의 가상혁명을 예측한 적이 있다.

제1차 가상혁명은 현실만 있던 시대에서 컴퓨터와 인터넷의 출현으로 가상세계가 만들어진 단계다. 이 단계에서는 가상과 현실의 경계가 분명했다. 하지만 제2차 가상혁명의 단계에 들어가면 가상과 현실의 경계가 파괴된다. 가상과 현실의 구별을 어렵게 하거나, 가상과 현실의 경계가 파괴되는 듯 착각하게 하는 다양한 가상현실VR(Virtual Reality) 기술이 출현하기 때문이다. 우리가 사는 현재는 이 단계다. 가상혁명의 마지막 단계는 눈을 통하지 않고 뇌에서 직접 가상세계로 연결하는 기술이 상용화하기 시작하면 일어난다. 제3차 가상혁명이다. 가상과 현실의 구별이 전혀 없어지고, 가상과 현실이 하나로 통합되는 시대다.

가상혁명의 단계마다 직업과 일자리의 변화도 일어난다. 제1차 가상혁명기에는 인터넷을 매개로 새로운 직업이 만들어진다. 가상과 현실의 일자리가 공존한다. 제2차 가상혁명기에는 가상이 현실을 지배하면서 현실의 일자리가 위협받는다. 같은 직업이라도 가상공간Cyber Space을 통하지 않는 현실 일자리는 인기가 떨어지거나 연봉이 낮아진다. 현실의 일자리가 가상공간의 일자리로 대체되는 일도 벌어진다. 현실에 존재하는 대규모 유통업체가 가상에 존재하는 인공지능 유통업체에 시장을 빼앗기며 생존을 위협받는 것이 대표적이다. 덩달아 현실 일자리가 위태로워진다. 마지막 3단계 가상혁명 시대가 되면 가상세계에서 새로운 직업과 일자리 창출이 폭발한다. 지금은 상상하지 못할 직업과 일자리 규모가 가상공간에서 만들어진다. 여전히 현실이 가상과 동시에 존재하지만, 가상은 현실보다 더 현실다워지고 현실에서는 불가능한 것을 가능케 하는 세계가 되기 때문이다. 이런 미래까지 고려한다면 미래 일자리 혹은 직업의 '대이동'이란 표현이 어울린다.

미래 직업 키워드 3:
변화

세 번째 키워드는 '변화'다. 일자리 대이동이 일어나는 이유는 일자리를 둘러싸고 있는 내외부 환경이 크게 변하기 때문이다. 환경의 변화가 일자리 대이동을 만들어내고, 일자리 대이동은 좋은 직업의 종류를 변화시킨다. 일자리는 그냥 만들어지지 않는다. 일자리 혹은 직업은 사회, 기술, 경제, 자연환경, 법, 정치, 제도, 종교 등 주변 환경의 변화와 가깝게 연결되어 있다.

경제가 좋으면 일자리가 많아지고, 주도하는 기술이 바뀌면 일자리의 희비가 엇갈린다. 신기술과 신시장은 부가가치가 있는 제품과 서비스를 바꾸고, 이는 다시 좋은 직업이나 회사를 판단하는 기준을 바꾼다. 물론 좋은 직업을 분류하는 기준은 '얼마나 많은 돈을 버느냐'는 한 가지만이 아니다. 가치, 연봉, 워라밸Work-life Balance, 지역, 지속 가능성 등 다양하다. 미래에도 좋은 직업을 선택할 때 이런 기준이 똑같이 사용될 것이다. 하지만 각 기준의 정의는 거의 모두 변할 것이다. 기준의 정의가 바뀌면 좋은 직업의 종류도 변한다. 거의 모든 직업에서 좋은가 좋지 않은가에 대한 평가가 바뀔 것이다. 신기술은 일하는 방식도 변화시킨다.

글로벌 경쟁구도의 변화나 인구구조 변화도 일자리 전망을 변화시킨다. 미래에는 새로운 곳에서 일자리가 출현하거나 특정한 일이나 직업이 없어지는 변화만 있지 않다. 남아 있는 거의 모든 직업과 일자리에서도 가치의 정의, 연봉의 수준, 워라밸의 정도, 지역적 유망성, 지속 가능성의 유무가 변화한다. 자연환경이 큰 변화를 일으키기 시작해도 새로운 직업이 탄생한다. 법과 제도가 바뀌어도 일자리나 직업의 변화가 나타난다. 사회 분위기가 바뀌거나 사람들이 믿는 가치나 종교가 바뀌어도 직업과 일의 형태가 바뀐다. 지금 일자리 대이동이 일어나는 이유는 우리 주위 거의 모든 영역에서 인류 역사상 가장 크고 극적인 환경 변화가 일어나기 때문이다.

일하는 방식도 변화한다. 대표적으로 누구와 일하는가, 무엇을 가지고 일하는가, 어디서 일하는가, 왜 일하는가 등이 변화한다. '누구와 일하는가'는 일하는 동료의 변화다. 동료의 변화는 2가지다. 하나는 인공지능, 인공지능로봇 등과 일하는 것이다. 사물과도 일한다. 사물인터넷IoT 시대가 본격적으로 시작되면 인간은 자기 주변의 사물과도 일을 한다. 사물과 정보를 주고받고 사물에 일을 시키고 사물이 인간을 대신해 다양한 일을 한다. 공장에서 기계와 일하는 방식이 사무 공간이나 집 안까지 확대되는 것이라고 생각하면 된다. 다른 하나는 전 세계 사람과 일을 하는 것이다. 내가 거주하거나 회사가 있는 특정 지역에서 사람을 만나 얼굴을 마주보며 일하던 시대에서 전 세계에 흩어져 있는 사람과 24시간 일하는 시대가 된다.

'무엇을 가지고 일하는가'는 일하는 도구의 변화다. 당연히 인공지능이나 인공지능로봇과 일한다. 자율주행자동차도 일종의 인공지능로봇이다. 지능을 발휘해야 하는 곳에서는 인공지능과 함께 일하는 현상이 흔해질 것이다. 물건을 만들어야 하는 곳에서는 3D프린터를 비롯한 디지털 제조 도구를 가지고 일하게 된다. 지금은 사무행정이나 제조가 각기 다른 사람들의 영역이다. 미래에도 이 둘이 각기 다른 전문성을 띠고 분리되겠지만, 대부분은 도구의 혁명적 변화로 사무행정과 제조가 혼합된 환경에서 일하게 될 것이다. 물건을 만드는 사람도 인공지능과 일하면 물건 제조에 필요한 기획부터 마케팅과 재고관리에 이르기까지 손쉽게 해결할 수 있다. 거꾸로, 사무실에서 일하는 사람도 자신의 기획안으로 3D프린터를 비롯한 디지털 제조 도구를 활용해 물건을 직접 만들 수 있다. 먼 미래에는 개인도 나노 도구를 활용해서 일하는 시대로까지 발전할 것이다.

'어디서 일하는가'는 일하는 장소의 변화다. 이 변화에 가장 큰 영향을 미치는 것은 개인 디바이스의 혁명, 5~6G 이상의 모바일 통신 기술의 지속적인 발달, 수많은 협업 툴, 가상혁명 등이다. 우리가 사용하는 스마트폰, 컴퓨터, 시계, 안경을 비롯해 자동차나 집까지 모든 개인 디바이스는 앞으로도 계속해서 혁신을 거듭할 것이다. 개인 디바이스의 혁신은 개인의 삶을 향상시키고 국가 전체가 투자해야 할 인프라 구축 비용도 감소시킨다. 예를 들어, 과거에는 국가 혹은 회사가 막대한 돈을 들여 원격회의 인프라를 구축해야 했다. 하지만 이제는 그럴 필요가 없다. 환경이 저절로 변하고 있다. 지금 우리가 사용하는 스마트폰이나 컴퓨터 자체가 강력한 원격회의 장비다. 통신사는 자신들의 비즈니스 성공을 위해 막대한 돈을 투자해 모바일 통신 서비스를 향상시킨다. 화상회의 소프트웨어를 개발하는 회사는 거대한 플랫폼을 구축하기 위해 최고의 기술 서비스를 무료로 배포한다. 이렇게 각자 자신의 이익을 위해 움직이는 이기적 행위들이 결합해 값싸면서도 강력한 '개인 텔레프레즌스telepresence'(원거리를 뜻하는 '텔레tele'와 참석을 뜻하는 '프레즌스presence'의 합성어로, 멀리 떨어져 있는 사람을 마치 같은 공간에 있는 것처럼 보이게 하는 기술)라는 이타적 서비스가 탄생했다.

기업은 더 뛰어난 화상회의 시스템을 만들기 위해 투자를 반복할 필요가 없다. 앞으로도 통신사가 알아서 화상회의에 필요한 통신 기술을 계속 증강해줄 것이다. 6G 이상이 되면 자동차 안에서 스마트폰으로 대용량 고화질 영상과 콘텐츠를 세계 어디로나 실시간으로 주고받을 수 있다. 심지어 의사는 개인 스마트폰으로 원격 수술 현장에 동참해 의견을 주고받을 수 있다. 개인도 필요에 따라 더 뛰어난 카메라나 연산 칩이 장착된 디바이스를 계속 재구매하며 장비를 스스로 향상시킬 것이다. 화상회의 소프트웨어를 개발하는 회사나 실시간으로 각종 업무를 협업할 수 있는 소프트웨어를 개발하는 회사도 경쟁적으로 성능을 높여갈 것이다. 그럴수록 개인 텔레프레즌스 서비스도 빠르게 향상되고 보편화된다. 이런 환경이 저절로 만들어지면 회사에 출근하기 위해 매일 2~3시간을 소모할 필요가 없다는 생각도 널리 퍼질 것이다. 아니, 미친 짓이거나 비효율적인 업무 방식이라고까지 말하는 사람이 늘어날 것이다. 고객을 만나기 위해 비행기를 타고 멀리 지구 반대편까지 날아가야 할 일도 개인 텔레프레즌스 기술을 이용하는 쪽으로 바뀌게 된다.

집 안에서 혹은 세계를 여행하면서 일하는 미래는 멀리 있지 않다. 조금의 불편을 감수하면 당장이라도 할 수 있다. 필자도 미국에 머물 때면 앞에서 설명했던 무료 서비스를 이용해 한국에 있는 연구원들과 회의를 하거나 정기적으로 화상강의를 한다. 미국 안에서도 이런 기술을 이용해 비행기로 2~3시간 떨어진 다른 주에 있는 사람과 일하지만 큰 불편을 느끼지 못한다. 앞으로 공유 사무실을 넘어 모든 공간과 지역이 일하는 장소로 변하는 흐름은 더욱 빨라질 것이다. 실리콘밸리처럼 특정 산업의 허브 도시도 그 필요성이 줄어들 것이다. 집값이나 생활비가 비싸고, 교통량이 많아 짜증스럽고, 수많은 사람과 부대껴 번잡했던 환경에서 벗어나려는 욕구가 거세질수록 일하는 방법이나 장소의 변화를 추구하려는 움직임이 더 활발해질 것이다. 기업의 입장에서도 일하는 장소의 한계 때문에 최고의 인재를 놓치거나 영입하지 못하는 불편함에서 벗어날 수 있다. 원격 일터, 원격 노동자, 전 세계에 흩어져 분산된 팀, 경계가 없고 강력한 협업, 빠르고 유연한 팀 조직의 변동성 등은 미래 일터의 한 주류를 차지할 것이다. 최근의 한 연구 결과에 따르면 직장인 80~90%가 원격으로 일하는 조건을 원하고 있으며, 2028년까지 원격 근로자가 회사 부서의 73%를 차지하는 시대가 될 것이라고 예측했다.[1]

'왜 일하는가'는 일하는 목적의 변화다. 미래에는 생존을 위해 돈을 버는 것이 아니라, '의미'를 창출하기 위한 행위로 노동을 대하는 새로운 노동문화가 생겨날 것으로 예측해볼 필요가 있다. 한국 사회는 시위조차도 문화적 행위로 만들어가고 있다. 미래에는 노동도 문화적 행위로 만들어갈 수 있다. 최소한의 의식주 확보를 위한 노동이 아니라, 자신이 가고자 하는 길과 목적을 따라가는 자유의 탐색 과정에서 노동을 추구하는 것이다. 여기서의 자유는 원하는 시간에, 원하는 장소에서, 원하는 만큼, 원하는 조건으로, 원하는 사람을 위해 일하는 것을 말한다. 시간이 갈수록 회사나 조직에서 생존하기 위해 가면을 쓰거나 계산된 표정을 지으며 정체성을 잃어버리는 노동 대신, 자기를 마음껏 표현하며 본래의 모습대로 살아가는 진실성을 되찾을 수 있는 노동을 추구해야 한다.

미래 직업 키워드 4:
소멸

네 번째 키워드는 '소멸'이다. 말 그대로 일부 직업이나 일이 '없어지는' 미래를 피할 수 없다. 일자리나 직업을 둘러싼 주변 환경이 크고 극적으로 변화되기 시작하면 대이동뿐만 아니라 소멸과 창조가 동시에 일어난다. 소멸이 일어나는 가장 큰 이유는 기술의 발달로 노동 자동화가 가속되기 때문이다.

아마도 인간은 노동을 시작할 때부터 자기를 대신해서 노동해줄 누군가 혹은 무엇인가를 원했을 것이다. 다른 사람에게 자신의 노동을 대신하게 하려면 노예로 삼거나 노동 대리인을 고용해야 한다. 노예를 얻거나 사람을 고용하는 비용이 늘어나면서 가축에게 그 일을 대신하게 하거나 기계를 만들어 노동을 자동화하는 방법을 연구했다. 기술의 발달은 곧 노동 자동화의 발달로 연결되었고, 노동 자동화의 발달은 어떤 일자리는 소멸시키고 어떤 일자리는 새롭게 창조하는 과정을 반복했다. 노동 자동화 속도가 빨라지면 소멸과 창조의 속도도 빨라졌다.

일이나 직업이 없어지는 이유는 크게 2가지다. 일 자체가 필요 없어지거나 일은 그대로 있어도 인간이 필요 없는 경우다. 특정 직업과 연관된 일 전체가 없어지면 직업 자체가 없어진다. 과거 사례로 설명하면, 시내버스 안내원이나 신문이나 책을 찍을 때 조판 작업을 하던 활자공 등이다. 인공지능과 로봇 등의 기술이 발달하면, 인간의 육체노동을 빼앗는다. 이미 인공지능은 스포츠 경기 결과를 요약한다든지 과거의 재판 판례를 찾아낸다든지 하는 인간의 단순한 지적 노동을 대신하기 시작했다. 이런 영역에서 사람의 일자리는 줄었지만 아직 직업 자체는 남아 있다. 기술이 인간을 완전히 대체하지 않았기 때문이다.

인간을 대신해 물건을 들어 올리거나 자동차 공장에서 능수능란하게 용접을 하는 기계적 로봇에 스스로 분석하고 판단할 수 있는 인공지능이 탑재되면 인간은 더 많은 육체노동을 빼앗길 것이다. 이미 인공지능로봇은 커피를 내리거나 식당에서 음식을 주문받아 식탁까지 가져다주는 일에서 인간을 대신하기 시작했다. 음식을 배달하거나 공장에서 나사를 바거나 용접을 하거나 창고에서 무거운 물건을 운반하거나 하는 일 자체는 미래에도 그대로 있을 테지만, 인간의 일자리는 소멸될 수 있다. 즉, 일은 있어도 직업은 없어진다. 자동화기계, 사물인터넷, 인공지능, 자율로봇 등이 어우러진 자동화시스템이 빠르게 확산되면 인간이 필요 없는 무인 영역도 확대된다. 먼 미래가 되면, 인공지능 자율로봇은 과거에 인간이 했던 단순한 지적 노동(계산, 기억, 검색, 분류, 외삽 예측 등)과 정형화된 신체적 조작 노동을 넘어서는 일도 하게 될 것이다. 그만큼 기계의 일은 늘어나지만 인간의 일은 소멸된다.

이런 추세만 고려하면 일부 전문가들의 예측처럼 다음 세기에는 인간이 할 일이 전혀 없어지는 시대가 열릴지도 모른다. 그렇다면 지금이라도 기계를 비롯한 인공지능과 로봇을 없애야 한다. 하지만 그럴 필요가 없다. 인공지능이나 인공지능로봇과 기계의 능력을 과소평가해서도 안 되지만, 반대로 과대평가해도 안 된다.

미래에는 기계만 인간의 일을 소멸시키지 않는다. 반대로, 인간도 기계의 일을 빼앗는 놀라운 일이 벌어진다. 미래 인간은 신기술의 도움을 받아 두뇌와 근력 모두를 강력하게 업그레이드하여 빠르게 숙련 기술을 학습할 수 있다. 인공지능이나 로봇기술 등의 발달은 인간에게 새로운 능력을 갖게 할 것이다. 인공지능은 인간의 두뇌를 연장시키고, 로봇은 인간의 근력을 연장시킬 수 있다. 과거에는 긴 시간 동안 기술 교육을 받아야 숙련 근로자처럼 일할 수 있었지만 인공지능 사물인터넷 로봇 등을 5~6G로 연결한 미래에는 이런 장벽이 무너져 평범한 노동자도 가장 숙련된 전문가처럼 일할 수 있다. 이런 능력을 가진 미래 인간은 지금의 우리가 하지 못하는 일을 하고, 거대한 기계가 담당했던 일을 하게 된다. 몸에 놀라운 능력을 발휘하는 기계를 장착한 미래 인간은 과거에 단순 기계(지게차 등)가 했던 일을 빼앗기도 할 것이다.

　미래는 인간의 지능과 능력이 증강되는 시대이기에 2100년이 오면 99.99%의 사람들이 단순 노동만 하게 되어 불안정한 고용과 노동 상황에 놓이는 프레카리아트precariat('불안정한precarious'과 '무산계급proletariat'의 합성어로, 신분이 불안정한 비정규 고용 노동자층을 가리킴) 계급에 머문다는 시나리오는 현 직업의 99.99%가 사라지거나, 인공지능로봇의 단가보다 낮은 급여를 받는 일로 전락한다는 예측으로 이해하는 것이 옳다. 이런 시나리오를 미래에는 인간이 일하지 않고 놀고먹기만 하는 세상이 온다든지, 혹은 할 일을 잃어버리거나 기계보다 못한 대우를 받게 된 인간이 폭동을 일으켜 사회적 혼란이 극심해진다든지 하는 생각으로까지 비약하면 안 된다. 이런 두려움은 신기술이 출현할 때마다 늘 부각되었다. 하지만 지금까지 인간은 마음 편히 놀고먹기만 하는 시대나 대부분이 일자리를 빼앗겨 암울한 미래를 맞은 적이 없다. 인간의 특정 일자리와 직업이 소멸되거나, 거꾸로 인간 대신 일했던 기계나 가축 등의 일자리가 소멸되는 일만 있었다.

미래 직업 키워드 5:
창조

마지막 키워드는 '창조'다. 다시 강조한다. 앞으로도 일부 영역에서 일자리나 특정 직업의 소멸이 반복되지만, 인간의 일자리 총규모는 계속 증가할 것이다. 그러한 과정에서 좋은 일자리의 대이동이 일어날 것이고, 좋은 일자리의 기준이나 정의가 변하거나 일하는 방식이 바뀔 뿐이다. 새로운 일, 일자리, 직업도 나타난다. 미래에도 이럴 가능성이 확률적으로 크다는 것을 '기본 미래the baseline future'로 가정해야 한다. 최소한 99%의 사람들이 일자리를 구하지 못해 사회가 암흑천지로 바뀌는 미래가 일어날 확률은 아주 낮다. 논리적으로도 그럴듯한 미래가 아니다. 이런 미래가 일어나지 않을 또 다른 이유는 '인간의 능력' 때문이다.

인간은 새로운 일이나 직업 혹은 새로운 일자리를 만들어내는 데 천재적 능력을 가졌다. 지금 당신이 하는 일을 생각해보라. 멀리도 아니고, 불과 100년 전 사람은 하지 않았던 일이다. 지금 당신이 돈 버는 일과 방법 혹은 영역을 살펴보라. 정신 상담, 생활 코칭, 기자 혹은 리포터, 아이나 노인 돌보미, 금융 투자 등 수많은 일과 영역이 과거에는 돈을 지불하지 않았던 것들이다. 설령 과거에 이런 서비스가 있었더라도 돈을 내거나 받고 할 일이 아니었다. 과거에는 이런 일에 돈을 받는다고 하면 사기꾼이나 인정머리 없는 사람 취급을 받았다. 하지만 지금은 대가를 지불해야 하는 일자리다. 번듯하고 많은 돈을 벌 수 있는 직업이다. 미래에도 이런 식의 변화가 일어날 것이다. 지금은 돈을 지불하지 않거나 돈을 요구하면 욕을 먹는 일이 당당히 많은 돈을 버는 새로운 일이나 직업으로 바뀌게 된다. 필자의 예측으로는 미래 인간과 사회는 정신적이고 영적인 영역에서 새로운 일과 직업을 많이 창조할 것이다.

인공지능로봇과 다양한 기계가 인간이 하는 일의 상당 부분을 대신하게 되면 인간은 몰락하거나 하층민으로 전락한다는 시나리오에 너무 두려워하지 말라. 물론 불가능한 시나리오는 아니다. 하지만 또 다른 미래도 충분히 가능하다. 인공지능로봇과 다양한 기계가 인간이 해야 할 잡다한 일이나 위험한 일을 대신해주면, 위험하고 더러운 일에서 해방되어 잉여 시간이 생긴 인간이 더 나은 도전을 하고 인생을 살아갈 기회를 얻는다는 시나리오도 가능하다. 만약 어느 시나리오가 더 현실성이 있느냐고 묻는다면, 필자는 후자가 확률적으로 더 높다고 답할 것이다.

기술이 급격하게 발달하면 인류가 수천 년을 고민하며 노동의 상당 부분을 투자했던 의식주 문제가 쉽게 해결된다. 간단히 생각해보자. 당신이 지금 사용하고 있는 자동차부터 수많은 전기·전자 제품, 주방에 있는 아름다운 식기나 주방용품, 위생적으로 잘 만들어진 화장실 등은 불과 100년 전만 해도 왕이나 귀족 혹은 부자만 누리던 것들이다. 우리가 생존과 관련된 이런 놀라운 혜택을 누릴 수 있는 근본적 이유는 기술 발달 덕분이다. 기술이 발달하여 생산성이 높아지고 대량으로 제품 생산이 가능해지자 가격이 급하락했다. 이런 일이 100년 만에 일어났다. 한국의 경우는 50~60년밖에 걸리지 않았다.

앞으로는 어떻게 될까? 기술이 기하급수적으로 발달한다는 전제를 믿는다면 제품의 가격도 기하급수적으로 하락한다고 믿으라. 둘은 한 쌍이기 때문이다. 앞으로 일어나는 기술 발달은 인류 문명을 한 단계 더 진보시키고, 더 많은 제품을 더 싸게 구입할 수 있게 해주고, 인간을 생존의 위협과 의식주 문제에서 해방시켜줄 것이다.

그렇다면 인간은 어떤 삶을 살게 될까? 이 답도 간단하다. 100년 전에 살았던 사람보다 현재의 우리는 더 많은 자유와 꿈, 가치를 획득했다. 미래에는 지금보다 더 많은 사람이 '꿈과 가치를 갈망하고, 쟁취하기 위해 도전하는 시대'로 진입하게 된다. 사회는 개인적인 꿈과 가치가 모이는 수많은 '컬트적 네트워크'가 복잡하게 연결된 모습을 띠게 될 것이다. 사회 권력은 돈이 많은 사람이나 정치적 힘을 가진 이들에게서 사회적 가치를 형성하고 주도하는 이들에게로 넘어간다. 기업으로 비유하면, 무슨 상품을 파느냐보다 어떻게 하면 상품을 통해 소비자의 꿈과 가치를 실현시켜줄 수 있는지를 고민하는 것이 더 중요하다. 또한 인류가 지지하는 고귀한 가치를 제품과 서비스에 담아야 기업이 성장할 수 있을 것이다.

이런 과도한 변화의 시대는 겉으로는 환상적인 사회 모습을 보이겠지만, 정신적·영적으로는 안정적이지 못한 현상이 일어나게 된다. 새로운 환경, 새로운 직업, 새로운 동료, 새로운 가족, 새로운 능력을 요구받는 일이 빈번해지면 사람은 새로운 정신적 구심점을 찾으려는 욕구를 강하게 느낄 것이다. 기술적 환상 사회는 영적·존재적 욕구 기반 사회를 필연적으로 요구할 것으로 예측된다. 즉, 존재(영적)의 질의 최적화를 목표로 삼는 새로운 패러다임이 등장하게 된다는 말이다. 기술이 인간의 존재를 변화시킬 수 있는 수준에 이르러, 심각한 생명 윤리적 갈등 그리고 사람을 닮은 로봇과 로봇을 닮은 사람 사이에 나타날 영적·존재론적 갈등이 최고의 사회적 이슈로 대두되면 '영성 사회Spiritual Society'로 전환된다. 인간은 무언가 특정한 대상에 영적인 몰입을 하려는 욕구를 강하게 느끼게 된다. 그것은 종교일 수도 있고, 물질적인 것일 수도 있고, 신비한 현상일 수도 있고, 거짓된 사이비 이단일 수도 있다.

영성 사회의 핵심적 특성은 고도의 기계화와 인간의 물질세계 지배력에 따른 영적 불안감과 인간 존재에 대한 근본적인 성찰 욕구가 증대된다는 것이다. 이 외에도 혼란과 갈등, 즉 인간과 의식 기계(이 시대에 이르면 과학의 발달로 인해 인간처럼 의식을 갖는 로봇이 개발될 가능성이 큼)와의 본격적 갈등과 분쟁, 가상의식을 비롯한 다양한 의식들의 혼존으로 인한 계층 간 의식 갈등, 생명윤리를 둘러싼 갈등, 인공지능으로 통제되는 사회에 대한 불만족 등이 증폭될 것이다. 이런 사회에서는 영적·정신적 문제를 치유하고자 하는 요구들이 상당히 높아지면서 영적인 안정과 치유는 물론이고 영적 가치를 디자인하는 능력이나 심리과학Mental Technology 등이 중요한 역할을 할 것으로 예측된다.

미래에 영성이 부를 창출하고 새로운 직업과 일자리를 만들 것이라는 예측에 놀랄 수 있다. 영성이란 단어를 들으면 종교인이나 성직자만 떠올리기 때문이다. 전통적으로 영성은 종교적 범주에 드는 것이었지만, 미래 사회는 달라진다. 영성이란 단순하게 종교적인 면만을 의미하는 것이 아니다. 인간 내면의 깊은 감성과 고차원 사고를 모두 포함한다. 사회적 가치, 윤리 의식, 인성도 포괄적 영성의 범주에 든다. 이미 앞서가는 기업에서는 '영성경영'이라는 말도 나오고 있다. 진정한 기업윤리나 사회적 가치는 개인의 영성에 근거를 두기 때문이다. 보이지 않는 곳에서까지 스스로 윤리나 사회적 가치를 흔들림 없이 지속하기 위해서는 '신God 앞에 서 있는 개인'이라는 의식이 아주 중요하다. 진정한 윤리나 가치는 법이나 형벌, 타인의 따가운 시선과 감시만으로는 절대로 가능하지 않다. 인간은 정말 지혜롭기 때문에 이런 모든 제도적인 장치는 마음만 먹으면 얼마든지 피할 수 있다. 그래서 '신 앞에 서 있는 개인'이라는 의식이 아주 중요해지는 것이다.

정신적이고 영적인 영역의 일자리뿐만 아니라 고령화에서 발생하는 문제를 연구, 예방, 치료, 관리해주는 영역에서도 많은 일자리가 만들어질 것이다. 개인 스스로 건강하게 오래 살아야 한다는 의식이 커지고, 정부나 지자체 등에서도 오래 사는 것을 도와야 장기적으로 비용이 절감된다는 생각이 커지면서 새로운 일자리 영역도 계속 확대된다. 신체 능력을 향상시켜 신체 활동을 돕고, 인지 능력을 유지하거나 회복시키고, 사회 활동력을 강화하고, 각종 건강관리 서비스를 개발하고 확장하는 등 새로운 요구와 해법이 등장할 것이다. 이 모든 것이 일자리와 직업의 창출을 이끌게 된다. 서민층을 위해서는 사회복지 일자리 형식으로 창출되고, 중산층 이상을 위해서는 적절한 비용을 지불하는 헬스케어 산업 형식으로 많은 일자리와 새로운 직업이 만들어질 것이다.

인간의 감성을 개발하고 디자인하고 경영하는 '감성디자인 능력' 분야에서도 새로운 일자리나 직업이 생겨날 가능성이 크다. 인간의 능력 일부가 기계와 인공지능 컴퓨터로 빠르게 대체되면, 사회는 인간에게 인공지능로봇에서는 얻기 힘든 '감성'(따뜻함)이라는 키워드를 차별적인 능력으로 요구할 것이다. 감성디자인 능력이란 사람들이 미처 발견하지 못한 행복의 느낌들을 새롭게 디자인하거나 향상시켜 전달하고, 이를 지속 가능하도록 돕는 것이다. 인간의 내면을 잘 이해하고, 깊숙이 잠재된 감성 역량을 끌어내 주고, 스토리(소리 스토리, 영상 스토리, 음악 스토리, 텍스트 스토리 등)를 활용해 잘 전달할 수 있도록 돕는 능력을 가진 사람에게는 다양한 기회가 다가올 것이다.

지금 주목받는 인공지능, 로봇, 자율주행차, 나노, 바이오 등의 신기술을 활용해서도 엄청난 규모의 새로운 일자리와 들어본 적 없었던 신규 직업을 창조해낼 것이다. 인공지능 바둑 프로그램 알파고의 출현은 충격적 사건이었다. 한국이 자랑하는 세계 최고 바둑기사 이세돌 9단이 알파고에게 무너지자 호사가들의 입에서 인간 바둑기사의 암울한 미래가 오르내렸다. 바둑계의 위기론도 거론되었다. 하지만 시간이 지나면서 정반대의 새로운 현상이 일어났다. 인공지능 바둑 프로그램 덕분에 인간 바둑기사들의 실력이 향상되었다. 바둑 전략과 전술에 발전이 일어났고, 바둑에 대한 관심은 더욱 높아졌다.

이렇게 신기술은 시간이 지나면서 인간의 능력을 향상시키고 활동 지평을 확장시킨다. 그래서 미래의 일과 직업에 대한 예측은 신기술을 통한 인간의 능력 증강과 활동 지평의 확장을 감안해서 창의력을 발휘해야 한다. 예를 들어 식당에서 인공지능로봇이 활용될수록 인간의 일자리 수는 절대적으로 줄어들겠지만, 서비스 개념이 바뀌면서 손님에 대한 새로운 서비스 영역에 인간

종업원이 투입될 수도 있다. 미래에 인공지능로봇은 인간과 인간, 인간과 사물, 사물과 사물 사이에서 일어나는 물리적인 많은 일을 대신할 것이다. 그 대신 인간은 인간과 인간 사이의 관계적 상호작용, 정신적 교감과 관련된 일에 더 집중하게 된다. 단순하고 반복적인 물리적 일은 인공지능로봇이 대신하고 인간은 의미를 추구하는 일에 집중할 것이다. 그리고 여기서 새로운 직업과 일자리가 창조된다. 먼 과거에는 생존만을 위해 인간 노동력을 집중했다. 하지만 인간의 노동력을 대신하는 도구가 발명되자 인간은 그 도구와 관련된 일을 발명했고, 생존에 관련된 일은 도구에 맡기고 새로운 일을 찾아 나섰다. 즐기는 일이 대표적이다. 이른바 문화의 출현이었다.

도구가 발전하면 할수록 이성과 감성 사용이 생존에 사용되는 물리 능력 사용을 앞섰다. 고대 그리스의 모든 시민이 철학을 즐겼듯이, 미래는 이성과 감성을 사용한 상호작용과 교류 그리고 창작 활동이 모든 인간에게 확대되어 활발해지고 영혼(직관) 사용이 새롭게 늘어날 것이다. 이성, 감성, 영혼에서 인간의 잠재력과 상상력이 폭발하게 된다. 인공지능 바둑과 인간 바둑기사의 경쟁처럼 인간과 로봇의 경쟁도 하나의 즐거움 영역으로 만들어질 수 있다. 불필요한 일이나 에너지 소모에서 벗어나 잉여 시간이 늘어나고, 인공지능이라는 도구로 인간의 잠재력이 발휘되면 어떤 일이 벌어질까 상상해보라.

여기가 끝이 아니다. 신기술과 인간의 창조력 덕분에 미래에는 지구 밖 우주를 배경으로 새로운 상품과 서비스, 새로운 직업과 일이 만들어질 것이다. 지상을 벗어나 땅속, 바닷속, 하늘에서 새로운 일자리가 많이 창조된다. 미래 인간은 현실을 뛰어넘는 무한한 상상으로 가득 찬 가상세계를 만들고, 그 안에서 엄청난 규모의 새로운 일과 멋진 직업을 창조할 것이다.

이렇게 말해도, 한 가지 질문이 더 있을 것이다. "새로운 일자리가 생겨도 지금보다 적은 월급을 받는 것은 아닐까?" 그럴 수도 있다. 하지만 지금 진행되는 미래 변화의 중요한 특성이 하나 있다. 앞으로는 현재 수준의 생존과 기본 문화생활을 유지하는 데 필요한 비용도 적게 들 것이다. 미래의 인간은 3D프린터로 물건을 스스로 만들고, 자율주행차를 공유해서 타고, 인공지능 비서를 두어 다양한 서비스를 공짜로 받을 수 있다. 따라서 과거보다 적은 돈을 벌어도 그때와 같은 수준의 삶을 유지할 가능성이 크다. 물론 당신이 지금보다 더 높은 수준의 생존과 문화생활을 하려고 한다면, 적어도 지금 수준의 월급이나 더 많은 돈이 필요할 테지만 말이다.

그리고 한 가지 더 있다. 미래에 새로 만들어진 일자리나 직업이 지금보다 더 낮은 월급을 받는 자리가 될 거라고 미리 염려할 필요가 없다. 계속 늘어나는 돈의 총량과 화폐가치 하락(물가 상승)을 고려한다면 명목임금이 지금과 비슷하거나 더 많을 수도 있다. 운이 좋다면, 일이나 직업 자체가 지금보다 더 많은 돈을 벌게 해주는 영역일 가능성도 충분하다.

어떤 미래는 이미 와 있다. 그중 하나가 인공지능 관련 일이다. 미국에서 기계어(프로그램 언어)를 능숙하게 구사하는 사람의 연봉은 얼마일까? 사이버 보안 관련 프로그래머의 평균 연봉은 11만 6천 달러로, 일반 정규직 평균 연봉의 3배다. 스위스에서 소프트웨어 엔지니어의 평균 연봉은 10만 4,100달러다. 노르웨이는 9만 9,574달러, 미국은 7만 6천 달러다. 대만의 통신장비업체 주니퍼 네트웍스Juniper Networks는 소프트웨어 개발자에게 연봉으로 15만 9,990달러를 준다. 링크드인은 13만 6,427달러, 야후는 13만 312달러, 구글은 12만 7,143달러, 트위터는 12만 4,863달러다. IT 상위 25개 회사는 대부분 1억 원이 넘는 연봉을 주고 있다.[2] 이는 소프트웨어 개발자 혹은 프로그래머 전반에 관한 이야기다. 이 안에서도 인공지능 알고리즘 설계자, 인공지능 성능의 핵심을 좌우하는 데이터 과학자 등은 더 많은 연봉을 받는다.

일자리는 언제, 얼마나
없어질 것인가

이런 미래가 다가온다 해도 눈앞의 현실이 걱정스럽기만 하다.
미래 일자리 총량이 증가해도 지금 당장 없어지는 일자리나 직
업이 있기 때문이다. 없어지는 일자리나 직업이 내 것일 수도 있
다. IBM의 인공지능 '왓슨'이 1분에 100만 쪽의 의학 논문을 학
습할 수 있고, 영국 법률 스타트업 렉수LEXOO의 인공지능 법률
자문 서비스가 인간 변호사의 2천 배 처리 속도로 자료를 검색하
고 고소장을 작성하며 승소 확률까지 예측한다는 뉴스를 접하면,
내 일자리도 곧 없어질 것이라는 두려움은 더 커진다. 그렇다면
앞으로 당장 혹은 미래에 없어질 일자리나 직업은 무엇이고, 규
모는 얼마나 될까? 정확하게 예언하기는 불가능하지만 몇 가지
가능성과 예측을 통해 어림셈해볼 수 있다.

　2013년, 영국 옥스퍼드대학교의 칼 베네딕트 프레이 교수와

마이클 오즈번 교수가 실시한 미국 내 702개 직종의 자동화(수학적 알고리즘이나 기계적 자동화) 노출 위험도 평가 논문 〈고용의 미래: 직업이 얼마나 전산화에 민감한가?The Future of Employment: How Susceptible are Jobs to Computerization?〉에 따르면, 2010년에 존재했던 미국 내 일자리 중 47%가 사라질 위험에 처해 있다. 2016년, 같은 분석 방법으로 한국의 고용정보원도 한국 내 고용시장의 미래를 예측한 〈기술 변화에 따른 일자리 영향 연구〉를 발표했다. 이들의 연구에 따르면, 2025년이 되면 2016년 일자리 기준으로 71%(대략 1,740만 명)가 자동화로 대체될 위험군에 속한다.[3]

2016년 1월, '제4차 산업혁명'을 주제로 열린 46차 세계경제포럼(WEF, 다보스포럼)에서는 인공지능, 로봇공학, 사물인터넷, 자율주행차, 3D프린팅, 바이오기술 등 미래 신기술로 인해 5년 이내에 전 세계에서 710만 개의 인간 일자리가 사라질 것이란 전망을 내놓았다.[4] 구글이 선정한 최고의 미래학자인 토머스 프레이 박사는 "2030년까지 20억 개의 일자리가 사라질 수 있다"라고 예측했다. 일본의 노무라연구소도 자국에 존재하는 600개 직업 중 49%가 인공지능과 로봇으로 대체될 것이라는 비슷한 예측을 내놓았다.

이런 예측들을 기반으로 미래 변화를 어림셈해보면, '기술적 가능성'만 고려할 때 10~20년 후면 당신 주변에서 동료 절반은 인공지능과 자율 디바이스(로봇)에 대체당할 수 있다. 데이터와 사례, 전문 지식이 일정 수준 이상 축적되어 성공 패턴을 추출할 수 있는 일이라면 인공지능 영역에 포함된다. 낮은 수준 혹은 평균 수준의 지적 결과물이면 충분한 영역에서도 인공지능으로의 대체가 활발하게 일어날 것이다.

동영상 서비스 최강자로 군림하는 유튜브는 음성자동인식LARS 기술을 활용해 인공지능 알고리즘으로 영어 대화를 다른 나라 언어 자막으로 실시간 전환한다. 곧 평범한 통역은 인공지능이 담당하는 시대가 올 것이다. 인간의 감정이나 영적 활동 영역도 안심할 수 없다. 현재 기술 수준에서도 얼마든지 종교 지도자를 인공지능로봇으로 대신할 수 있다. 방대한 데이터에서 감동적인 설교문 패턴과 성경 분석, 해석 지식을 추출하고 대중을 매료시키는 언변을 가진 목사의 설교 패턴에 맞춰 재가공한 다음, 유명하거나 매력적인 목사의 음성이나 표정을 학습한 뒤 한 편의 잘 짜인 설교 영상을 만들어 인터넷 방송으로 송출하는 미래는 불가능하지 않다. 이런 기술이 보편화되면 회사 경영자들은 힘들게 훈련해놓으면 이런저런 이유로 다른 곳으로 이직하는 비율이 높은 영역에 인공지능로봇을 투입하려는 욕구를 갖게 될 것이다.

음식 주문을 받고 나르는 로봇, 바리스타 로봇, 피자 굽는 로봇이 등장하는 것처럼 비용을 줄이거나 맛이나 서비스 수준을 표준화할 수 있는 영역에서도 인간의 일자리 소멸 속도는 빨라질 것이다. 2019년, 영국 BBC는 수학적 알고리즘을 활용해 없어질 수 있는 직업 7가지를 소개했다. 놀라지 말라. 의사, 변호사, 건축가, 회계사, 전투기 조종사, 경찰, 부동산 중개인이다. BBC는 이들의 공통점으로 '반복적이고 예측 가능한 업무'를 꼽았다.[5] 이외에도 약사, 자동차 운전기사, 교통경찰, 집배원, 제품 판매원, 시장조사 분석가, 재무관리사, 보험설계사, 경리, 비서, 가사 도우미, 배달원, 통번역가, 교사, 기자, 경비원, 계산대 점원, 미화원 등도 미래에 로봇이 인간을 대신하는 직업을 예측할 때 자주 등장한다.

단, 우리가 착각하지 말아야 할 것이 있다. 언론을 통해 인공지능이나 자율주행차 등의 신기술이 당장이라도 당신의 일자리를 소멸시킬 것처럼 알려져 있지만 그렇지 않다. 이론적으로는 충분히 가능하지만 현실은 다르다. 만약 당신의 일자리가 소멸되거나 직업에 변화가 일어난다면 단기적으로는 경제와 글로벌 경쟁구도의 변화가 주요 원인일 것이다. 기술과 인구구조의 변화는 장기적으로 당신의 일자리와 직업 변화에 영향을 준다. 하지만 몇 년 내에 엄청난 규모로 일자리나 직업이 없어지는 일은 실제로는 일어날 가능성이 작다. 인공지능이 인간의 일자리를 파괴하는 속도와 범위를 조절하거나 제한하는 법과 제도의 보호 장치 신설, 신기술의 부작용을 해소할 시간의 필요성 논의, 인간의 저항이나 적절한 대응 등도 동시에 일어나기 때문에 신기술로 인한 인간 일자리의 대규모 소멸은 생각보다 시간이 오래 걸릴 것이다.

변화를 이끄는 힘
5가지

변화는 무질서하게 일어나지 않는다. 변화에는 원리와 질서가 있다. 일자리나 직업으로 대변되는 노동시장도 마찬가지다. 미래 노동시장의 변화도 원리와 질서 아래에서 일어난다. 변화의 여러 원리 가운데 핵심은 '변화를 만드는 힘'에 있다. 변화를 만드는 힘을 '변화 동력The Driving Force'이라 부른다. 어떤 힘은 노동시장 전체에 골고루 영향을 미치기도 하지만, 어떤 힘은 직업에 따라 혹은 나라마다 다르게 영향을 미친다.

미래 한국의 노동시장에도 변화를 이끄는 힘이 있다. 이 책에서 필자가 소개하는 미래 한국의 노동시장(직업, 일자리 등)에 영향을 미치는 거대한 힘은 5가지다.

이 중에서 '신기술'이라는 힘은 대부분의 일이나 직업, 가난한 나라에서부터 선진국에 이르기까지 거의 모든 국가에 비슷한 방향과 강도로 영향을 미친다. 인공지능, 빅데이터, 사물인터넷, 블록체인, 자율자동차, 가상혁명, 로봇 등이 가져올 노동시장의 변화는 한국의 안과 밖 어느 곳에서도 피할 수 없고 거의 비슷한 미래로 향할 가능성이 크다.

하지만 인구구조와 경제구조, 미·중 패권전쟁의 힘은 직업, 일, 나라마다 각기 다른 방향으로 작용한다. 어떤 나라에서는 직업과 일자리 규모에 좋은 영향을 미치고, 어떤 나라에서는 그 반대다. 중국, 인도, 동남아, 아프리카 등에서 인구구조는 미래 노동시장에 유리한 조건을 만들어주는 방향으로 작용한다. 그러나 한국 내부에서는 저출산, 고령화, 평균수명 연장으로 대변되는 3가지 인구구조 변화가 중장기적으로 노동시장의 대위기를 만들어내는 방향으로 작용할 가능성이 크다. 경제구조도 마찬가지다. 현재는 글로벌 경제위기로 어느 나라도 안심할 수 없다. 미국과 중국조차도 위태위태하다. 하지만 글로벌 경제위기는 몇 년 후면 탈출구를 찾게 된다. 반드시 회복 사이클로 전환된다. 다만 필자의 예측으로 한국은 다를 가능성이 크다. 앞으로 한국 경제의 구조와 흐름은 지난 30년과는 다르게 '성장의 한계'와 '장기 저성장'으로 향할 것으로 전망된다. 자칫하면 역성장이라는 초유의 사태에 부딪힐 수도 있다. 이런 방향의 전환은 노동시장의 역동성 약화와 시장의 수축을 가져올 가능성이 크다.

미·중 패권전쟁도 마찬가지다. 미·중 패권전쟁의 승자가 어떤 나라인지와 상관없이 한국은 후폭풍 영향권에 들 가능성이 크다. 미·중 패권전쟁의 영향으로 일어날 글로벌 시장구조의 변화로 나라마다 희비가 엇갈릴 것이다. 베트남이나 인도처럼 어부지리 격으로 이득을 얻는 나라도 있을 것이다. 하지만 한국은 중국의 반격과 미국의 견제라는 새로운 위기를 맞이할 수 있다.

마지막으로 부동산시장 패러다임 변화는 앞으로 5~10년 동안 한국 노동시장에서 중요한 힘이 될 것이다. 건물(주택이나 빌딩)은 단일 품목으로는 가장 많은 파급력을 갖는다. 예를 들어, 부동산은 돈의 막대한 흐름(금융 및 투자 시장)을 만든다. 부동산은 수많은 건설자재의 생산과 유통, 건설 관련 직업과 일자리는 물론이고 집 안의 전기·전자 제품과 인터넷을 비롯한 각종 생활 서비스에 이르기까지 무려 200여 가지의 상품과 서비스에 영향을 미친다. 이런 힘을 가진 부동산시장의 패러다임이 바뀐다면 한국 사회의 일자리와 직업의 미래에 강력한 변화가 일어날 것이다.

미래 일자리와 직업과 관련해서 많은 사람이 착각하는 것이 하나 더 있다. 미래 직업 혹은 미래 일자리 규모 등을 예측할 때 대부분 신기술만 변화의 요인으로 고려하지만 그렇지 않다. 앞에서 설명했듯이 미래 직업이나 일자리 규모 등은 신기술뿐만 아니라 인구구조, 경제구조, 강대국의 충돌과 압력, 부동산시장의 변화 등에 큰 영향을 받는다. 한국의 경우 신기술의 파괴력보다 나머지 4가지, 인구구조, 경제구조, 미·중 패권전쟁, 부동산시장의 변화가 더 파괴적으로 미래 일자리와 직업에 영향을 미칠 수도 있다.

미·중 패권전쟁:
지금 당장 일자리를 바꾼다

필자의 예측으로는 한국 사회의 일자리에 가장 먼저 영향을 미치는 힘은 신기술이 아니라 미·중 패권전쟁이다. 이 말에 놀라거나 의아해하는 독자가 있을 것이다. 하지만 이것이 현실이다. 다시 한번 말하지만 신기술이 당신의 일자리를 삼켜버리는 일은 생각보다 늦게 올 것이다. 지금 당장은 미·중 패권전쟁이 더 급하다. 예를 들어, 미국과 중국이 치열하게 싸우는 무역전쟁을 보라. 미·중 무역전쟁의 영향으로 한국 기업의 수출량이 줄어들고, 세계 교역량이 하락하고, 각 나라의 경제성장률도 낮아지고 있다. 주식시장은 불안에 떨고 부동산시장도 하락세의 영향권 안에 들었다. 이런 분위기는 회사 내에서 경비 지출 축소 압박, 임금 동결, 대규모 구조조정 등의 사건을 불러온다. 미·중 패권전쟁이 1~2년 안에 끝난다면, 몸을 잔뜩 웅크리고 소나기가 지나갈 때까지 조금만 버티면 된다. 하지만 10~30년 이상 장기화된다면 어떨까? 미·중 패권전쟁은 세계 최강대국 두 나라가 벌이는 배부른 싸움이 아니다. "누가 이기는지 보자"라는 식의 강 건너 불구경 놀이도 아니다. 지금 당장 우리의 일자리를 위협하는 실제적 문제다.

필자는 2010년에 출간한《2020 부의 전쟁 in Asia》와 2013년에 출간한《2030 대담한 미래》를 통해 미·중 패권전쟁 시나리오를 발표했다. 필자가 이 시나리오를 발표한 지 6~7년이 지난 뒤, 미국의 트럼프 대통령과 중국의 시진핑 주석은 무역전쟁을 시작으로 양국의 패권전쟁을 공식화했다. 이에 필자는 2018년에《앞으로 5년 미중전쟁 시나리오》를 통해 미·중 패권전쟁의 현재까지 변화를 추가해 반영하고, 미국과 중국의 패권전쟁이 한국에 어떤 영향을 미칠지 예측한 내용을 발표했다.

《앞으로 5년 미중전쟁 시나리오》를 출간하기 전인 2009년 무렵, 필자가 각종 강연회에서 미·중 패권전쟁 시나리오를 발표했을 때가 기억난다. 수많은 반응을 접했지만, 아직도 머릿속을 떠나지 않은 평가가 있었다. "무협소설 같다"라는 말이었다. 내심 이해는 갔다. 2008년 미국발 금융위기가 전 세계를 강타했지만, 거의 모든 사람이 미국과 중국의 동반자 관계, 일명 '차이메리카 Chimerica' 시대의 지속을 예측했을 때였다. 만약 미·중의 밀월 관계가 깨지면 서로 막대한 피해를 당하는 것은 물론이고, 미국이 대중국 무역적자를 만회하려 중국에 각종 경제 공격을 퍼부으면 중국도 미국 국채를 팔아치우며 맞불을 놓아 미국과 중국이 함께 몰락할 것이라는 주장이 대세였다. 이런 상황에서 미·중 패권전쟁은 현실성이 없는 논리로 소설 속에나 나올 법한 미래라고 치부되었다. 2008년 서브프라임 모기지 사태로 미국이 경제위기에 빠지자 미국은 변변한 반격도 하지 못한 채 스스로 무너지고 중국 없이는 회생하기 어려울 거라는 주장도 있었다. 그러면서 중국이 빠르면 10년, 늦어도 20년 내에 미국을 추월할 것이라는 전망이 앞다투어 쏟아졌다. 이런 상황에서 필자는 상식을 뒤엎는 대담한 미래를 예측했다.

미국이 차이메리카를 깨고, 미·중 전쟁을 시작할 것이다!
미·중 전쟁의 결과로 중국은 40년 안에 미국을 넘어설 수 없다!

10여 년이 지난 지금, 이미 와 있는 미래는 무엇인가? 차이메리카의 지속이 아니다. '미·중 패권전쟁'은 누구도 부인할 수 없는 현실이 되었다. 미·중 패권전쟁의 최종 승자는 미국이 될 것이라는 필자의 예측은 아직도 변함이 없다. 문제는 이것이다. 미·중 패권전쟁에서 미국이 승리하든 혹은 일부에서 주장하듯 단기적으로는 미국이 이기지만 장기적으로는 중국이 승리할 가능성이 크든 상관없이 최소 10년에서 최대 30년 동안 세계 최강대국인 두 나라가 벌이는 치열한 승부 속에서 우리가 당할 위기다. 특히 일자리 위기가 문제다.

이미 눈치챘겠지만, 미국과 중국이 한 치의 양보도 없이 치열하게 부딪치는 것은 단순히 무역이나 경제 이익 때문이 아니다. 앞으로 최소 30년, 길게는 21세기 전반에 걸쳐 세계 1등 패권국 자리를 놓고 벌이는 전쟁이다. 역사에서 1등의 자리, 황제의 자리, 세계 통치자의 자리는 타협이나 양보가 없었다. 경쟁하는 둘 중 하나가 죽어야 끝이 났다. 지난 100년, 미국은 영국과 구소련, 일본을 누르고 20세기 최고 강대국이 되었다. 미국은 지금 네 번째 패권전쟁을 시작했다. 21세기에 빠르게 부상하는 경제 대국 중국과의 전쟁이다. 미국의 시나리오는 단 하나다. 중국을 2위 혹은 그 아래로 꿇어앉히고 아시아의 좋은 시장good market 역할만 잘하도록 강제적인 수단을 발휘하는 것이다.

지금은 과거처럼 군대를 일으켜 전쟁을 할 수 없다. 경제가 그 일을 대신해 경제전쟁이 전면에 등장한다. 문제는 한국 기업의 최대 시장인 미국과 중국에서 경제전쟁이 벌어지면 한국 기업은 큰 후폭풍을 맞는다는 것이다. 중국이 트집 잡은 사드 문제를 비롯해 그 이후에 벌어진 다양한 사건은 미·중 패권전쟁과 직접 연결된다. 기업의 충격은 곧 나의 일자리를 불안하게 만든다.

1853년 2월, 미국 13대 대통령 밀러드 필모어는 동인도 함대 사령관 페리 제독을 일본 에도만江戸灣으로 보내 군함으로 위협하며 가나가와神奈川 조약을 강제로 체결했다. 1991년, 클린턴 정부는 아이티에서 민주정부를 무너뜨리고 군사정부를 세웠다. 2002년, 부시 정부는 베네수엘라 군사쿠데타를 지원했다. 2009년,

오바마 정부는 온두라스 군사쿠데타를 겉으로는 비난했지만 암묵적으로 인정하고 IMF를 통해 1억 5천만 달러를 대출해주었다. 또한 마약을 핑계로 남미를 군사 기지화했다. 2018년, 트럼프 대통령은 중국에 대한 전면적 무역전쟁을 선포했다. 미국은 여전히 세계를 향한 팽창 정책을 멈출 이유도, 멈추려는 마음도 없다.

물론 현재 벌어지고 있는 미·중 패권전쟁은 미국이 일방적으로 일으킨 전쟁이 아니다. 놀랍게도 먼저 포문을 연 나라는 중국이다. 국제 금융시장에서 달러화 비중이 점점 낮아지는 상황에서 2008년 미국에서 부동산 버블이 붕괴되면서 금융위기가 일어났다. 미국 경제가 불신에 빠지면서 제1기축 통화인 달러 가치가 흔들렸다. 미국 주식시장도 최고점 대비 50% 폭락했다. 당연히 전 세계는 미국의 힘과 영향력에 의심을 품기 시작했다. 중국은 이 틈을 놓치지 않았다. 수십 년 동안 숨겨놓은 날카로운 발톱을 드러냈다. 미국이 휘청거리자 중국은 보란 듯이 미국을 대신해서 전 세계 금융위기의 구원자로 등장했다. 세계가 환호했다. 미국의 우방들도 중국 쪽으로 돌아서는 듯했다.

2009년 1월, 원자바오 총리는 세계경제포럼에서 대놓고 "미국 국채를 마음 놓고 사기 어렵다"며 속내를 드러냈다. 2009년 3월, 중국 인민은행 저우샤오촨 총재는 "SDR Special Drawing Rights(1969년 금과 달러의 문제점을 보완하기 위해 도입한 IMF의 특별인출권으로, IMF 가맹국이 국제수지 악화 때 담보 없이 필요한 만큼의 외화를 인출할 수 있는 권리를 말함)이 초국가적 기축통화가 될 수 있다"라고 주장하며 달러의 제1기축통화 지위를 위협했다. 2010년, 중국 후진타오 주석은 서울에서 개최된 G20 정상회의에서 "(달러를 대체할) 글로벌 기축통화 메커니즘이 만들어져야 한다"라고 도발했다. 2011년 1월, 〈월스트리트 저널〉과의 인터뷰에서는 "달러 기축통화는 과거 유물"이라고 폄하하며 미국을 향한 공격의 수위를 한층 높였다. 말로만 미국을 공격하지 않았다. 중국은 위안화를 제1기축통화의 자리에 올려놓을 절호의 기회라고 생각하며 엄청난 규모의 금을 사들였다. 최후의 안전자산으로 인정받는 금을 많이 보유할수록 훗날 제1기축통화 자리를 놓고 미국과 힘겨루기를 할 때 유리하기 때문이다. 중국은 아프리카와 개발도상국에 경제협력과 지원 범위를 넓히며 위안화의 영향력도 높여갔다. 일대일로一帶一路[중앙아시아와 유럽을 잇는 육상 실크로드(일대)와 동남아시아와 유럽·아프리카를 연결하는 해상 실크로드(일로)를 뜻하는 말로, 중국의 새로운 실크로드 전략] 정책을 적극적으로 추진하며 자국의 지배력을 키우려고 발 빠르게 움직였다. 이런 모든 행보는 미국의 심기를 건드렸다.

중국의 거침없는 행동은 세계 제1의 패권국이 되려는 야심을 그대로 드러낸다. 시진핑의 구호 '중국몽中國夢'의 뜻을 풀면 '중국을 다시 위대하게'라는 말과 같다. 중국은 오래전부터 그런 나라였다. 역사상 단 한순간도 2위에 만족한 적이 없었다. 지금 중국인들은 과거 천자의 나라 황제국의 영광을 유럽과 미국에 빼앗겼다고 생각한다. 앞으로도 이런 속내는 변함이 없을 것이다.

27년간(1949~1976) 중국을 지배했던 마오쩌둥은 "굴을 깊게 파고 식량을 비축하며 패권자라 칭하지 말라"라고 가르쳤다. 무서운 말이다. 와신상담하며 칼을 갈고 기회를 기다리자는 것이다. 1956년 8월 마오쩌둥은 제8차 전국인민대표대회 1차 예비 회의에서 "미국의 인구는 겨우 1억 7천만 명인데 중국의 인구는 이보다 몇 배는 많다. 그런데 천연자원은 우리와 비슷하게 풍부하고 기후도 우리와 유사하다. 그러니 우리도 미국을 따라잡을 수 있다. 우리가 굳이 미국을 따라잡아야 하는가? 반드시 그래야 한다"라고 외쳤다. 마오쩌둥에 이어 13년간(1976~1989) 중국을 지배했던 덩샤오핑은 '도광양회韜光養晦'를 외쳤다. '빛을 감춰 밖으로 새지 않도록 한 뒤 은밀히 힘을 기르라'는 말이다.

몸을 낮춘 채 미국과 주변국의 비위를 맞추고 경제력을 키워서 몸집이 커지자 중국의 전략도 서서히 바뀌었다. 1989~2002년까지 지도자의 위치에 있었던 장쩌민은 경제력에 자신감을 가지고 '유소작위有所作爲'를 외쳤다. '필요한 역할은 한다'는 말이지만 속내는 '이제는 중국의 힘을 국제사회에서 발휘하자'는 것이다. 뒤를 이어 2002년에 집권한 후진타오는 초기에는 '평화롭게 우뚝 일어선다'는 뜻의 '화평굴기和平屈起'를 내세우며 겉으로는 미국에 대항하는 태도를 보이지 않았다. 하지만 2008년 미국이 심각한 위기에 빠지자 마오쩌둥 시절부터 수십 년간 깊이 감추어둔 발톱과 날카로운 이빨을 한번에 드러냈다. 2010년, 후진타오는 '거침없이 상대를 압박한다'는 뜻의 '돌돌핍인咄咄逼人'을 크게 외치면서 미국에 대한 전면전을 선포했다. 이미 세계 2위의 경제 대국으로 올라선 중국이 거침없이 압박할 대상은 누구겠는가? 미국뿐이다. 중국은 루비콘강을 건넌 셈이다.

미·중 패권전쟁은 트럼프가 재선에서 승리하기 위한 전략이 아니다. 트럼프가 아닌 다른 사람이 미국 대통령이 되었더라도 중국과 패권전쟁을 벌였을 것이다. 차이가 있다면, 트럼프는 대놓고 거칠게 전쟁을 벌이는 스타일이고 다른 대통령은 그렇지 않을 뿐이다. 2008년 이후 미국은 앞으로 중국이 아무런 견제도 받지 않고 계속 성장한다면, 중국의 진격을 막을 수 없는 날이 온다는 것을 확실하게 알았다. 그날이 오면 경제 1위 대국의 자리만 내주는 것이 아니다. 세계 1위 패권국 지위도 잃고 만다. 패권국 지위를 잃으면 제1기축통화국의 지위와 이득도 잃는다. 미국의 몰락이다. 이런 상황에서 두 국가가 강 대 강으로 부딪치면 '투키디데스의 함정Thucydides Trap'(아테네와 스파르타의 전쟁에서 유래한 말로, 새로운 강대국이 부상하면 기존의 강대국이 이를 두려워하게 되고 이 과정에서 전쟁이 발발한다는 뜻)에 빠질 수 있다는 경고는 의미가 없다. 이미 미·중 패권전쟁은 시작되었고 피할 수 없는 길로 접어들었다. 필자는 미국과 중국의 힘겨루기가 앞으로 30년 정도는 지속될 것이며, 〈도표 1〉처럼 7가지 영역(무역, 산업, 환율, 금융, 군비, 원가, 인재)에서 부딪칠 것이라는 예측을 발표했다. 무역, 산업, 환율, 금융, 군비, 원가, 인재 전쟁 모두가 우리 일자리 문제, 미래 직업 문제와 직접 연결된다. 먼 미래의 일이 아니다. 위기는 이미 시작되었다.

도표 1   패권 형성과 충돌 구조

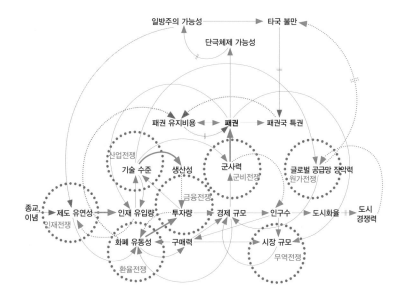

일방주의 가능성 → 타국 불만

단극체제 가능성

패권 유지비용 ◄ 패권 ► 패권국 특권

산업전쟁
기술 수준   생산성   군사력
군비전쟁

글로벌 공급망 장악력
원가전쟁

금융전쟁

종교,
이념   제도 유연성   인재 유입량   투자량   경제 규모   인구수   도시화율   도시
경쟁력
인재전쟁

화폐 유동성   구매력   시장 규모
무역전쟁

환율전쟁

미국과 중국, 어느 쪽이 승리하느냐에 따라 세계 군사 정세에
서부터 경제 판도까지 달라진다. 필자가 분석한 바는 물론이고
지난 1년 동안 미국과 중국이 보여준 군사 및 경제금융 화력과
협상 카드의 수나 위력을 비교해볼 때, 미국이 7개 영역 거의 모
두에서 승리할 가능성이 크다. 필자의 예측으로는 중국이 앞으로
30년 안에 미국을 이기기 어렵다. 미·중 패권전쟁을 벌이는 동
안 미국도 피해를 본다. 하지만 중국은 치명상을 입는다.

미국을 넘어서기 위해서는 내부 안정이 필수이지만 중국은 앞
으로 30년 안에 3개의 큰 산을 넘어야 한다. 중국이 넘어야 할

3개의 산은 제조업 성장의 한계 돌파, 두 번의 금융위기, 한 번의 정치 위기다. '제조업 성장의 한계'라는 산은 이미 맞닥뜨렸다. '금융위기'라는 산은 먼저 2021~2022년경에 시작될 가능성이 있는 상업 영역발 위기일 수 있고, 다음은 2040~2045년경에 시작될 또 다른 위기일 수 있다. '정치적 위기'라는 산은 2022~2023년경 시진핑의 두 번째 임기가 끝나는 시점에 시작될 수 있다. G1 자리를 두고 미국과 치열한 경쟁을 벌이는 중국에게 이 3개의 거대한 산은 치명적 약점이다. 그 산들을 넘는 데 성공하더라도 그때마다 따르는 경제 충격과 일시적 후퇴는 피하기 어렵다. 그만큼 미국을 따라잡는 데 필요한 시간이 늘어날 것이다.

미국과 중국이 패권전쟁을 벌이는 동안 한국 경제와 노동시장에는 어떤 일이 일어날까? 현재 중국이 강력한 저항을 하지만 미국에 대응할 여력은 턱없이 부족하다. 트럼프와 미국 의회에 무역이나 금융 등에서 상당한 것을 내주어야 한다. 제조 2025 계획(2025년까지 글로벌 제조업 강국 대열에 합류하는 것을 목표로 추진 중인 중국의 산업고도화 전략)이나 무역전쟁의 장기전에서 중국이 승리한다 하더라도 그 이익은 멀리 있다. 중국은 지금 당장 손해를 본다. 미국에 양보한 만큼 경제적 손실을 만회할 방법이 절실해질 것이다. 필자가 예측하는 중국 정부의 전략은 2가지다. 내부적으로는 자산시장 버블을 이용한 자산효과Wealth Effect로 소비력을 향상해 내수시장을 키운다. 외부적으로는 미국에 당한 대로 똑같이 자국보다 약한 국가들을 압박해서 만회하는 전략을 구사할 가능성이 크다. 이 경우, 거의 모든 산업에서 경쟁관계를 형성하고 있는 한국 기업이 1차 목표가 될 가능성이 크다.

일부에서는 미·중 무역협상에서 중국이 미국의 요구를 상당 부분 수용한다면 한국 기업에도 이익이 돌아갈 것이라고 예측한다. 맞다. 미국의 지식재산권IP 요구를 중국이 전격 수용하면, 미국 기업은 특허료 수익이 추가로 발생하는 등 수혜를 본다. 반대로, 특허료를 지불해야 하는 중국 제품은 비용 상승이 일어나기 때문에 가격을 올리거나 순이익 감소를 받아들여야 한다. 이렇게 중국 기업의 경쟁력이 약화되면 스마트폰, 디스플레이, 백색 가전제품 등에서 중국과 경쟁하는 한국 기업은 어부지리를 얻는다. 하지만 실제 세상은 여기까지만 돌아가지 않는다. 중국이 이런 미래를 순순히 받아들일 턱이 없다.

중국은 미국과 협상에서 무릎을 꿇은 것도 수모라고 생각할 텐데, 이런 와중에 한국을 그냥 놔두지 않을 것이다. 한국 기업의 어부지리는 얼마 가지 못할 것이다. 중국은 미국에 양보한 혜택이 미국을 넘어 다른 나라까지 흘러가는 걸 막을 것이다. 당연한 이치다. 우리라도 그럴 것이다. 미국에 양보한 만큼 자국 내 불만이 커질 것이 분명한데, 다른 나라들이 어부지리를 얻는다는 볼멘소리까지 나오면 시진핑 주석의 정치력에 치명타가 된다. 미국에 양보한 이후, 중국 정부는 추가 피해를 막는 데 주력할 것이다. 다른 조건이나 명분을 만들어 한국 기업에 돌아가는 어부지리를 상쇄시킬 것이다.

필자는 최악의 경우, 미국의 보호무역주의와 중국의 대응 전략으로 '한국의 잃어버린 20년'의 방아쇠가 당겨질 수도 있다는 예측을 했다. 한국 경제, 한국 기업의 잃어버린 20년은 한국 노동시장의 잃어버린 20년을 불러온다. 앞으로 20년간 우리는 일자리 염려로 고통받아야 한다는 말이다. 지금 중국 기업의 거센 추격으로 한국 기업의 주력 수출 품목들이 세계시장에서 서서히 점유율을 잃어가고 있다. 필자는 이런 예측도 했다. "앞으로 10~15년 동안 중국과 경쟁하는 한국의 주력 수출 품목들이 글로벌시장에서 50~80%의 점유율을 잃게 될 가능성이 크다."

만약 필자의 우려가 현실이 된다면 우리 주위에서 일자리가 그만큼 사라진다는 뜻도 된다. 저출산과 고령화, 경제협력개발기구OECD 국가 중 가장 빠른 조기 은퇴와 준비되지 않은 평균수명 100세 시대, 생산 가능 연령 인구 감소 시작과 노동시장 경직 여파도 이미 시작되었다. 설상가상 진퇴양난이다. 우리에게 미·중 패권전쟁은 흥미진진한 구경거리가 아니다. 한국은 미·중 패권전쟁의 포화 속에서 미국과 중국의 보호무역주의 협공을 받고 제2차 제조업 공동화가 일어나 국내 일자리가 해외로 이전될 것이다. 그만큼 국내에서 추가 일자리를 만들어내기 어렵다. 지난 10여 년간의 고용 없는 성장은 앞으로도 10~20년 이상 계속될 것이다.

경제구조 변화:
10년 후 일자리를 바꾼다

미·중 패권전쟁이 지금 당장 우리 일자리에 영향을 준다면, 한국과 세계의 경제구조 변화는 10년 후쯤 일자리와 직업의 미래에 영향을 줄 것이다. 우선 세계경제의 미래를 간단히 예측해보자. 필자가 이 글을 쓰고 있는 즈음에 미국 경제는 최장기 경기 확장기를 마무리하고 서서히 하락하고 있다. 세계경제 성장률도 서서히 낮아진다. 이런 상황에서 미·중 무역전쟁이 격화되고 사우디아라비아 유전 시설이 폭격을 받아 중동 정세가 불안해지자 또 다른 글로벌 대위기에 대한 우려가 쏟아지고 있다. 앞으로 미국과 세계경제는 어떻게 될까? 상식적으로 볼 때, 경제 상황이 좋아지면 일자리에도 따뜻한 바람이 분다. 언제쯤 세계경제에 훈풍이 불어 마음 졸이는 상황에서 벗어날 수 있을까? 필자가 예측한 결론만 간단히 정리하자면 이렇다.

앞으로 다가오는 세계경제의 위기는 2가지다. 하나는 미국 주식시장의 대조정이고, 다른 하나는 중국에서 일어나는 상업 영역발 금융위기 가능성이다. 이 2가지 위기가 지나가야 2008년에 시작된 글로벌 금융위기 국면에서 완전히 벗어난다. 필자의 예측으로는 대략 2025년 이후면 2가지 위기에서 벗어나고, 미래 신산업 시장이 투자 분위기를 주도해 새로운 일자리를 만들면서 세계경제는 호황(경기 확장) 국면으로 진입할 듯하다.

미국 경제가 서서히 하락하고 있고 주식시장 대조정이 일어날 수도 있지만, 2008년 금융위기처럼 대충격이 재발할 가능성은 낮다. 현재 진행되고 있는 미국 경제 침체는 장기간 진행되었던 경기 확장기가 끝나고 다음 번 경기 확장기로 진입하기 전에 일어나는 자연스러운 사이클에 따른 경기 수축 및 조정기다. 미국 경제의 확장과 수축 사이클을 분석하면 대략 조정기는 6~18개월 정도 진행된다. 단, 이번 조정기는 미·중 무역전쟁과 주식시장 대조정 가능성이라는 큰 이슈가 있기 때문에 추가로 몇 개월 정도 더 진행될 수도 있다. 미국 경제는 조정기가 끝나면 다시 새로운 장기간 경기 확장기로 진입할 것이다. 미국 경제가 새로운 경기 확장기에 진입하고, 중국이 상업 영역발 금융위기를 통해 기업과 금융투자기관의 구조조정을 마무리하고 다시 과잉 생산기로 진입하면 세계경제도 서서히 상승할 가능성이 크다.

미래 상황이 이 정도만 된다면, 한국의 일자리도 2025년 이후로는 다시 따뜻한 바람이 불 것처럼 보인다. 하지만 한국의 앞날에는 '또 다른 미래' 시나리오가 있다. 한국 경제의 또 다른 가능성은 이것이다. '자칫 잘못하다가는 장기 저성장에 빠질 가능성이 있다'는 시나리오다. 2019년, 필자는 《앞으로 5년 한국의 미래 시나리오》에서 한국의 미래를 예측하는 시나리오를 발표했다. 한편 2013년, 필자는 《2030 대담한 미래》에서 한국의 현재와 미래를 분석하고 예측하면서 아래와 같은 경고를 했다.

한국의 현재 사회 및 경제, 산업 시스템들은 성장의 한계에 이미 도달했다. 물론 이 시스템을 그대로 유지하고서도 추가적으로 2만 5천~3만 달러까지의 경제성장은 할 수 있다. 하지만 거기가 끝이다. 정치, 경제, 산업, 사회 등의 모든 영역에 걸쳐 근본적으로 재설계하는 수준의 개혁이 없으면 앞으로 20~30년 이내에 한국은 세계경제에서 차지하는 영향력이나 경제적 몫이 지금보다 현저하게 낮아질 것이다.

필자가 이런 시나리오를 발표할 당시, 한국 사회의 분위기는 다가오는 미래 위기에 대해 반신반의했다. 잠시 미국발 금융위기로 전 세계 경제가 주춤했을 뿐이지, 지난 20~30년간 한국이 보여준 저력이 있기에 한국 경제와 산업의 지속 가능한 미래 성장은 당연한 듯 보였다. 오히려 한국의 미래 위기를 거론하는 것을 금기시하는 분위기였다. 하지만 필자는 이것이 얼마나 심각한 오해인지를 아래의 문구로 경고했다.

아직도 많은 사람들은 1970~1990년대의 산업 성장의 옛 영광이 추가적인 노력 없이도 충분히 재현될 수 있고, 한국의 1인당 GDP는 2050년이 되면 전 세계 2위가 될 정도로 미래가 밝으며, 현재 몇몇 수출 대기업들의 번영과 세계시장의 선전이 영원히 사라지지 않을 것이라는 꿈속에 살고 있다. 그러나 이것은 명백한 시대착오적 발상이다. 도리어 위기감을 떨어뜨리고, 변화의 시기를 놓치게 해서 제2의 외환위기를 거쳐 잃어버린 10년으로 가는 무서운 결과를 초래한다.

이대로 방치하다가는 머지않아 대규모의 국민적 저항이 일어나고, 사회 전반에 더 나은 미래를 만들 수 있다는 것에 대한 냉소적 분위기가 팽배해지는 사태가 발생할 것이다. 사회적 분위기가 여기에 이르면 한국은 더 이상 가능성이 없는 나라로 전락하게 될 수 있다.

2019년 현재, 필자가 6~7년 전에 예측한 한국의 미래는 상당 부분 현실이 되었다. 대규모 국민적 저항이 일어나기 시작했고, 더 나은 미래를 만들 수 있다는 희망이 사라지면서 사회 전반에 냉소적 분위기가 팽배해지기 시작했다. 청년과 중소기업들을 중심으로 한국은 더 이상 가능성이 없는 나라로 전락하고 있다는 패배 의식도 확산되었다. 필자는 여전히 한국 경제와 정치를 비롯해 국가 시스템 전체가 뼈를 깎는 개혁과 변화 없이 지금처럼 계속 간다면, 한국의 '잃어버린 10~20년'은 70~80%의 아주 큰 가능성으로 일어날 수 있는 미래라고 예측한다. 그리고 이런 미래는 10년 정도 후면 한국 국민 모두가 피부로 느끼는 상식적 상황이 될 가능성이 있다.

한국 제2차 금융위기:
급격하게 일자리를 바꾼다

필자는 한국의 미래를 다루는 시나리오를 발표하면서 다가오는 2가지 위기를 피해야 한다고 외쳤다. 하나는 가계 영역발 제2차 금융위기이고, 다른 하나는 일본처럼 '잃어버린 20년'으로 대변되는 장기 저성장의 위기다. 필자의 예측으로는 한국의 금융위기와 장기 저성장(잃어버린 20년)은 반드시 오는 미래다. '언제 오느냐'(시점)만 불확실하다. 만약 이런 미래가 현실이 된다면, 한국은 신기술에 의한 노동 자동화의 습격으로 일어나는 '기술적 실업technological unemployment'이 발생하기도 전에 실업이 먼저 강타할지도 모른다.

많은 독자가 중요한 위기가 발발할 시점에 대한 질문을 자주하기 때문에 필자의 저서에서는 특정 시기를 언급했다. 하지만 발발 시점을 한 치의 오차 없이 정확하게 예측하는 것은 불가능하다. 그럼에도 필자가 중요한 몇몇 미래 사건에 대해 특정 시점을 언급하는 이유는 무작정 '언젠가'는 일어날 것이라고 말하는 건 무책임하고, 인간의 본성상 불확실하지만 특정 시점을 '임의로' 정하는 것이 생각을 발전시키거나 행동 전략을 수립하는 데 도움이 되기 때문이다. 또한 발발 가능 시점이 얼마나 가까운지를 표현하는 수단이기도 하다. 그렇기 때문에 이 글을 읽는 독자도 필자가 거론하는 특정 시점을 예언처럼 받아들이면 안 된다.

금융위기는 영어로 'financial crisis'라고 표기한다. 작게는 금융권(돈을 빌려 쓴 사람과 빌려준 기관 사이)에서 일어나는 위기를 지칭하며, 크게는 금융권에서 발생하는 위기가 국가경제 전반으로 퍼져나가는 상황까지 포함한다. 어느 정도가 금융위기 발발 상황인지 정의하는 단 하나의 기준은 없다. 다양하다. 예를 들어 독일은행 등 선진국에서는 전년 동기 대비 주식시장이 15% 하락, 외환보유고가 10% 감소, 채권 가격이 10% 하락, 인플레이션율이 10%를 넘어서는 등의 경제 상황이 복합적으로 발생하는 것을 금융위기의 기준으로 삼기도 한다.[6]

한국에서 첫 번째 발발한 금융위기는 1997년이었다. 우리에게 IMF 외환위기로 알려진 당시 위기는 상업 영역에서 막대하게 쌓인 부채가 터져 은행권에 대규모 부실채권이 발생하면서 일어난 금융위기였다. 상업 영역발 금융위기가 발발한 뒤 우왕좌왕하는 사이에 외국 자본이 대거 국외로 탈출하고 외환보유고가 빠르게 줄면서 외환위기 가능성이 불거졌고, 시간이 지나면서 외채

위기로 불이 옮겨 붙었다. 결국 한국 정부가 국가 파산을 막기 위해 IMF에 구제금융을 신청하는 최악의 위기 상황까지 발전되었다. 다가오는 금융위기는 가계 영역에서 막대하게 늘어가는 부채가 원인이다. 1997년과 다른 점은 기업이 대체로 견고하고 외환보유고가 충분하기 때문에 은행권에 위기가 발발하고 외국 자본이 일시적으로 해외로 이탈하더라도, IMF에 긴급 구제금융을 신청하는 최악의 위기까지 치달을 가능성은 작다.

하지만 1997년 사례에서 경험했듯 이것이 끝이 아니다. 1997년 외환위기를 겪은 뒤 한국 노동시장에서 100만 명이 넘는 실직자를 낸 것을 시작으로 중산층 붕괴, 평생고용 시대 종말, 비정규직 대량 양산, 외주 발주 성행, 조기 은퇴, 자영업자 증가, 가계부채 증가 등의 다양한 변화가 일어났다. 그나마 1997년에는 살아남은 기업들이 때마침 급격한 성장을 시작한 중국 경제의 힘을 등에 업고 위기를 빠져나오는 천운이 있었다. 수많은 실업자가 발생했지만 살아남은 기업을 중심으로 재고용이 일어났다. 궁여지책이지만, 자영업에서 새로운 돌파구를 마련했다.

그러나 이번 위기는 다를 가능성이 크다. 중국은 한국 기업을 추월하기 시작했다. 지금 우리 손에 쥐고 있는 시장마저 빼앗길 처지다. 출구가 될 미래 산업은 국내에서는 규제로 막혀 지지부진하는 사이에 미국과 일본, 독일이 앞선 기술로 우리와 간격을 벌리기 시작했다. 이번 위기에서 대기업은 부채비율을 낮은 수준에서 잘 유지해 대마가 죽는 사건이 일어나지는 않을 테지만, 상장기업의 15~17% 정도를 차지하는 좀비기업의 파산이 일어날 것이다. 좀비기업의 일부는 대기업의 계열사이기도 하지만 대부분 중견 혹은 중소기업이다. 이들에서 실업자가 대량으로 발생할 가능성이 크다. 대기업은 글로벌 경쟁에서 살아남기 위해 공장을 해외로 추가 이전하거나 신규 공장을 미국이나 신흥국 현지에 건립하는 전략을 구사할 것이다. 이렇게 제2차 제조업 공동화가 현실이 되면 중산층의 어려움은 가중된다. 자영업도 이미 포화 상태를 넘어 구조조정 단계로 접어들었기에 기업에서 실직하거나 조기 은퇴를 당한 이들에게 임시 피난처가 되기 어렵다. 특히 이번에는 가계 영역이 문제의 중심이기에 부동산시장에 큰 충격을 주어 내수 건설업에 혹한기가 불어닥쳐 올 것이며, 자영업자나 내수 서비스업에서 대규모 경제 충격과 일자리 상실이 일어날 가능성도 크다.

1997년과는 달리 제1금융권 파산이 일어날 가능성은 낮지만, 가계 영역과 부동산에 채권이 대량으로 몰려 있는 제2~3금융권의 부실이 가속화되어 서민들의 어려움도 가중될 것이다. 그리고 이런 여파는 1997년 이후에서 보았듯 10~20년 이상 갈 수 있다.

한국의 미래 일자리
4가지 시나리오

필자는 한국의 미래 시나리오에서 한국 경제와 관련해 중요한 2가지 불확실성을 가지고 미래 방향을 예측해본 적이 있다. 한국 경제의 미래 방향을 좌우할 2가지의 불확실성 변수는 금융위기와 주력산업의 글로벌 경쟁력 상실이었다. 이 2가지 변수가 일어날 가능성과 일어나지 않을 가능성이 50대 50이라 가정하고 각각 어느 방향으로 전개될지를 따져 시나리오를 작성했다. 먼저 '금융위기'는 내수의 미래 방향에 영향을 미치는 결정적 사건이다. 금융위기가 내수에 영향을 미친다는 말은 가계부채, 자산시장의 향방에 영향을 미쳐서 내수경제의 양과 질에 변화를 주는 힘이라는 뜻이다. 다음으로 '주력산업의 글로벌 경쟁력 상실'은 수출의 미래 방향에 결정적 영향을 준다. 수출 의존도가 높은 한국은 주력산업의 글로벌 경쟁력이 GDP와 일자리의 미래에 지

도표 2 4가지 미래 가능성

금융위기 발발 ○

잃어버린 20년   고통 속 희망

글로벌 경쟁력 상실 ——————— 글로벌 경쟁력 회복

서서히 침몰   불안한 성장

금융위기 발발 ✕

렛대 역할을 한다. 당연히 내수경제의 (질은 물론이고) 양적 미래에 직접 영향을 주는 결정적 힘이다. 이에 필자는 2가지 불확실성을 가지고 4가지의 미래 가능성을 〈도표 2〉처럼 가설을 세워 추론해보았다.

세로축은 '금융위기가 발발하느냐, 그러지 않느냐'이다. 그리고 가로축은 '한국의 주력산업이 중국이나 일본 등과의 경쟁에서 시장을 잘 지키느냐, 그러지 못하고 50~80%를 내주느냐'이다. 〈도표 3〉은 현재 한국의 위치다. 아직 금융위기는 발발하지 않았지만, 주력산업의 수출 경쟁력이 서서히 밀리고 있는 상황이기 때문이다. 만약 금융위기가 발발하지 않고, 한국 기업이 중국이나 일본 등과의 경쟁에서 글로벌 시장점유율을 잘 지켜내는 놀라운 행보를 보인다면 '불안한 성장' 모드를 계속 이어갈 수는

도표 3 4가지 미래 시나리오

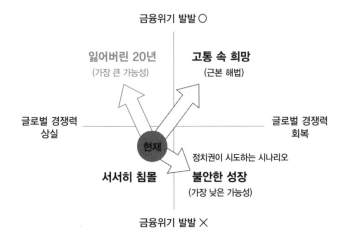

있다. 주력산업이 글로벌 경쟁력을 회복하여 기업의 매출과 이익을 회복하고 국가 성장률이 높아지면 상대적으로 가계부채비율 증가 속도는 하락하여 부채 부담이 줄어든다. 그만큼 가계 영역발 금융위기 가능성은 낮아진다. 하지만 여전히 높은 부채량을 유지하고 있기 때문에 증가 속도가 줄어든 암 덩어리를 몸에 달고 근근이 버티며 성장을 유지하는 형국이 된다. 그래서 '불안한 성장'이라고 이름 붙였다. 이 시나리오는 현 정부를 포함해 정치권에서 시도하는 시나리오이지만 실현 가능성이 가장 낮다.

다음으로는 금융위기가 발발하지 않더라도 주력산업이 글로벌 경쟁력 회복에 실패하는 시나리오다. 즉 현재 상태가 계속 진행되는 미래다. 이럴 경우, 한국 경제는 '서서히 침몰'하는 미래를 맞게 된다. 냄비 속 개구리 형국이 되어, 금융위기가 발발하지 않더라도 한국의 미래는 불안하다. 당장 밀어닥치는 충격은 없더라도 외줄을 타듯이 불안하고 위태롭고 개운치 않은 미래다.

필자의 견해로는 〈도표 3〉의 오른쪽 상단 부분처럼, 금융위기가 발발하지만 글로벌 경쟁력을 다시 회복하여 시장점유율을 잘 지키는 시나리오가 그나마 가장 나은 미래다. '고통 속에서도 희망'을 발견하는 미래가 될 것이다. 금융위기가 발발해 당장 큰 충격은 받겠지만, 한국의 더 나은 미래를 위해 도전할 수 있는 실제적 해법에 가깝다. 무거운 짐이었던 가계부채를 재조정하고 좀비 기업들을 파산시키는 강력한 구조조정이라는 큰 수술을 하고 나면 한동안 고통스러운 시간이 이어지겠지만, 기업 경쟁력을 회복하면 반등의 여지가 충분한 시나리오다. 또한 2차, 3차로 나타날 미래 위기도 미연에 차단하거나 약화시키는 계기를 마련할 힘을 갖는다. 하지만 필자의 우려대로 금융위기가 발발하고 글로벌 경쟁력도 상실한다면, 한국의 미래는 '잃어버린 20년'이라는 최악의 미래에 직면하게 된다.

한국 경제의 4가지 미래 시나리오에서 일자리의 미래는 어떻게 될까? '서서히 침몰'하는 시나리오에서는 나의 일자리도 서서히 위기 국면으로 진입한다. 빠른 속도, 대량 실업 사태는 피해도 매년 여기저기서 계속 구조조정 소식이 끊이지 않을 것이다. 이 시나리오에서 가장 큰 문제는 막대한 가계부채의 구조조정을 하지 않고 무거운 짐처럼 짊어지고 가는 상황이 계속되면서 소비시장의 침체도 오랫동안 지속될 가능성이 크다는 것이다. 이런 분위기에서는 소비 여력이 충분해도 심리적으로 위축되기 때문이다. 막대한 부채 원금을 계속 어깨에 짊어지고 가야 하기에 매달 이자와 원금 부담에 시달리는 일이 10~20년 이상 이어질 가능성이 크다. 당장 대규모 실업난 같은 큰일은 일어나지 않지만 노동시장도 서서히 오랫동안 계속 침몰하는 미래를 맞을 수 있다.

한국 기업의 주력 수출이 경쟁력을 회복하여 시장 방어에 성공하는 '고통 속 희망'과 '불안한 성장' 시나리오에서는 단기적 위기는 피할 수 없지만, 장기적으로는 노동시장도 안정을 되찾을 가능성이 있다. 필자가 예측했듯이 2025년 이후 세계경제가 다시 경기 확장기 국면으로 전환되면 한국 기업과 노동시장도 수혜를 입을 수 있다. 막대한 가계부채를 짊어지더라도 일자리 시장이 안정되면 금융비용(이자와 원금)을 감당할 수준은 되어 희망을 포기하지 않고 나갈 수 있을 것이다. 하지만 금융위기가 발발하면서 한국 기업이 세계시장에서 중국에 밀려 경쟁력을 계속 상실해 현재 시장의 50~80%를 빼앗긴다면 노동시장도 최악의 상황을 맞게 된다. 단, 필자가 지금까지 예측한 미래는 현재 우리가 하고 있는 일, 직장, 직업에 대한 것만이다. 즉 기존 산업과 관련된 일, 직장, 직업에 대한 미래 가능성이다. 미래 산업과 앞으로 새로 나타날 미래 시장에 대한 시나리오는 반영하지 않았다.

그렇다면 미래 산업이라는 변수를 반영하면 어떻게 시나리오가 바뀔까? 우선 미래 산업과 새로운 일과 새로운 직업은 서서히 만들어질 것이다. 당분간 규모가 크지 않다는 말이다. 미래 산업,

미래 시장이 본격적으로 커지려면 대략 2030년 이후일 것이다. 지금부터 10년 후다. 앞에서 설명한 4가지 시나리오별로 기존 일자리가 줄어드는 속도는 조금씩 차이가 있다.

기존 산업의 일자리가 가장 빠른 속도로 줄어드는 시나리오는 '잃어버린 20년'이다. 금융위기가 발발한 상태에서 기업 경쟁력까지 하락하기 때문이다. 이 시나리오는 미래 산업의 변수를 반영해도 앞으로 10년 동안은 가장 우려스러운 미래다. 하지만 불행하게도 확률적으로 일어날 가능성이 가장 크다. 이 시나리오가 현실이 되면 정부는 생존에 필요한 일자리를 만들어달라는 빗발치는 여론에 부응하기 위해 일자리 나누기나 정부 재정지출을 늘려 임시직을 대량 양산하며 대응하겠지만, 사회 혼란과 불안을 잠재우기에는 역부족일 것이다. 장기적으로 지속 가능하고 중산층의 기대에 맞는 일자리는 기업이 성장하고 경제가 성장해야 만들어지기 때문이다. 오히려 정부의 부채 규모만 늘려 국가부채로 인한 제3의 금융위기 가능성을 키울 것이다.

가장 이상적인 미래는 '고통 속 희망' 시나리오다. 금융위기 발발 이후 가계부채의 구조조정을 통해 단기적으로는 어렵더라도, 중장기적으로 소비시장을 안정시키고 추가 소비 여력을 확보해간다. 아울러 기존 산업이 글로벌 경쟁력을 회복하여 일자리 규모를 유지하거나 서서히 늘려간다. 여기에 2030년 이후부터 새로운 미래형 일자리들이 더해지면서 노동시장을 안정적으로 확대해가는 미래다.

부동산 버블 붕괴:
일자리 패러다임을 바꾼다

필자가 한국의 미래 일자리와 직업을 예측할 때 꼭 염두에 두는 힘이 '부동산 버블 붕괴'다. 부동산시장의 패러다임 변화는 앞으로 5~10년 동안 한국 노동시장(일, 직업)의 변화에 큰 영향을 미칠 것이다. 필자가 이렇게 확신하는 데는 분명한 이유가 있다. 건설업은 그 자체만으로 한국 GDP 전체에서 20%가량 영향을 미치는 거대한 산업이다. 직접고용 규모가 클 뿐만 아니라 다양한 산업과 분야에 미치는 생산유발효과Effect on Production Inducement도 강력하다. 예를 들어, 부동산은 돈의 막대한 흐름에 관여해 금융 및 투자시장에 강력한 동력이 된다. 부동산은 수많은 건설자재의 생산과 유통, 건설 관련 직업과 일자리는 물론이고 집 안의 전기·전자 제품과 인터넷을 비롯한 각종 생활 서비스에 이르기까지 무려 200여 가지의 상품과 서비스에 영향을 미친다. 이런 힘을 가진 부동산시장이 패러다임 전환을 맞는다면 한국의 일자리와 직업의 미래에 강력한 영향을 미칠 것이 분명하다.

필자가 예측하는 한국 부동산시장의 새로운 패러다임은 '가격 정상화'다. 일부에서 예측하는 것처럼, 부동산 거래량의 급감은 아니다. 총인구 혹은 총가구수가 줄어들기 전까지는 부동산 거래가 꾸준하게 일어난다. 과거와 다른 점은 가격이 하락하면서 거래가 이어진다는 것이다. 투기를 목적으로 하는 거래는 줄어들고, 실거주를 목적으로 하는 거래는 꾸준하게 일어난다. 이것이 가격 정상화다.

부동산시장의 패러다임 변화는 2가지 힘이 결정적이다. 하나는 경제이고 다른 하나는 인구다. 단, 이 2가지 힘은 단기적으로 부동산시장에 영향을 주지 않는다. 중장기적으로 서서히 그러나 변하지 않고 오랫동안 영향을 준다. 처음에는 투기성 유동성이나 부동산 정책에 대한 도전과 응전 세력의 움직임, 공급과 수요의 불일치 등 다른 부수적 힘들이 더 큰 영향을 주는 듯 보이지만 시간이 갈수록 경제와 인구구조의 변화가 점점 더 큰 힘으로 작용한다.

경제가 중요한 힘인 이유는 간단하다. 투기성 자본은 낮은 가격에 사서 비싼 가격에 파는 것이 목적이다. 비싼 가격에 누가 살까? 실수요자다. 경제가 호황이면 실수요자인 중산층이나 서민층이 정상 가격보다 더 비싼 가격에도 주택을 구매한다. 하지만 경제 패러다임이 확장에서 수축으로 대세 전환을 하면 생각이 달라진다.

인구가 중요한 힘인 이유는 이해하기 더 쉽다. 집도 결국 상품이기에 구매자의 수가 핵심이다. 집을 파는 사람보다 사는 사람이 더 적으면 가격은 내려간다. 집을 파는 사람은 누구일까? 공급자인 건설사와 이미 집을 사서 팔려고 내놓은 사람이다. 한국이 지난 50년과 반대 방향으로 인구구조가 재편된다는 것은 이미 상식이다. 집을 파는 사람보다 사는 사람이 더 적어지는 것은 누구나 다 아는 상식이다. 경제와 인구구조의 변화를 합하면 더 선명해진다. 비싼 가격에 집을 파는 사람보다 집을 사는 사람이 적어지는데, 더군다나 이들은 싼 가격에 집을 사려 한다. 이런 사람들의 수가 서서히 그리고 오랫동안 계속 늘어날 것이다. 자연스럽게 부동산 가격은 시장의 이런 변화에 맞춰지게 된다. 단, 10~15년이 걸릴 뿐이다. 다음 〈도표 4〉는 필자의 설명을 한눈에 종합해서 보여주는 그래프다.

필자의 분석에 따르면 한국 부동산시장의 패러다임 전환은 벌써 시작되었어야 했다. 하지만 생각보다 늦었다. 심지어 일부 지역은 아직 시작되지도 않았다. 예를 들어, 현재 수도권과 지방 대도시 일부에서 일어나고 있는 부동산 열풍은 규제가 약하고 가격을 올릴 수 있는 조건(개발 호재, 주거 환경과 학군, 일자리 상황이 좋고, 부자들이 선호할 만한 곳)을 만족하는 곳만을 골라 투기 세력이 자기들만의 매매 리그를 벌이는 게임이다. 여기에 부녀회 등 일부 아파트 주민이 그 틈을 비집고 집값을 올리기 위해 가격담합을 하

도표 4 부동산시장과 인구구조 변화

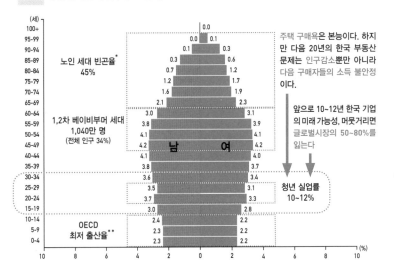

노인 세대 빈곤율* 45%

1,2차 베이비부머 세대 1,040만 명 (전체 인구 34%)

OECD 최저 출산율**

주택 구매욕은 본능이다. 하지만 다음 20년의 한국 부동산 문제는 인구감소뿐만 아니라 다음 구매자들의 소득 불안정이다.

앞으로 10~12년 한국 기업의 미래 가능성, 머뭇거리면 글로벌시장의 50~80%를 잃는다

청년 실업률 10~12%

＊출처: OECD, 전체 가구 중간 소득의 절반 이하
＊＊2018년 3분기, 한국의 합계출산율 0.95명(세계 최하위). OECD 35개 회원국 평균 1.68명, 2018년 9월 혼인 건수 14,300건(전년 동월 대비 20.1% 감소)

는 시류가 결합된 현상일 뿐이다. 근래에는 분양가상한제라는 규제정책을 역이용하는 투기적 구매와 이런 분위기에 편승한 호가 상승 국면도 있다. 이런 예외 지역에서는 패러다임 전환이 아직 시작되지 않고 있다. 하지만 이런 예외 지역을 제외하고 전국의 상당 지역은 부동산 가격 정상화 국면으로 진입 중이다.

한국 부동산시장이 선진국과 다른 것이 있다. 정부의 일관성 없고 포퓰리즘적인 정책 그리고 독특한 투기 방법(부동산 강좌와 투기자본의 버스 투어 행태, 부녀회 담합 등)이다. 이런 특징이 대한민국 건국 이래 가장 낮은 저금리와 맞물려, 가계부채의 규모가 막대한

데도 부동산시장 패러다임 대전환을 늦추고 있다. 하지만 이런 현상도 금융위기가 발발하면 무용지물이 될 것이다.

필자가 예측하는 부동산 '정상 가격'의 의미는 2가지다. 하나는 하루하루 성실하게 노력하며 사는 평범한 직장인의 금융 능력에 걸맞은 가격으로 부동산 가격이 되돌아가는 것이다. 평범한 직장인이 20년 정도 성실히 저축하면 살 수 있는 가격이다. 다른 하나는 이런 정상적인 가격에서 약간의 거품 가격이 더해져 중장기적으로 투기가 아닌 '정상적' 투자 매력도가 반영된 가격이다.

한국 부동산은 일본처럼 되지 않는다. 당연하다. 일본처럼 가격이 오르지 않았기 때문이다. 한국의 부동산은 유럽처럼 되지도 않는다. 한국은 복지가 발달하거나 하나의 거대한 통합 경제권으로 묶여 있는 유럽이 아니기 때문이다. 독일처럼도 되지 않는다. 아직 통일이 되지 못했고, 유로존 통합의 최대 수혜자도 아니기 때문이다. 일본처럼 20년간 부동산 장기 불황이 발생한 나라가 없다는 주장에도 동의한다. 일본은 아주 독특한 사례다. 하지만 각 나라의 개인소득, 은퇴 준비, 일자리 상황, 미래 전망, 국가 매력도 등에 맞추어진 가격 정상화 과정을 거친 나라는 많다.

한국도 한국에 맞는 수준으로 가격 정상화가 이루어질 가능성이 크다. 한국에서 개인의 현재와 미래 소득, 한국 국민의 은퇴 준비 상황, 한국 젊은이들의 현재와 미래 일자리 상황, 국가 전체의 중장기 미래 전망, 앞으로 10~20년간 한국의 국가 매력도 등에 맞는 수준에서 가격이 결정될 것이다. 이것이 모든 상품의 가격결정의 경제학적 기본 원리이자 이론이다. 상식적 생각으로 이런 요소들을 하나씩 따져가며 앞으로 10~20년 한국 부동산 가격의 미래를 예측해보라. 최소한 지난 십수 년 동안에 일어났던 몇 배의 가격 폭등은 '절대' 없다. 일본처럼 부동산 가격이 오르지 않았기 때문에 일본처럼 대폭락할 가능성도 낮다. 한국 부동산의 새로운 패러다임은 '한국식 가격 정상화' 시나리오가 확률적으로 가능성이 가장 높다. 참고로, 아래는 필자가 예측해본 한국 부동산의 다양한 미래 가능성이다.

- 시나리오 1: (지난 십수 년처럼) 앞으로도 중장기적으로 몇 배씩 상승한다(수백% 상승한다).
- 시나리오 2: 앞으로 10년 이상 물가상승률을 이기는 수준(매년 5~8% 이상)으로 계속 상승한다(실질가격이 상승한다).
- 시나리오 3: 현재 가격을 유지하면서 물가상승률(2~4%) 수준에서 명목가격이 상승한다(실질가격은 0% 상승으로 제자리다).
- 시나리오 4: 일본식으로 대폭락(60~80% 가격 하락)을 한다.
- 시나리오 5: 한국식 가격 정상화 기간이 진행된다.

필자가 한국 부동산의 새로운 패러다임 전환을 다루는 이유가 있다. 부동산 가격 정상화가 진행되는 과정에서 가격이 큰 폭으로 하락한다. 누군가는 자산 손실을 본다. 그 대상은 40~50대 중산층과 갓 사회에 진입한 30대 젊은 부부층이다. 자산 규모의 축소가 일어나고 일부는 파산할 수도 있다. 부동산시장의 손실은 곧바로 소비 축소를 가져온다. 대부분의 부동산 소유자가 파산하지 않지만, 가격 하락 국면에서 부동산 담보 물건을 지키기 위해 소비를 줄여야 할 것이다. 크게 오른 부동산 가격에 희망을 걸고 은퇴 후 삶을 설계했던 계획을 대폭 수정해야 한다. 계산이 줄어든 만큼 현금을 더 모아야 한다. 현금을 더 모으려면 그만큼 소비를 줄여야 한다. 결국 소비시장에서 활동하는 기업과 자영업자에게도 충격이 간다. 일정 기간은 주택 공급이 줄어들 것이고, 그만큼 건설업 관련 일자리도 위기에 처한다.

하지만 새로운 희망도 생길 것이다. 부모가 소유한 집값이 하락해서 어려움이 생기지만, 자녀에게 사주어야 할 집값이나 전세 비용도 함께 하락한다. 20~30대 젊은 부부층이 지출해야 할 주택 비용이 줄어들고 그만큼 소비 능력이 향상된다. 집값의 하락은 고군분투하고 있는 자영업자의 생존에도 도움이 된다. 집값의 하락은 임대료 하락도 불러오기 때문이다. 임대료가 하락하면 자영업자는 제품 단가를 낮출 수 있다. 그만큼 생존력이 높아지고, 고객도 소비 여력이 늘어난다. 이러한 부동산 패러다임의 대전환은 어느 국가에서든 일어난다. 단, 한국은 이미 시작되었거나 곧 시작될 것이기에 당분간 일자리와 직업의 미래에 큰 영향을 미칠 것이다.

3대 인구구조 변화:
20년 후 일자리를 바꾼다

인구(출산율, 사망률, 평균수명 등)는 단일 변수로 가장 확실한 미래 예측 변수다. 단, 장기적으로 서서히 그러나 아주 오랫동안 20~30년 이상 영향을 미친다. 한국도 인구구조가 대변화를 맞기 시작했다. 과거 50년과 완전히 다른 방향의 전환이다. 특히 주목할 변화는 필자가 '3대 인구구조 변화'라고 지칭한 저출산, 고령화, 평균수명 연장이다. 3대 인구구조 변화는 한국의 미래 일자리와 직업에 오랫동안 영향을 줄 것이다. 이미 시작되었지만 20년 후에 이르러서야 결정적 영향을 발휘할 힘이다. OECD 국가 가운데 가장 낮은 출산율, 일본보다 빠른 고령화 속도, 세계에서 가장 빠르게 증가하는 평균수명, 이 3가지는 젊은 시장에서 중장년 시장으로 일자리를 이동시킨다. 소도시에서 대도시로 구도심에서 신도심으로 일자리를 이동시킨다.

OECD 35개 회원국 평균 출산율은 1.68명이다. 2018년 말, 한국의 출산율은 1.0 마지노선이 무너졌다. 2018년 3분기 합계 출산율은 0.95명까지 하락했다.[7] 일본은 2008년 출산율이 1.34명까지 하락하면서 사회 활력이 떨어지고 내수시장이 침체되는 등 '저출산의 저주'가 실물경제를 강타했다. 저출산 여파로 소매업, 교육업, 출판업, 물류업, 소규모 서비스업, 자영업 등이 줄줄이 매출 하락 폭탄을 맞고 매출 감소를 겪으면서 노동시장의 대변화를 가져왔다. 한국은 일본보다 더 빠르다. 2010년, 6~12세 학령인구가 990만 명으로 1천만 명 선이 무너졌다. 2020년에는 743만 명으로 추가 하락할 것이며, 2050년이면 460만 명까지 줄어든다. 2010년 대비 절반도 안 된다. 2002년, 출산 신생아가 연간 40만 명으로 줄었다. 2017년에는 30만 명으로 줄었다. 몇 년이 더 지나면 20만 명까지 줄어든다. 이들을 대상으로 한 소매업, 의료 서비스업, 학원 및 교육업, 출판업 등은 앞으로 10년 안에 시장 재편이 일어날 가능성이 크다.

한국의 다른 한쪽에서는 인류 역사상 가장 빠른 속도로 초고령화가 진행되고 있다. 평균수명도 아주 빠르게 증가 중이다. 앞으로 20~30년이 지나면서 세상을 놀라게 할 생명연장 신기술이 상용화되면 평균수명 120세를 외칠지도 모른다. 저출산, 고령화, 평균수명 연장이라는 3대 인구구조 변화는 여러 장점이 있음에도 세대, 지역, 산업 간의 일자리 갈등을 심화시킬 요인이다. 한국의 미래 일자리 갈등에 외국인 노동자와 탈북민까지 가세할 수도 있다. 총인구 감소와 고령화 문제를 해결하는 핵심 해법이 외국인 이민 확대와 탈북민 정착 유도이기 때문이다.

2010년, 필자는 한 방송사가 제작한 '미리 가본 2050년 저출산 고령사회'라는 특별 프로그램의 자문 역할을 한 적이 있다. 2050년이 되면 '미래노인당'이라는 노인 중심 정당이 전체 인구의 40%가 넘는 노인의 지지를 등에 업고 의석의 절반 이상을 석권하여 국회 제1당이 될 것이라는 시나리오를 소개했다. 선거의 이슈는 단 한 가지 '노인 세대와 젊은 세대의 대결'뿐이었다. 이들의 갈등을 증폭시킨 결정적 이유는 일자리와 소득 문제와 연금 부담 문제다. 이미 젊은이나 대학생이 얻어야 할 일자리의 상당수가 은퇴자에게 넘어가고 있다.

한국은 총인구 감소가 아직 시작되지 않았다. 〈도표 5〉에서 보듯이 2030년 이후부터 총인구 감소가 시작된다. 하지만 〈도표 6〉

도표 5 총인구 및 남녀 인구

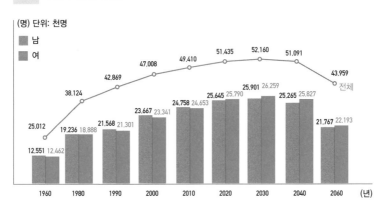

(명) 단위: 천명

■ 남
■ 여

전체: 25,012 / 38,124 / 42,869 / 47,008 / 49,410 / 51,435 / 52,160 / 51,091 / 43,959

남: 12,551 / 19,236 / 21,568 / 23,667 / 24,758 / 25,645 / 25,901 / 25,265 / 21,767

여: 12,462 / 18,888 / 21,301 / 23,341 / 24,653 / 25,790 / 26,259 / 25,827 / 22,193

1960 / 1980 / 1990 / 2000 / 2010 / 2020 / 2030 / 2040 / 2060 (년)

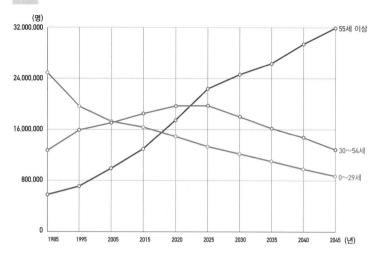

에서 보듯이 2022년 이후부터 55세 이상의 은퇴자(기업의 실질 은퇴 연령)가 30~54세의 인구층을 역전한다. 2045년에는 54세 미만 전체 수보다 은퇴자 수가 더 많아진다. 저출산, 고령화, 평균수명 연장이라는 3대 인구구조 변화가 내수시장 축소에 영향을 주는 상황이 아직 눈에 띄게 드러나지 않은 이유는 무엇일까? 2가지다. 하나는 2008년 글로벌 금융위기 이후 경기 하강에 가려져 있기 때문이다. 일종의 착시현상이다. 다른 하나는 인구구조가 서서히 변동되고 있었지만 30~54세의 인구도 2000년 1,844만 명에서 2017년 2,059만 명까지 계속 늘어났기 때문이다.

인구구조 변화는 일자리 구조나 규모의 변화와 이동에 직결된다. 그렇다면 지역별로 이런 변화와 이동에 상대적으로 더 취약한

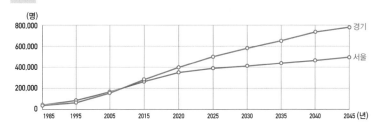

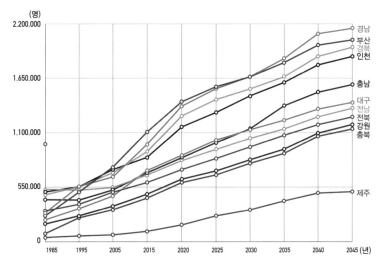

곳이 어디일까? 55세 이상 인구 증가 추세와 규모를 도별로 시뮬레이션한 〈도표 7〉을 보자. 전국에서 상대적으로 55세 이상의 은퇴자 수 증가가 가파른 곳은 경남, 부산, 경북, 인천 순이다.

반면에 〈도표 8〉에서 보듯이 30~54세의 소비 여력이 상대적으로 풍부한 세대의 감소 속도가 빠른 곳은 부산, 경남, 대구 순이다.

〈도표 9〉는 29세 이하의 인구 변화를 보여주는 그래프다. 부

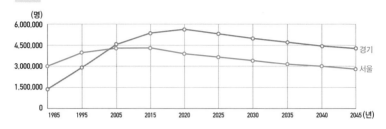

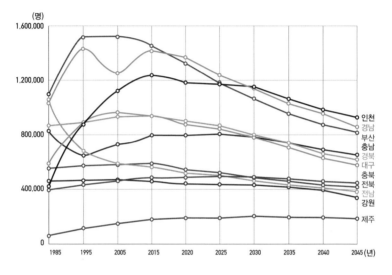

산, 경남, 경북, 대구 순으로 감소율이 상대적으로 높다.

이 3가지 그래프(55세 이상 은퇴자 증가 속도, 30~54세의 감소 속도, 29세 미만 감소 속도)를 종합하면 3대 인구구조 변화의 영향을 경기권보다 서울시가 더 크게 받고 나머지 지역에서는 경남, 부산, 경북, 대구 등 동남권이 상대적으로 좀 더 빨리 그리고 크게 받을 것으로 예측된다. 이런 지역은 일자리와 연금 문제뿐만 아니라 다른

도표 9 지역별 29세 이하 인구

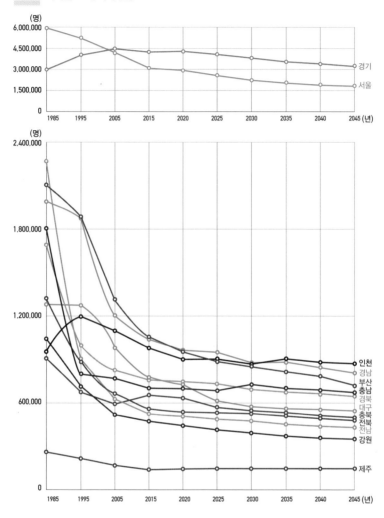

문제들도 상대적으로 빨리 그리고 좀 더 큰 충격으로 나타날 수 있다.

신기술:
서서히 오랫동안 일자리를 바꾼다

신기술은 지금 당장 일자리나 직업 환경을 전면적이고 파괴적으로 바꿀 듯 보인다. 하지만 현실은 다르다. 신기술은 서서히 직업의 미래를 바꾼다. 신기술이 직업의 미래를 바꾸는 방법은 2가지다. 하나는 새로운 직업을 '창조'한다. 신기술이 나오면 그 기술만으로 제품과 서비스를 만들고, 관리하고, 해체하는 직업이 새로 생긴다. 또한 신기술로 만들어진 제품이나 서비스로 발생하는 위험을 예방, 관리, 극복하는 직업도 새로 생긴다. 다른 하나는 현재 있는 일자리나 직업을 '진화'시킨다. 인공지능, 로봇, 생명공학, 디지털 제조장치 등 신기술은 기존의 제품이나 서비스, 일에 적용되면서 현재 있는 직업과 일자리의 진화를 이끈다. 신기술이 직업에 미치는 영향은 전자(새로운 직업 창출)보다 후자(기존 직업의 진화)가 훨씬 더 많다. 순서상으로도 전자보다 후자가 먼저 시작된다(신기술에 대한 구체적 설명과 직업의 미래 변화는 2장에서 자세하게 다룰 것이다).

예를 하나 들어보자. 인공지능이 사물인터넷과 연결되는 지능 네트워크 시대가 오면 새로 생겨나거나 없어지는 직업은 무엇일까? 사람과 사물이 모두 연결된 종합 네트워크가 지능을 가지고 스스로 자료를 수집, 분석, 예측하는 시대가 열리면 가장 위협받을 일자리는 중간관리자 영역이다. 어느 업종이든 중간관리자는 회사나 조직에서 주로 신경계 역할을 한다. 몸의 신경계처럼 회사 내외부의 정보를 수집하고 평가하고 경영진에게 보고한다. 거꾸로, 경영진에서 내려오는 명령을 하부관리 조직이나 현장에서 일하는 직원에게 전달하고 관리하는 일도 한다. 미래에는 인공지능 사물인터넷의 플랫폼이 중간관리자 역할을 대체할 가능성이 크다.

새로 생겨나는 직업은 무엇일까? 사물인터넷 시대의 중요 특징 중 하나는 데이터의 폭발적 증가다. 지금도 SNS, 근거리통신, 무선통신 네트워크 등을 통해 인간과 인간의 연결 범위가 넓어지고 상호작용이 복잡해지면서 데이터가 폭발적으로 증가하고 있다. 이런 연결 관계에 사물까지 들어가면 사물 안에 있는 데이터, 사물이 감지하는 데이터도 폭발적으로 증가하고 거대한 네트워크 안으로 쏟아져 들어온다. 공기부터 시작해서 도시 안에 존재하는 거의 모든 사물의 작동 및 네트워크에 연결된 사람의 신체 정보까지 모두 데이터화된다. 이런 데이터가 도시와 도시, 국가와 국가 간으로 연결이 확대된다. 개인정보 노출이라는 위험이 뒤따르지만 더 많이 수집된 데이터를 활용해 훨씬 더 스마트하고 좀 더 예측 가능한 삶을 살고 싶은 인간의 욕망이 초국가적 사물인터넷 환경을 발전시켜갈 것이다.

내 정보를 무료로 제공하는 대신 지구상에 존재하는 나머지 데이터를 공짜로 활용한다는 정보 거래 방식은 끊을 수 없는 매력이 있다. 지구상의 모든 정보를 활용하면 '더 똑똑한 나'로 진화할 수 있기 때문이다. 빅데이터에 기반한 예측을 활용하면 더 나은 생산성은 물론이고 내 재산을 수백 수천 배 늘릴 기회도 제공된다. 당연히 이런 일을 소개, 중계, 코칭해주는 직업이 새로 생겨날 것이다. 데이터가 핵분열을 하며 현재 데이터 속도가 수백 수천 배로 증가하고 빛의 속도로 움직인다. 이런 데이터 기술 Data Technology 시대에 맞는 능력을 가진 인재가 거의 전 산업 분야에 필요하게 될 것이다. 데이터 사이언티스트는 물론이고 개인과 기업이 폭발적으로 증가하는 데이터를 활용할 수 있도록 다양한 소프트웨어를 만드는 사람, 데이터를 창의적으로 활용하기 위한 콘셉트를 만들어내는 인문학적·사회학적 역량을 갖춘 사람이 주목받게 된다. 그만큼 해당 일자리는 증가할 것이다.

기존 직업도 진화를 시작할 것이다. 과거에 정보와 전략을 다루는 일을 했던 사람이라면 새로운 도전자에 맞서 변화를 시도한다. 이들도 새로운 환경에서 신기술을 장착하여 자신의 일과 직업을 진화시킬 것이다. 일반적으로 미래 신기술을 이야기하다보면 공학 분야에서만 새로운 일자리가 생기거나 수혜를 받을 것이라는 착각에 빠진다. 인문학이나 사회학 쪽은 일자리가 없어질 것이라 생각하나 그렇지 않다. 신기술과 기계공학이 만들어내는 디바이스는 다른 영역의 진화와 변화를 자극하는 매개체로도 작용한다. 신기술이나 새로운 디바이스, 제품과 서비스를 통해 만들어지는 데이터와 활동으로부터 사람들의 다양한 생각, 심리, 행동 변화를 어떻게 생산성으로 바꾸고 또 다른 창조적 아이디어로 전환시키느냐, 이런 변화를 활용해서 어떻게 더 나은 미래와 행복을 구현해내느냐는 인문사회학 분야의 역할이다.

결국 신기술에서 시작된 일자리와 직업의 변화는 인문사회학과 예술에 이르기까지 전 영역에 걸쳐 새로운 부흥을 이끌어낼 가능성이 크다.

미래에 눈여겨볼
노동자 유형 3가지

미래에 눈여겨볼 3가지 유형의 노동자가 있다. 바로 플랫폼 노동자, 고급 프리랜서 노동자, 가상 노동자다. 먼저 '플랫폼 노동자'는 온라인 중개 플랫폼을 이용해서 탄생한 공유경제 혹은 긱경제gig economy에서 중심을 이루는 노동자이다. '임시로 하는 일혹은 경제활동'이라는 뜻을 가진 긱경제는 1920년대 미국에서 재즈 공연을 할 때 즉석에서 섭외한 연주자가 그 순간에만 임시gig로 연주한 데서 유래한다. 온라인 중개 플랫폼을 통해 노동자가 그때그때 서비스 제공 계약을 맺고 일하는 경제활동 방식은 전통적으로 회사에 출근해서 일하는 정규 혹은 파트타임 노동자라는 고용관계에서 벗어난 새로운 노동이다.

전통적 회사 노동자는 고용의 관계나 시간을 결정하는 주도권이 회사에 있다. 하지만 플랫폼 노동자는 다르다. 온라인 플랫폼과 고용관계를 맺고 노동자 자신이 스스로 고용 시간이나 형태를 결정한다. 전통적 회사 노동자는 채용한 회사가 정해진 시간에 고정된 월급을 준다. 플랫폼 노동자는 (플랫폼 회사가 중간 매개를 하지만) 서비스를 제공받는 고객이 플랫폼 노동자에게 대가를 직접 지불한다. 플랫폼 노동자는 몇 달 혹은 1년 단위로 계약을 맺지 않는다. 건당 계약하에 움직인다.

플랫폼 노동이나 긱경제에 대해서 혁신이냐 아니면 밥그릇 빼앗기냐는 논쟁도 있다. 어떤 이들은 플랫폼 노동이 결국 비정규직이나 외주 형태의 고용관계와 같다고 말한다. 실제로 자동차 공유 플랫폼 서비스인 우버 노동자 일부가 최저임금이나 각종 복지 등의 보장을 요구하며 전통적 법과 제도 안에서 자신들의 노동을 인정받게 해달라고 요구하는 중이다. 하지만 우버 노동자의 대다수를 포함한 상당수의 플랫폼 노동자는 자신들의 노동 형태가 전통적 고용관계와 다르다며 이 요구에 반대한다. 이들이 자신의 노동 형태가 다르다고 주장하는 핵심은 '자신이 스스로 고용 시간이나 형태를 결정하는 방식'에 있다. 이런 노동관계 혹은 노동 형태를 유지하고 싶은 또 다른 이유는 연금이나 세금 등에서 전통적 법의 규제와 감시로부터 자유롭기 때문이다. (과연 무엇이 맞는지를 따지는 것은 이 책의 목적이 아니므로 플랫폼 노동자 타입의 평가, 윤리, 인권, 공정성, 상생 가능성 등을 여기서는 다루지 않는다.)

일부에서는 플랫폼 노동 방식으로 만들어지는 일자리 창출 효과가 생각보다 크지 않다고 주장한다. 하지만 이런저런 논쟁이나 저항 혹은 비판에도 공유경제의 영역이 넓어질수록 이런 형태의 고용관계는 커질 것으로 예측된다. 지금도 운전, 숙박, 배달을 넘어 청소, 심부름, 각종 돌봄, 근력이나 감정의 대리代理/deputy 등 다양한 영역에서 노동자 스스로가 자신의 노동력, 기술, 지식이나 감정 혹은 자신이 소유한 것을 건당 단위로 직접 팔거나 공유하는 일이 빠르게 확대되고 있다. 공유하거나 건당 거래로 사고파는 기술과 재능의 수준도 높아진다. 단순한 업무를 넘어 교육, 금융, 프로그래밍 등 전문적이고 숙련된 기술로 거래 범위가 확대되고 있다. 미래에는 거의 모든 인간의 활동, 재능, 소유물 등을 플랫폼에 올려 사고팔게 될 것이다.

단, 플랫폼 노동자의 현황을 분석해보면 선진국에서는 본업primary source of work보다는 부업으로 삼는 비율이 높고, 중국 등 개발도상국에서는 본업으로 삼는 비율이 높아지고 있다. 보스턴컨설팅그룹BCG이 미국, 영국, 독일, 일본, 인도, 인도네시아, 중국 등 11개 국가에서 긱 노동자gig worker로 일해본 경험이 있는 1만 1천 명을 대상으로 실시한 설문조사 결과를 분석해 발표한 〈새로운 프리랜서들: 긱경제에서 재능 활용하기〉라는 보고서를 보자.[8] 미국, 영국, 독일 등 선진국에서는 플랫폼 노동을 본업으로 삼는 사람의 비중이 1~4%에 불과했지만 중국, 인도, 브라질 등 개발도상국에서는 이 비중이 상대적으로 높았다. 중국의 경우, 응답자의 12%가 본업으로 플랫폼 노동을 하고 있다. 본업은 아니지만 지속적으로 부업으로 삼고 있다는 응답자 비율은 미국

10%, 독일 6%, 영국 7%였고 개발도상국인 중국에서는 33%, 인도에서는 31%였다. 참고로, 나머지 응답자들은 본업이나 부업도 아니고 필요나 호기심에 따라서 한두 번 혹은 간간이 플랫폼 노동을 하는 것으로 추정된다.

미래에 눈여겨볼 두 번째 노동자 형태는 '고급 프리랜서 노동자'다. 프리랜서는 현재도 친숙한 노동 형태다. 하지만 미래에는 이들의 형태가 좀 더 특이하게 발전할 가능성이 크다. 규모도 현재보다 커질 것이다. 프리랜서Freelancer의 어원은 중세 유럽까지 거슬러 올라간다. 중세에서는 전쟁을 찾아 전 유럽을 방랑했던 사람들이 있었다. 이탈리아와 프랑스 용병 집단이었다. 영국에서는 이들 임대 기사를 '프리랜스free lance'라고 불렀다. 돈만 주면 그들의 '창lance'을 살 수 있었기 때문에 붙여진 이름이다.

필자는 '개인자본주의Individual Capitalism'를 미래에 눈여겨볼 경제 시스템으로 꼽는다. 개인자본주의는 인공지능과 개인 로봇이 중심이 된 지능혁명 시대에 나타날 가능성이 있는 새로운 경제 시스템으로, 필자가 예측한 미래 모습 중 하나다. 이는 20세기 중후반에 일어난 금융혁명Financial Revolution과 정보혁명Information Revolution이 인공지능 그리고 개인 로봇혁명과 결합되면서 나타날 새로운 경제 형태다. 역사적으로 구분하자면, 상업자본주의와 산업자본주의 다음으로 나타날 수 있는 새로운 경제구조. 인공지능과 로봇이 인간의 지능과 근력의 증강을 넘어 존재와 삶의 방식까지 혁명적으로 바꾸는 '지능혁명Intelligence Revolution 시대'

가 되면 지금보다 몇 십 배 향상된 능력을 가진 인간 개인이 자본주의의 중심이 된다. 자본주의의 중심이 상업이나 산업 혹은 자본을 축적한 몇몇 자본가에서 일반 개인으로 넘어가는 미래다. 일반 개인의 지능과 신체 능력이 탁월하게 증강되면 자본의 축적과 운영이 상업이나 산업이라는 법인 구조를 갖지 않는 개인 단독으로도 가능해지는 놀라운 경제 변화가 일어날 수 있기 때문이다.

20세기까지 개인은 자본가에게 종속된 고용인에 불과했다. 사회나 국가, 상업이나 산업을 구성하는 개별 단위로, 자본 축적을 위한 도구에 지나지 않았다. 그러나 미래에는 개인이 자본 축적의 완성된 구조 자체, 구조 전체가 될 수 있다. 필자가 인공지능의 미래에서 예측했던 '3개의 뇌'(인공지능 뇌, 네트워크 뇌, 생물학적 증강 뇌)로 무장한 '증강된 개인Augmented Individual'이 많아지면 개인자본주의 시대가 열릴 것이다. 이미 활짝 열린 금융혁명은 전세계의 개인들이 서로 금융 네트워크를 형성하도록 해주어 증강된 개인이 전통적인 금융기관과 금융 권력 집단의 통제나 의존에서 벗어나도록 해준다. 개인자본주의를 구성하는 개별 단위 주체인 증강된 개인이 투자, 대출, 보험에 이르기까지 개인과 개인 Peer to Peer의 네트워크로 해결할 수 있는 환경을 만들어준다. 계속 진행되고 있는 정보혁명은 증강된 개인이 채굴하고 가공하는 '정보'와 '지식', '재능'을 자본 축적이 가능한 재화로 사용할 수 있도록 해줄 것이다.

재화는 인간의 생존에 필요한 것들 가운데 쌀이나 옷, 책처럼 만질 수 있는 것을 가리킨다. 재화를 획득하는 과정에는 경제적 대가가 필요한데, 이것을 경제재經濟財라고 부른다. 무한으로 존재하여 경제적 대가가 필요 없는 것은 자유재自由財다. 이런 재화 가운데 개인이 소유할 수 있으면 사유재, 그렇지 않으면 공공재로 분류한다. 소비량에 따라서는 우등재와 열등재로 나누기도 한다. 부가가치는 개인이나 기업이 경제재나 자유재를 가지고 생산 활동을 해서 만들어낸 새로운 가치다. 부가가치에서 노동과 생산에 투여된 원가를 제외하고 남는 것이 최종 잉여 이익이고, 재산의 축적은 잉여 이익의 축적이다. 잉여 이익의 축적이 많을수록 부자가 된다. 이런 부富의 형성 과정을 고려하면, 부의 형성에서 중요한 것은 경제재를 얼마나 가지고 있느냐다. 경제재가 많을수록 최종 잉여 이익을 많이 축적할 수 있기 때문이다.

　하지만 경제재를 점유하기 위해서는 대가를 지불해야 한다. 20세기까지는 개인이 바로 이 부분에서 상업자본가나 산업자본가에게 밀렸기 때문에 자본주의의 주체로 서지 못했다. 결국 경제재 점유에서 상대적으로 나약하고 열세에 처한 개개인은 상업이나 산업을 구성하는 개별 단위인 '낱낱'이나 자본 축적 도구에서 벗어나지 못했다. 하지만 미래에는 금융혁명, 정보혁명, 지능혁명이 완벽하게 결합되면서 '증강된 개인'이 적은 경제적 대가만 지불하면 (정보화 시대에 중요한 재화로 인식되는) '정보와 네트워크'라는 강력한 경제재를 획득할 수 있을 것이다. 정보와 네트워크라는 아주 강력한 경제재를 점유, 가공, 거래하는 데 필요한 최소한의 경제적 대가도 개인과 개인의 네트워크나 인공지능 네트워크로 해결할 수 있다.

지능혁명은 개인에게 '3개의 뇌'를 선물하여 금융자본가, 상업자본가, 산업자본가 들과 경쟁할 수 있는 '증강된 개인'으로 변신시켜줄 것이다. 증강된 개인은 3개의 뇌를 활용하여 자신의 시간과 지능의 일부를 대신하게 하고 물리적 잉여 시간과 생물학적 잉여 지능을 확보한다. 또한 확보된 잉여 시간과 지능을 자신의 재화를 재가공하는 데 사용하여 부가가치를 생산할 수 있다.

만약 잉여 시간과 지능을 재화를 재가공하는 데 사용하지 않는다면 정신문화 활동에 투여할 수도 있다. 증강된 개인들이 정신문화 활동에 과거보다 더 많은 시간을 투여하면, 한층 더 발전한 정신문화 활동에서 얻어진 산물을 거래하는 새로운 시장도 만들어낼 수 있다. 지능혁명이 지속되면 생산성의 획기적 향상이 이루어지면서 인간에게 필요한 기본적인 재화와 서비스 가격도 빠르게 낮아진다. 그렇게 되면 노동 임금이 증가하지 않더라도 (혹은 임금이 줄어들더라도) 상품의 가격이 하락해 개인이 '추가적인 잉여 자본'(돈)을 확보하게 된다. 생산성 향상으로 낮아진 제품과 서비스 가격이 만들어준 추가적인 잉여 자본이 정신문화적 재화 (사람의 욕망을 만족시키는 물질과 비물질)를 거래하는 시장에 사용되면 개인과 개인, 증강된 개인과 기업이 거래하는 신시장의 규모는 더 커진다.

이런 미래가 현실이 되면, 고급 프리랜서 노동자로 활동하는 개인이 늘어날 가능성이 크다. 지금도 미국 상위 500대 기업에서 일하는 개인은 10명 중 1명도 되지 않는다. 고용 관점에서도 미국의 민간 영역에서 가장 큰 고용주는 GM, MS, 포드가 아니다. 미국 전역에 1,100개 이상의 지점을 거느리고 밀워키에 본부를 둔 '맨파워 주식회사'다. 이곳은 임시직 알선 회사다. 선진국에서는 종신고용의 개념이 사라진 지 오래다. 젊은이들도 자본가에게 고용되어 자신이 저들의 자본 축적을 돕는 하나의 '도구'나 '낱낱'으로 사는 것을 원치 않는다. 스스로 정한 조건에 따라 자신만의 무대를 창조하는 것을 목표로 삼는다(플랫폼 노동자가 늘어나는 이유이기도 하다).

시간이 갈수록 재능 있는 개인이 특정한 목적을 위해 특정한 장소에 모여서 일하다가 흩어지는 노동 형태가 증가할 것이다. 이들이 조직으로 움직이더라도 임시 편성 조직일 뿐이다. 목적이 달성되면, 조직의 구성 단위였던 개인들은 다음 무대를 향해 흩어지고 이동한다. 할리우드에서 영화 한 편을 만들기 위해 배우, 스태프, 자본 등이 모였다가 흩어지는 일을 무한하게 반복하는 것과 같다. 미래의 개인자본주의 시대에는 이런 모습이 한 단계 더 진화할 것이다. 프레더릭 테일러가 창시한 테일러리즘Taylorism은 구시대 경영 유물이 된다. '반복, 기계적 절차, 표준화'는 인공지능과 로봇으로 대체될 것이다. 지능혁명 시대에 증강된 능력을 가진 개인은 반복, 기계적 절차, 표준화가 필요한 일에서

(자의적이든 강제적이든) 벗어난다. 수평적 충성심과 평등성을 기반으로 한 새로운 네트워크 사회에서 (개인자본주의의 주체인) 개인들이 서로의 재능과 기회를 맞바꾸면서 활기찬 생산과 거래 활동을 해나갈 것이다. 필자는 이런 개인들을 '고급 프리랜서 노동자'라고 부른다. 미래에 새로운 경제 주체로 활동할 '증강된 개인'은 중세의 프리랜스나 20세기의 프리랜서보다 역량이 몇 배, 몇 십 배 증강된 개인이다. 참고로, 20세기의 프리랜서는 아래와 같은 3가지 유형이 있다.

1. 단독업자(프리랜서): 자신의 서비스를 판매하면서 이 프로젝트에서 저 프로젝트로 옮겨 다니며 일하는 사람이다. 이들은 자발적으로 혼자 일하는 사람으로 보통은 프리랜서라 불린다. 미국에서는 프리랜서의 수가 1,600만 명을 넘어섰다.

2. 임시직: 이들은 비자발적으로 혼자 일하는 사람이다. 어쩔 수 없는 프리랜서다. 이들 중 상당수는 노동시장의 밑바닥에서 옴짝달싹하지 못하는 사람이다. 이들의 규모는 전체 프리랜서 영역에서 약 10%를 차지하는 것으로 추산된다. 임시직은 다시 다음 두 부류로 분류할 수 있다.

   A. 기술이 있는 임시직: 계약직 변호사, 계약직 이사, 계약직 최고경영자, 계약직 대학 총장 등이 여기에 속한다. 이들은 그나마 기술이 있는 임시직이기 때문에 다른 임시직보다 임금이 빠르게 상승한다.

    B. 별다른 기술이 없는 임시직: 이들은 별다른 기술이 없어 자신이 가진 시간과 육체적 역량만을 사용하기 때문에 수입이 현저히 낮고 고용도 가장 불안하다.

3. 초소형 사업체 경영자: 미국에서는 새로운 재택 사업을 경영하는 사람이 11초마다 1명씩 생겨나는 것으로 추산된다. 2000년 기준으로, 미국에서만 약 1,300만 개의 초소형 사업체가 창고나 방 한편에서 운영되고 있다. 그리고 재택 벤처사업체 중 절반은 다음 2개의 사업 범주에 해당한다.

    A. 관리보수 업종: 청소, 건설, 주택 개조 등의 일을 한다.

    B. 다른 사업체를 위한 서비스 업종: 데이터 관리, 가공 및 처리, 컴퓨터그래픽, 회계 업무 등의 일을 한다.

미국을 기준으로 전체 근로자의 30% 정도는 이미 프리랜서에 속한다. 선진국에서 프리랜서가 활성화되는 이유는 몇 가지가 있다. 첫째, 강제적 이유다. 값싼 생산수단들이 늘어나면서 기술적 실업이 늘어나고 기업의 생존 기간이 단축되기 때문이다. 둘째, 자발적 이유다. 종속 관계나 기간제 피고용인으로 있을 때보다 더 큰 행복과 소득을 얻기 위해, 생존 때문에 돈을 버는 단계에서 벗어나 의미와 가치를 창출하기 위해 자발적으로 프리랜서로 전환한다. 여기에 공유경제 혹은 긱경제의 출현으로 플랫폼 노동자가 가세한 형국이다.

인공지능과 로봇이 중심이 되는 지능혁명 시대가 되어 개인의 능력이 놀랍게 증강되면 자발적으로 프리랜서를 선언하는 개인은 더 많아진다. 현재의 프리랜서 개념과 역량보다 훨씬 더 증강된 새로운 프리랜서로 등장할 것이다.

필자가 예측하는 고급 프리랜서 노동자의 몇 가지 특징이 있다. 먼저 강력한 지능이나 역량을 갖는다. 인공지능과 네트워크로 연결된 개인은 창의성을 발휘하는 데도 20세기의 개인보다 뛰어날 것이다.

그다음으로 '자유'라는 특징을 갖는다. 자신이 가고자 하는 길과 자기가 추구하는 가치와 목적을 따라갈 수 있는 자유에 열광한다. 자신이 원하는 시간과 장소에서 원하는 조건과 분량만큼 일하고, 자신이 원하는 사람과 함께 일하는 자유를 찾는다.

'진실성'도 이들의 핵심 특징이다. 조직이나 상사의 눈치를 덜보고 기업이나 자본가와 동등한 경쟁을 할 수 있는 증강된 개인이 되면 가면 속에 자신을 감추거나 남들 앞에서 계산된 표정을 짓지 않고, 정체성의 손상도 덜 입고, 자기를 최대한 표현하면서본래의 자아를 유지하는 진실성을 추구하려 할 것이다.

그 대신 '책임감'이라는 새로운 역할을 부여받게 된다. 개인자본주의 시대에 개인은 모든 일에 대해 이루 말할 수 없는 책임감을 부여받는다. 자기 이름을 내걸고 있기에 책임감은 생존과성공의 핵심 조건 중 하나가 된다.

마지막으로 증강된 개인은 남이 정의하는 성공의 틀에서 빠져나와 스스로 정의하는 성공을 만들어갈 가능성이 크다. 인공지능과 함께 일하지만 인공지능이 시키는 대로 일하는 사람도 아니다. 인공지능을 활용하여 자기를 위해 일한다.

토머스 스탠리와 윌리엄 댄코의 베스트셀러 《백만장자 불변의 법칙》(2017)을 읽어보면, 자신을 위해 일하는 사람이 남을 위해 일하는 사람보다 백만장자가 될 가능성이 4배 더 높다는 조사 결과가 나온다. 경제학자 데이비드 블랜치플라워와 앤드루 오즈월드가 1999년에 발표한 자료를 보더라도, 자신을 위해 일하는 사람이 남을 위해 일하는 사람보다 직업 만족도가 높았다. 개인자본주의 시대는 상업자본주의나 산업자본주의 시대의 개인보다 더 높은 만족도와 행복을 누릴 가능성이 크지 않을까? 개개인이 과거보다 더 높은 만족도와 행복을 누릴 가능성이 크다는 것도 국가 발전에 도움이 된다. 증강된 개인들의 역동성은 국가 전반에 전염될 수 있다.

개인이 주체가 되는 사회 및 경제 시스템에서는 특정한 단일 기업의 붕괴로 경제 전체가 흔들릴 가능성이 줄어든다. 국가경제의 안정성도 높아진다. 증강된 개인들이 네트워크 안에 더 많은 접점을 만들면서 촘촘하게 연결될수록 안전도 더욱 공고해질 수 있다. 네트워크가 확장되고 지능화될수록, 네트워크가 갖는 수평적 충성심이 더해질수록 그 안의 안전성과 기회성은 더욱 커질 수 있기 때문이다. 아직도 전통적 회사 노동자 생활이 익숙한 우리 처지에서는 새로운 노동 형태가 불안해 보일지도 모른다. 하지만 이런 변화에 따라 사회구조, 법과 제도가 혁신되는 환경의 변화가 일어나면 참신한 프로젝트를 실행할 기회, 신기술을 빠르게 습득할 기회, 새로운 개인을 만나 인간관계를 확장할 기회, 신선한 재미를 지속적으로 얻을 기회를 주는 미래형 노동 형태가 더 안전하고 행복하고 부유한 삶으로 향하는 길이 될 수도 있다.

미래에 눈여겨볼 마지막 노동자는 더 혁명적이다. 필자가 예측하는 새로운 노동자는 '가상 노동자'다. 필자는 "새로운 미래 세대는 어떤 모습일까?"라는 질문을 종종 받는다. 그때마다 'A세대 Generation A'라는 새로운 세대를 소개한다. 앞으로 나타날 '첫 번째 미래 세대'라는 의미로, '인공지능Artificial Intelligence'과 '가상세계Artificial World'가 결합되어 탄생하기 때문에 두 단어의 첫 번째 알파벳인 A를 사용했다. 이들은 현재 사람들의 입에 오르내리는 인공지능, 로봇, 블록체인, 나노 바이오, 3D프린팅 등 미래 기술로 만들어질 새로운 세상의 혜택을 가장 많이 받을 세대다. 필자는 A세대의 대표적 특징을 다음과 같이 예측해보았다.

- A세대는 현실보다 가상환경을 더 편해하는 최초의 세대가 될 것이다.
- A세대는 자신에게 특화되고 훈련된 인공지능과 대화하고, 가상세계와 연결되는 스마트 안경을 착용하고 순수한 3D 가상현실이나 현실과 가상이 결합된 증강현실AR(Augmented Reality) 속에서 가상 행복을 찾는 세대가 될 것이다.
- A세대는 좋아하는 것과 성공하는 기술을 인공지능을 통해 언어

와 지식 장벽을 돌파한 가상현실에서 찾을 것이다. 한국 경제가 '잃어버린 20년'에 진입하면 현실에서 취업과 성공은 더 힘들어진다. A세대는 현실에서는 최소한의 벌이만 하고, 3D 가상세계 속에서 가상의 부와 다양한 삶을 구현하는 길을 찾으며 가상현실 속에서 적극적으로 자신을 재창조하면서 자신들만의 새로운 세상을 만드려 할 것이다. 한국 사회도 초고령화 국면을 맞고 거대한 권력과 기득권 세력이 견고하여 사회 변화가 더디 가면, A세대는 현실을 외면하고 가상현실로 뛰어들어 가상현실 공동체를 형성해 새로운 세상을 선점하고 현실보다 더 현실적인 신세상을 만들 것이다.

필자는 21세기에 인공지능 등 IT 기술과 생물학의 발달로 3개의 뇌를 가진 개인이 나올 것이라고 예측했다. A세대는 생물학적 뇌biological brain, 인공 뇌artifical brain, 클라우드 뇌cloud brain로 이뤄진 3개의 뇌를 갖는 첫 번째 세대다. 이들은 개인의 디바이스에서 작동하는 맞춤형 인공지능, 5G보다 100~1천 배 빠른 통신 환경으로 연결된 클라우드 지능, 암 환자를 진단할 때 몇 초 만에 모든 정보와 지식과 논문, 그 밖의 자료에 접근해 검토할 수 있는 IBM의 왓슨이나 구글, MS, 애플 등이 제공하는 전문 분야 인공지능이 결합된 통합지능 시스템Total Intelligence System을 갖게 될 것이다.

통합 지능 시스템은 A세대의 생물학적 지능과 연관되어 강력

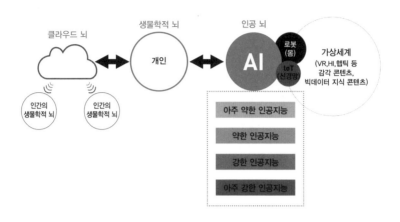

한 지능 향상을 가져다줄 것이다. A세대의 생물학적 뇌가 클라우드 지능과 연결되고 통합되면 다른 사람들의 생각과 자신의 생각이 자연스럽게 비교, 분석되며 가치 판단력도 높아진다. 전 세계 곳곳에 연결되어 있는 클라우드 지능은 실시간으로 세계에서 벌어지는 상황 변화를 개인의 가치판단에 반영하도록 돕는다. 이런 도움을 단 몇 초 혹은 단 몇 시간 만에 받게 되면 개인의 가치판단 범위는 비약적으로 빨라진다. 의사결정 속도가 빨라지고 가치판단 범위가 넓어지더라도 의사결정의 정확도는 낮아지지 않는다.

3개의 뇌가 연결되고 통합되면서 논리적이고 확률적인 분석과 판단을 통해 가장 좋은 성과를 낼 것으로 예측되는 선택지를 단 몇 가지로 압축할 수 있다. 최종적으로 선택된 대안들 가운데 무엇을 선택할지도 확률적으로 나타나기 때문에 의사결정을 좀 더 쉽고 정확하게 할 수 있다. A세대의 판단력과 의사결정력은 인공지능의 도움을 받지 못하고 있는 지금의 전문가보다 더 나을 것으로 예측된다.

클라우드 지능의 도움으로 자신의 선택이 가져올 미래 변화에 대한 가치판단도 조언을 받을 수 있어 의사결정의 불안감이 줄어든다. 자신이 결정하기 어려운 상황에 처하면 인공지능에 의사결정을 위임할 수도 있다. 의사결정을 위임받은 인공지능은 클라우드 지능과 협업하여 움직일 것이다. 인공지능이 의사결정을 대행하더라도 가장 중요한 원칙과 전제는 개인이 정할 수 있다. 개인에게 의사결정을 위임받은 인공지능은 정해진 원칙, 의사결정 규칙, 고려해야 할 상황 등을 따져가면서 의사결정을 할 것이다.

이런 방식의 의사결정은 감정에 흔들리기 쉬운 인간의 단점을 보완해준다. 의사결정의 대상도 넓어진다. 의사결정 대상이 넓어진다는 것은 A세대의 참여 범위가 넓어진다는 말이다. 가정에서 일어나는 작은 문제부터 인류 전체의 거대하고 복잡한 문제까지 자신의 의견을 반영할 수 있다. 미래 세대의 이런 역량은 앞에서 예측했던 고급 프리랜서 노동자의 출현을 앞당길 것이다.

필자가 주목하는 A세대의 독특한 특징이 하나 더 있다. 바로 '가상세계'다. 최근에 주목받고 있는 'Z세대'는 유튜브와 같은 동영상 공간이 주 활동 무대다. 이전 세대인 'Y세대'는 페이스북 등의 소셜미디어 공간이 활동 무대였다. 미래 세대인 A세대의 주

활동 무대는 '3차원 가상세계'다.

2019년, 초당 1Gb 데이터를 주고받는 5G 통신 시스템(고화질 영화 한 편을 2~3초에 다운로드) 시대가 열렸다. 이론적으로, 5G 기술은 가상현실이나 증강현실 콘텐츠를 완벽하게 구현할 수 있다. 하지만 수많은 사람이 몰리면 실제 속도는 현저히 떨어진다. 필자의 예측으로는 실제적이고 자연스러운 '실시간 통신'과 '완벽한 가상세계' 구현은 6~7G 상용화 시대에나 가능할 것이다. 이 시대가 A세대의 활동 무대다. 기술적으로, 6세대 통신은 수중 통신이나 전 세계 어디에서든 음영 지역 없이 이용 가능할 정도로 전파 송출 범위가 확대된다. 6G는 우리에게 익숙한 4G와 비교할 때 전송 속도가 100배 이상 빠르다. 6G는 2030~2040년에 상용화될 것이며, 2040년 이후에는 4G보다 1천 배 빠른 7G 시대가 열릴 것이다.

7G 서비스는 사람이 존재하는 모든 공간의 네트워크화는 물론이고 우주까지 하나의 통신 시스템으로 연결된다. '초연결 지구' 시대는 이때부터 시작된다. 인공지능 기술도 지금보다 수십 수백 배 향상될 것이다. 즉, 2050년경이면 가상과 현실의 완벽한 통합이 기술적으로 가능하다. 6~7G 상용화 시기가 되어 '실시간 통신'과 '완벽한 가상세계' 구현이 대중화되면, 가상현실 기술은 교육과 훈련을 비롯해 가상 섹스까지 다양한 영역에서 사람들을 놀라게 할 것이다. 필자가 앞에서 예측했던 가상과 현실이 통합되는 제3차 가상혁명 시대의 시작도 가능해진다. 지금보다 수백

배 진보한 인공지능, 홀로그램Hologram, 가상현실, 지금보다 1천배 빠른 통신 기술, 휴먼인터페이스, 웨어러블 컴퓨터, 3D 그래픽 및 디스플레이 기술 등이 서로 시너지를 내면서 놀라운 가상세계를 만들어낼 것이다.

제3차 가상혁명 시대가 열리면 새로운 형태의 노동자가 주류세력으로 등장할 수 있다. 바로 '가상 노동자'다. 컴퓨터와 인터넷이 만들어낸 가상공간은 텍스트 → 이미지 → 동영상으로 무게중심이 옮겨갔다. 동영상 다음은 3차원 가상 몰입(혼합현실·가상현실 등)이 될 것이다. 가상공간이 3차원으로 전환되면 A세대는 시간과 공간의 제약에서도 자유로워진다. 3차원 가상기술은 원하는 시간에 지구 어디에나 텔레프레즌스를 가능하게 해준다.[9] 현실과 완전히 독립된 순수한 3차원 가상세계만으로 이동시켜줄 수도 있다. 현실과 전혀 연관 없고, 프로그래머의 상상 속에만 존재하는 새로운 세상이다. 현실에는 없지만, 가상의 형상과 촉감까지 느낄 수 있게 해주는 신기술 덕분에 인간은 현실처럼 인식하게 된다. 예를 들어, 테슬라스튜디오와 액손VR 등이 개발하는 스마트섬유와 각종 가상현실 장비를 연결하여 온몸으로 가상현실 경험을 할 수 있는 전신 슈트 등이 이런 기술이다.

가상과 현실의 경계가 깨지는 제2차 가상혁명은 세계적 미래학자였던 앨빈 토플러가 《미래 쇼크》(1989)에서 다룬 '모의 환경Simulated Environment'이 현실이라는 경계를 깨고 나와 우리 삶 속에 완벽하게 융합되는 시대다.[10] 3차 가상혁명은 현실과 가상이 완전히 통합된 매트릭스로, 이동까지 가능해진다. 3차 가상혁명 시대가 되면 3개의 공간이 동시에 존재한다. 현실, 현실과 가상의 통합, 현실보다 더 현실 같은 순수한 가상공간이다. '가상공간'이란 말은 미국의 SF 작가인 윌리엄 깁슨이 1984년 《뉴로맨서》(2005)라는 소설에서 처음으로 사용했다.[11] 가상공간은 컴퓨터와 인터넷만을 의미하지 않는다. 가상공간은 사람들이 사는 비트 bit로 된 생활공간, 경제공간, 존재 가치를 논하는 형이상학적 공간이다. 공간이기에 인간의 모든 활동이 가능해진다. 당연히 새로운 일자리와 직업도 출현한다. 필자는 이런 환경에서 일하는 노동자를 '가상 노동자'라고 부른다.

가상세계에서 활동하는 미래 노동자는 인공지능이 파괴한 언어장벽을 뚫고 세계 모든 사람과 대화하며 일할 수 있다. 필자는 오래전부터 인공지능이 언어의 경계를 파괴하는 것은 확정된 미래라고 예측했다. 언어의 경계가 파괴되면 소통과 활동에서 국경의 경계가 없어진다. 인공지능만 있으면 전 세계 모든 시장에도 직접 접속할 수 있다. 언어장벽에 얽매이지 않은 채 물건에 대한 정보를 읽고, 전 세계 소비자가 올린 제품 후기를 읽고, 판매자와 흥정도 직접 할 수 있다. 친구를 사귀는 일부터 직업 활동까지 모든 것이 바뀌게 된다.

3차원 몰입형 가상공간에서는 가상의 정부, 가상의 정치, 가상의 회사, 가상의 학교, 가상의 사회가 만들어질 것이다. 수많은 기업이 가상의 건물을 짓고, 직원들을 교육하거나 훈련하고, 함께 모여 연구하고, 위험하거나 비용이 많이 드는 실험을 과감하게 시뮬레이션할 것이다. 3차원 몰입형 가상공간을 주무대로 일하는 가상 노동자는 현실세계에서보다 더 많은 돈을 벌 수도 있다. 나이트클럽을 운영할 수도 있고, 나만의 패션 사업을 할 수도 있다. 학교를 세우거나 커다란 리조트 사업을 할 수도 있다. 또한 부동산개발업자가 되어 멋진 호수가 딸린 아름다운 별장을 지어 팔 수도 있을 것이다.

이런 새로운 노동 형태들의 등장을 고려한다면, 미래에는 한 사람의 고용주와 오랜 시간을 보낼수록 급변하는 세계와 단절될 가능성이 더 커질 수 있다. 더 큰 기회를 얻으려면 독자적 개인으로 분리되어, 첨단기술로 증강한 역량을 가지고 글로벌 네트워크와 가상세계 속으로 경제활동 및 사회활동의 터전을 완전히 이동하거나 최소한 한 발은 들여놓아야 할 듯싶다.

지금까지 필자가 예측한 미래에 눈여겨볼 3가지 노동자의 모습은 먼 미래가 아닐 수 있다. 100세, 120세를 사는 시대가 현실이 되었다는 것을 생각한다면 당신이 살아 있는 동안에 나타날 수 있는 일일지도 모른다. 앞으로 최소 10년, 20년은 이런 미래가 현실이 될 가능성이 증가한다는 미래 신호가 계속 나올 것이다.

과거에는 이런 새롭고 혁명적인 미래의 변화를 생각해보거나 대비할 필요가 크게 없었다. 그러나 이제는 100~120세 시대를 살면서 최소 60년에서 최대 90년까지 일하고 다양한 직업도 가져야 하기에 10년, 20년, 30년 후의 변화를 미리 예측하고 준비하는 것이 중요하다. 2030년에도, 2050년에도 어쩌면 2100년에도 당신은 일을 계속해야 하고, 경제활동을 해야 하고, 행복한 삶을 유지하기 위해 몸부림쳐야 할지 모른다. 큰 변화의 시기에는 과거나 현재에 안주하는 개인은 낙오자가 된다. 아무리 개인의 능력을 극대화할 수 있는 신기술로 새로운 기회가 오더라도 미리 생각하고 준비하지 않으면 뒤처질 수밖에 없다.

2
장

미래의 회사

미래의 소비자는 환상을 사고, 미래의 기업은 환상을 판다 ㅣ 손, 자동차, 몸을 선점한 자가 미래 산업을 지배한다 ㅣ 뇌를 업로드하면 디지털 영생이 가능하다 ㅣ 파괴적 혁신가가 되어야 창업할 수 있다 ㅣ 제조업 강국이 경제 강국이다 ㅣ 아시아가 21세기의 일터가 된다

일하는 방식이
바뀐다

1장 '미래의 일'에서는 한국에서 생길 수 있는 일자리 혹은 직업의 거대한 미래 변화 흐름을 몇 가지 예측했다. 2장 '미래의 회사'에서는 좀 더 손에 잡힐 만한 주제로 미래 시나리오를 좁혀본다. 먼저 가까운 미래 안에서 한국 회사들은 어떻게 움직일까? 여기서 말하는 가까운 미래는 대략 3~5년 이내를 지칭한다. 필자는 한국의 일자리와 관련해 지금 당장 그리고 가까운 미래에 영향을 미칠 힘으로 미·중 패권전쟁, 한국의 제2차 금융위기 가능성, 경제구조와 부동산 패러다임 대전환의 시작 등을 예측했다. 거의 모든 한국의 회사가 가까운 미래에 마주쳐야 할 힘들이다.

거대한 변화가 닥쳐오면 회사가 대응하는 방법은 크게 2가지다. 하나는 일하는 방식을 바꾸는 것이고, 다른 하나는 일 자체를 바꾸는 것이다.

첫 번째로, 일하는 방식을 바꾼다는 것은 '일의 재배치와 재조정' 그리고 '도구 교체'다. 일을 재배치하고 재조정하는 목적은 간단하다. 바로 비용 절감이다. 다행히 현재 만들고 있는 제품이나 서비스를 그대로 유지한 채 일만 재배치하고 재조정한다. 이는 비용 절감으로 현 제품과 서비스의 이익률을 사수하여 시장에서 버티려는 것이다. 이를 위해 지역 단위나 부서 단위에서 일을 재배치하거나 일의 우선순위를 재조정하기도 한다. 따라서 멀티플레이 직원을 선호한다.

일의 재배치와 재조정은 비용 절감이 목적이기 때문에 아주 빨리 단행한다. 필요하다면 몇 차례 반복할 수도 있다. 이 과정에서 대규모 구조조정이 일어나기도 한다. 매년 말이면 대규모 구조조정 소식이나 퇴사와 승진 등의 인사 대이동 소문이 주위에서 들릴 것이다. 이런 시기에 회사에서 살아남으려면 현재 하는 일에서 자신의 존재감을 최대한 드러내야 한다.

살아남아도 고민거리가 있다. 일이 재조정되는 과정에서 업무 부담이 늘어나고 새로운 부서나 지역에 적응해야 한다. 마음 같아서는 회사를 그만두고 다른 회사로 이직하고 싶어진다. 현재 당신의 처지와 같은가?

여기서 해주고 싶은 말은 앞으로 3~5년은 절대로 당신 스스로 회사를 박차고 나오면 안 된다는 것이다. 지금 한국 회사들이 일의 재배치와 재조정을 하는 이유는 외부에서 일어나고 있는 거대한 위기 때문이다. 미·중 패권전쟁, 한국의 제2차 금융위기 가능성, 경제구조와 부동산 패러다임 대전환의 시작 등의 위기와 변화는 회사조차도 감당하기 힘든 파도다. 회사 밖에서 한 개인으로는 감당하는 게 불가능하다. 회사 밖은 엄청난 비바람과 혹한이 몰아치기 시작했다. 무슨 일이 있어도 회사 안에서 살아남아라. 부서가 이동되고, 다른 지역으로 발령 나고, 임금이 동결되더라도 당분간 회사를 떠나면 안 된다. 지금은 회사 안에서 살아남고 버티며 더 큰 미래 변화를 대비하고 준비해야 할 때다.

일하는 방식을 바꾸는 또 다른 방법은 도구 교체다. 도구 교체의 목적은 생산성 향상이다. 작게는 기계를 최신형으로 바꾸거나 새로운 소프트웨어를 사용하거나 문화적으로 직함을 파괴하거나 넥타이를 풀고 청바지를 입는 등 복장을 파괴한다. 크게는 새로운 기술이나 장비를 도입한다. 빅데이터, 인공지능, 블록체인, 자율주행로봇, 사물인터넷 등의 신기술이나 첨단 장비를 도입하여 생산성 향상을 노린다. 시장 변화의 트렌드에도 올라탄다. 일명 '추세 올라타기'다. 가성비, 온라인과 고객 경험 강화, 과거의 성공 사례보다 빅데이터 의존도를 높이자는 외침이 회사 곳곳에 메아리친다.

1등 기업의 경우, 일의 재배치나 재조정을 하지 않고 도구 교체만으로 일하는 방식 바꾸기를 마무리할 수 있다. 하지만 나머지 회사들은 도구 교체만으로 끝나지 않는다. 일의 재배치, 재조정, 도구 교체를 모두 해야 한다. 경비를 줄이고 생산성을 높이는 일을 동시에 해야만 경쟁 격화나 시장 축소 시기에 살아남을 수 있기 때문이다.

이런 시기에는 새로운 도구를 배우고 사용하는 데 적극적인 사람이 살아남을 가능성이 크다. 인력 재배치와 업무 재조정으로 늘어난 업무도 많은데, 새로운 도구 사용법까지 배워야 한다. 어쩔 수 없다. 살아남기 위해서는 새로운 환경과 냉정한 현실을 받아들여야 한다. 일단 살아남고 난 뒤에야 훗날을 기약할 수 있다. 앞으로 대부분의 한국 회사에서 이런 일이 일어날 것이다. 마음 단단히 먹고 대비하라.

두 번째로, 거대한 변화가 닥쳐올 때 회사가 일 자체를 바꾸는 것은 '주력산업 전환'을 의미한다. 회사의 핵심(주력) 일 자체를 바꾸는 것은 위험 부담이 아주 크다. 회사를 재창업하는 듯한 모험이다. 처음부터 다시 시작해야 한다. 성공한다는 보장도 없다. 비용도 많이 들고 생각보다 시간도 오래 걸린다. 그렇기 때문에 제4차 산업혁명 시대가 도래한다고 여기저기서 떠들어도 꼼짝하지 않는 이유다. 엄두를 낼 수 없고, 자칫 잘못하다가는 있는 것마저 다 잃어버릴 수 있다는 두려움 때문이다.

하지만 한국 회사는 더 이상 물러설 곳이 없을 것이다. 알짜 시장은 중국에 빼앗기고, 남은 것은 인도와 베트남 등 동남아 회사들에 내주어야 할 판이다. 미국과 일본은 한국 회사를 대놓고 견제할 것이다. 머뭇거리다가 10~15년을 허비하여 미래 산업조차 선두 그룹에 정리되고 시장의 질서가 만들어지면 진입할 틈마저 없어지게 된다. 이래도 죽고 저래도 죽는 막다른 골목에 몰리기 전에 최고경영자는 결단을 내려야 한다. 회사를 팔고 청산해야 하는가? 아니면 모든 것을 바꾸고 재창업해야 하는가?

필자의 예측으로는 5~10년 이내에 대부분의 한국 기업은 둘 중 하나를 선택해야 한다. 일 자체를 바꾸어야 할지, 아니면 불필요한 모든 것을 잘라내 버리고 핵심 영역과 인력만 유지한 채 20~30년 가야 할지를 선택해야 한다. 즉 미래 산업으로 주력을 바꿀지, 아니면 현재 제품과 서비스 분야에서 최소 국내 1위가 되기 위한 전략을 선택해야 할지 말이다. 만약 당신의 회사가 지금 혹은 가까운 미래에 주력산업 혹은 주력 제품과 서비스를 바꾸는(일 자체를 바꾸는) 결단을 내린다면 그 이유는 분명하다. 더 이상 이익률을 사수하는 일만으로는 시장에서 살아남을 수 없다는 결론과 현실에 도달한 것이다.

대부분의 한국 회사는 당분간은 일의 재배치와 재조정 그리고 도구 교체 등 일하는 방식을 바꾸는 데 집중할 것이다. 하지만 필자의 예측으로는 일하는 방식을 바꾸는 것만으로 다가오는 미래 위기와 변화의 파도를 넘기는 어렵다. 거의 모든 회사가 결단을 내려야 할 것이다. 지금 하는 일, 지금 만드는 제품과 서비스를 앞으로도 계속한다면 1등을 목표로 달려야 하고, 그러지 않으면 일 자체를 바꿔야 한다. 지금과 전혀 다른 일을 주력산업, 주력 제품과 서비스로 선택하는 길을 가야 한다. 당신의 회사가 시장 축소와 치열한 경쟁에 맞추어 1등을 목표로 생존을 모색한다면 어떻게 해야 할까? 당신도 현재 하고 있는 업무에서 1등을 해야 한다.

회사가 이런 선택을 할 경우, 가장 큰 변화는 최고 전문가만 회사에 남고 나머지 모든 일은 저렴한 인건비로 운영되는 외주 회사에 위탁되는 것이다.

앞으로 한국 경제가 '잃어버린 20년'으로 불리는 장기 저성장에 빠지면서 최저임금 추가 인상, 고용 연장, 세금 증가 등의 압박이 가중되면 회사는 인건비 부담에서 오랫동안 벗어나기 힘들 것이다. 앞으로 일어날 첨단기술의 발달도 외주 형태 의존도를 높이는 매력으로 작용할 것이다. 미래에는 단순하게 가격만을 보고 외주하는 데서 벗어나 기업이 요구하는 전문 기술로 무장한 외주 용역 집단이 등장하고, 본청 회사와 외주 회사 중간에 다양한 프리랜서와 슈퍼스타 프리랜서 영역이 크게 늘어날 것이다. 필자의 예측으로는 이런 모습이 머지않아 한국 회사가 일하는 전형적 방식 중 하나로 굳어질 가능성이 크다.

그렇다면 당신의 회사가 현재 하는 일, 지금 팔고 있는 제품과 서비스를 포기하고 미래 산업으로 방향을 완전히 바꾼다면 어떻게 해야 할까? 당신은 회사보다 먼저 미래 산업에 대한 준비를 하고 있어야 한다. 시간을 지체하다가 어쩔 수 없이 미래 산업으로 전환하는 회사는 임직원에게 그에 대한 교육이나 훈련을 시켜줄 여유조차 없을 것이다. 앞서가는 기업은 이미 준비를 끝내고 시장에서 움직이기 시작했다. 이런 상황에서 쫓아가는 회사가 임직원을 처음부터 훈련하여 따라가는 것은 불가능하다. 아마 지금 있는 임직원과 결별하고, 새로운 인력을 찾아 나설 것이다. 따라서 회사가 미래 산업에 대해 나중에 대비하더라도 당신은 지금 당장 준비해야 한다.

한국에서
리쇼어링은 시기상조다

오바마 대통령이 시작하고 트럼프 대통령이 불붙인 '리쇼어링 reshoring' 경쟁은 당분간은 유럽과 중국을 비롯해 각국에서 활기차게 일어날 것이다. 미국은 해외로 나갔던 자국 기업은 물론이고 다른 나라의 기업까지 빨아들이는 리쇼어링 전략을 초당적으로 추진하고 있다. 리쇼어링은 저렴한 노동력과 현지 생산의 이점을 노리고 해외로 나갔던(오프쇼어링off-shoring) 자국 기업들을 각종 세제 혜택과 파격적인 규제 완화 등을 제공하여 본국으로 다시 불러들이는 정책이다.

　트럼프 대통령은 자신의 제1공약인 제조업 리쇼어링 정책으로 세계 제1의 패권을 강화하겠다고 천명했다. 지난 2년간 트럼프 대통령은 자국 기업은 물론이고 한국과 중국 등 다른 나라 기업까지 갖가지 당근과 채찍을 주거나 무역 압력을 가하며 미국으로 들어오기를 압박하고 있다. 트럼프 대통령은 남은 2년 동안 리쇼어링 정책을 더욱 강화할 것이다. 만약 트럼프 대통령이 재선에 성공하면 미국의 '대놓고 압박하는' 리쇼어링 정책은 4년간 더 지속될 것이다.

하지만 한국은 앞으로 3~5년 동안 세계와 정반대로 갈 가능성이 커지고 있다. 필자의 예측으로는 한국 회사는 해외로 공장을 이전하는 속도가 더 빨라질 것이다. 일의 지역적 재배치를 해야 하는 상황이기 때문이다. 공장이나 부서 혹은 회사 전체가 해외로 이전하는 것을 리쇼어링의 반대말인 오프쇼어링이라 하지만, 국내에서는 '공동화'라고도 부른다. 해외로 빠져나간 자리가 텅 비어 있어서 주변의 지역 경제가 무너지는 부작용이 발생하기 때문이다. 이런 형태의 일의 재배치는 제조업에서 많이 일어날 것이다. 필자는 《앞으로 5년, 한국의 미래 시나리오》에서 한국 기업에 밀려오는 거대한 위기를 몇 가지 예측했다. 필자가 예측했던 한국 기업이 맞닥뜨리는 위기의 핵심은 글로벌시장의 경쟁구도 변화였다. 가장 크게는 한국과 중국의 거대한 경쟁구도 변화이고 작게는 미국과 일본의 미묘한 경쟁구도 변화다. 필자는 기업에서 강의할 때마다 앞으로 한국과 중국의 관계를 이렇게 묘사했다.

지난 30년, 중국 성장의 최고 수혜국은 한국이었다. 하지만 앞으로 30년, 중국 성장의 최대 피해국은 한국이 될 것이다.

모두가 알듯이 한국은 미국, 일본, 유럽 등을 추격하는 위치에서 중국과 인도의 추격을 당하는 위치로 바뀌었다. 시간이 좀 더 흐르면 베트남 등 동남아 국가 기업에도 추격당하는 신세가 될 것이다. 또한 한국은 미국이나 유럽 선진국의 도움을 받는 자에서 그들의 견제를 받는 자로 경쟁구도가 바뀌고 있다. 이 2가지를 합하면 일명 '넛크래킹nutcracking'(나라의 경제 상황이 호두를 까는 기구인 넛크래커에 끼인 호두처럼 선진국과 후발 개발도상국 사이에 끼인 현상을 이르는 말) 신세다. 필자는 한국 기업의 글로벌 경쟁구도가 이렇게 바뀔 가능성을 《2030 대담한 미래》에서 예측하고 경고했다. 그때와 지금은 어떻게 변했을까? 더 확실해졌고, 더 위험해졌다.

글로벌 시장점유율 35~40%를 기록하며 세계 1위를 호령했던 한국의 조선산업은 2010년 상반기 선박 수주량에서 중국에 1위 자리를 빼앗겼다. 최근 1위 자리를 재탈환했다는 소식이 들린다. 하지만 이는 중국 당국이 조선산업의 구조조정을 단행하고 있고, 한국 정부가 정부 발주량을 늘려서 얻어진 일시적 결과다. 중국에 시장 1위를 다시 빼앗기는 것은 시간문제다.

조선업의 마지막 희망인 고부가가치 선박 시장도 만만치 않다. 2010년 8월 중국은 드릴십(원유 시추선), LNG선, 반잠수식 시추선 등 한국이 오랫동안 축적해서 이룩한 첨단 선박 독점체제에도 도전장을 던졌다. 2018년 기준으로 고부가가치 선박에서 한국과 중국의 평균 기술격차는 업계 추산으로 5.2년 정도다. 벌크선은 2.5년, 컨테이너선은 4.2년, 탱커선은 4.2년, LNG·LPG선은 7년,

해양플랜트는 8.3년의 격차다.[12] 겉으로 보기에는 여유가 많지만, 한국을 추격하는 중국은 다른 경쟁자와 다르다. 중국 조선업은 정부의 강력한 지원 아래 조선업 인력의 확대, 기술과 생산성의 지속적 개선, 여전히 낮은 인건비 등의 강점을 무기로 진격 중이다. 중국은 15세기 명나라의 환관 정화가 콜럼버스가 탐험할 때 사용했던 산타마리아호보다 무려 100배나 큰 규모의 배를 포함한 방대한 선단을 이끌고 해상 원정을 이끌 만큼 당시 최고 수준의 조선 기술을 가지고 있었던 나라다.

필자는 2008년부터 한국 조선산업의 넛크래커 현상을 경고했다. 한국 조선산업이 중국에 추월당한 시점은 조선산업 관계자들의 생각보다 5년 더 빨랐다. 만약 한국 조선업이 중국에 시장의 일부를 빼앗기면 일본 등 다른 나라의 시장점유율을 빼앗아와야 한다. 하지만 만만치 않다. 일본은 세계 조선업을 50년간 지배했던 아성이 한국에 무너졌지만 화주와 해운사, 조선사의 삼각 체제가 튼튼하고, 선박 관련 소재와 조선 기자재 경쟁력이 최고 수준이며, 표준화 역량이 탁월하고, 내수 물량도 안정적이다. 여기에 엔저를 무기로 세계시장의 15~20% 점유율은 수성하고 있다. 한국이 그 벽을 뚫기란 쉽지 않은 일이다. 한국은 세계 최상위 조선소를 보유하고 있지만 화주, 해운사, 조선사의 삼각 체제가 약하고, 중소형 조선사는 가격경쟁력을 상실하여 대규모 구조조정 중이다. 지금은 급한 불을 끄느라 정부가 지원을 서두르지만, 정책 연속성이 중국보다 떨어진다는 위험이 있다.

한국의 철강산업도 2012년부터 시작된 글로벌시장의 공급과 잉(세계 총생산량 20억 톤의 25% 정도가 과잉생산) 늪에 빠져 어려움을 겪고 있고, 석유화학산업은 중국 기업의 물량 공세와 미국이 주도하는 셰일 중심의 석유산업 패러다임 전환의 파도를 넘어가야 한다. 중동산 원유 의존도가 절대적인 한국의 석유 회사는 이런 변화에 대응하기 위해 오랜 시간 뼈를 깎는 자구 노력을 해야 할 형편이다.

한국의 자동차산업도 여유가 없다. 미·중 무역전쟁의 여파와 글로벌 경기침체의 지속으로 중국 시장을 비롯해 세계 주요 자동차 시장에서 판매율이 줄고 있다. 여기에 지정학적 위험도 한국 자동차산업의 발목을 잡았다. 2018년 사드 보복 이후 중국 내 한국 자동차의 판매량은 크게 하락했다. 2018년 중국에서 현대자동차는 25% 가격 할인이라는 공격적 마케팅을 펼쳤음에도 일본 닛산자동차 판매량의 4분의 1에 못 미쳤다. 연간 30만 대 생산을 목표로 10억 달러를 투자해 건설한 충칭 공장 가동률은 30%에 그치고 있다.[13] 일시적인 문제가 아니다. 근본적인 이유는 중국 내에서 한국 자동차에 대한 브랜드 가치가 오르지 않는 것이다. 중국인의 소득이 빠르게 성장할수록 한국 자동차보다 일본이나 유럽 고급차로 관심이 빠르게 전환되고 있다. 초기에 중국 시장의 빠른 진출을 위해 베이징 등에서 택시 산업과 손잡았던 전략도 부메랑이 되었다.

미국 자동차 시장에서도 시장점유율이 답보 상태다. 2009년에

환율 효과와 미국의 도요타자동차 제재로 얻은 일시적 반사효과가 사라지고, 트럼프의 무역 공격이 시작되자 과거의 점유율로 다시 하락했다. 중국과 미국을 포함해 글로벌시장 위축 등의 영향이 반영되어 현대·기아차 영업이익은 4분의 1로 줄었다.[14] 급기야 20년 만에 글로벌 신용등급마저 하락해 자금조달 비용도 상승했다.[15]

필자가 한국의 경제·산업·사회·정치 시스템이 성장의 한계에 이미 도달했다고 진단한 지 6~7년이 훌쩍 지났다. 당시 필자는 현재 시스템을 그대로 유지하면서도 1인당 GDP 2만 5천~3만 달러까지는 성장할 수 있다고 예측했다. 하지만 거기가 끝이 될 수 있다고 경고했다. 2018년 한국의 주식시장이 2500선을 넘고, 1인당 GDP가 2만 5천 달러를 넘어서자 필자의 경고는 무시당했다.

2007년 미국의 골드먼삭스는 한국을 향한 장밋빛 미래를 예측했다. 2050년경이 되면 한국의 1인당 GDP가 8만 1천 달러가 될 것이라는 내용이었다. 물론 통일을 전제로 한 예측이다. 장기 저성장의 기운이 전국을 감싸기 시작한 최근에도 언론과 방송에서 한국의 미래가 밝다는 외국 전문가들의 립서비스가 간간이 나온다. 필자는《2030 대담한 미래》에서 골드먼삭스의 예측이 틀렸다고 진단했다. 이유는 간단한데, 골드먼삭스의 계산이 매우 비현실적이었다.

첫째, 통일 시점에 대한 불확실성이 아주 높다. 만약 북·미 간 핵 협상이 잘 되어 김정은 정권의 체제 안정성이 확보되고, 중국과 러시아가 북한 투자를 대대적으로 늘리고 한국 정부도 제2, 제3의 개성공단을 만들어 대북 투자를 늘리면 김정은 정권은 30년 이상 유지될 수 있다. 그럼 통일은 그만큼 늦어진다. 북한에서 뜻밖의 사태가 일어나 그 이전에 통일이 되더라도 10~20년은 독일처럼 경제의 불확실성이 커지고, 자칫하면 경제위기나 침체 등이 발생할 가능성도 크다는 점을 계산에 넣어야 한다.

둘째, 골드먼삭스의 예측이 맞으려면 한국은 2050년까지 최소 3~4%의 경제성장률을 꾸준히 유지해야 한다. 하지만 불가능한 일이다. 역사적으로 40년 동안 4%대의 성장을 지속한 선진국은 없다. 현재의 미국도 힘들고, 앞으로의 중국도 힘들다. 골드먼삭스의 예측이 맞으려면 한 가지 방법이 있다. 1인당 GDP 계산법에서 분모를 작게 하면 된다. 성장률이라는 분자를 크게 할 수 없으니 총인구라는 분모를 작게 하면 8만 달러가 될 수 있다. 그러나 이런 숫자 장난식 계산법으로 2050년에 1인당 GDP가 세계 2위가 된다는 것이 무슨 의미가 있을까?

아직도 많은 사람이 열심히 노력하면 1970년대부터 1990년대까지의 옛 성장 신화를 재현할 수 있을 것으로 착각한다. 잠시 글로벌시장 침체로 고전하지만, 곧 회복해 수출 대기업의 번영과 세계시장에서의 선전이 영원히 지속될 것이라는 환상 속에 있다. 그러나 이는 시대착오적 발상이다. 위기감을 떨어뜨려 변화의 시기를 놓치게 하는 착각이다. 이런 것이 진짜 한국 제2의 금융위기 가능성과 잃어버린 20년이라는 장기 저성장을 현실로 만들 수 있는 위험한 생각이다. 필자의 분석으로는 2013년에 이미 한국은 소수 대기업을 제외하고는 정체되기 시작했다. 5년이 지난 지금 잘 버텼던 소수의 대기업조차도 정체되었고, 한두 가지 종목을 제외하곤 대부분의 산업이 무너지기 시작했다.

앞으로 막대한 유동성을 기반으로 우후죽순으로 만들어져 생명을 유지했던 좀비기업의 절반 이상이 파산하는 일도 벌어질 것이다. 앨릭스파트너스가 한국은행의 발표 자료를 분석한 결과에 따르면, 한국의 좀비기업 비율은 2014년 4분기(10~12월) 11%에서 2016년 2분기(4~6월)에는 15%로 상승했다. 한국은 좀비기업 비율이 다른 나라들보다 높다. 2016년 기준 유럽과 아프리카 지역의 좀비기업 비율은 7%, 미국은 5%, 일본은 2%다.[16]

한국이 이들보다 높은 이유는 무엇일까? 일본은 잃어버린 20년이라는 장기간 저성장을 거치면서 좀비기업의 80~90%가 파산해 정리되었기 때문이다. 미국도 마찬가지다. 2008년 금융위기 이후에 금융권을 비롯해 경제 전반에 대규모 구조조정이 일어나자 10여 년간 좀비기업의 60~70%가 정리되었다. 유럽도 비슷하다. 아프리카는 경제성장이 막 시작되어 좀비기업의 비율이 차츰 늘어나는 단계여서 7%다. 이 정도 설명이면 한국의 좀비기업 비율이 15%인 이유가 짐작이 갈 것이다.

건국 이후 가장 낮은 초저금리로 오랫동안 엄청난 유동성이 풀리면서 시장에서 벌써 퇴출되어야 했던 좀비기업이 은행 부채나 채권단의 지원을 받아 간신히 파산을 면하고 있다. 2009년 한국개발연구원KDI의 분석 자료에 따르면 3년 연속 이자보상배율이 1배 미만인 좀비기업이 전체 기업의 14.8%다. 이자보상배율이 1배 미만이라는 것은 영업이익으로 이자비용도 감당하기 어려운 상태라는 뜻이다. 좀비기업이 정부나 채권단의 지원금을 축내며 연명하는 동안 정작 도움이 필요한 잠재력 있는 기업에 지원되어야 할 자금이 그만큼 줄어들어 한국 경제의 또 다른 축에 영향을 주었다. 좀비기업은 경쟁력 하락이 근본적 이유이기 때문에 결국 시장에서 퇴출당하는 것은 시간문제다. 시기가 언제이냐만 남았다. 한국에 금융위기가 발발하고 금리가 다시 상승하는 시기가 오면 이들은 대부분 파산할 것이다.

이런 위험에 처한 기업들이 당장 취할 수 있는 생존 방법은 한국을 빠져나가는 길뿐이다. 한국 내에서 머뭇거리다가는 경쟁력 하락의 늪에서 빠져나오지 못해 앞으로 15~20년 이내에 기존 산업은 글로벌시장의 50~80%를 빼앗길 수도 있다. 미래 산업은 멀고도 험한 여정이다. 성공을 담보하기도 어렵다. 심지어 한국 내에서는 정치적 혼란 때문에 신산업을 중흥시킬 법과 제도에서 세계의 변화 속도를 따라가지 못한다. 한국에서 미래 신산업을 꽃피울 환경이 마련되기를 기다리다가는 세계시장에서 밀려나고 만다. 기존 산업도, 미래 산업도 한국보다는 해외로 가야 생존의 발판을 마련할 수 있는 최악의 상황이다. 당분간 한국에서 리쇼어링 바람이 불기 힘든 이유다.

인공지능 시대의
일터는 어떻게 달라지는가

"인공지능이 우리 일터를 어떻게 바꿀까?"라는 질문이 요사이 부쩍 늘어났다. 인공지능 기술이 바꿀 일터의 모습이 가까운 미래에 물밀려 올듯 보이기 때문이다. 필자가 앞에서도 예측했지만, 기술이 우리 일터를 초토화할 미래는 생각보다 늦게 온다. 지금 당신의 일터에 미래 기술이 도입되었다고 해도 그것은 '실험적'이다. 실험은 시행착오의 반복을 거쳐야 정착된다. (일부 최첨단 기업 그 자체를 제외하고) 우리 일자리에 기술이 전면적으로 도입되려면 다양한 실험, 적용, 연습, 최적화가 필요하다. 그런 과정을 거쳐 나온 최종 결과를 가지고 본 도입의 범위를 결정해야 하는 과정들이 남아 있다.

이런 시간적 여유가 있다고 인공지능 등 미래 기술이 바꿀 내 일터의 미래를 생각하는 일을 게을리하면 안 된다. 신기술이 일터를 점령할 미래가 생각보다 늦게 오지만, 인간이 그런 미래를 대비하는 데 필요한 준비 시간도 생각보다 오래 걸리기 때문이다. 따라서 지금부터는 신기술이 우리 일터를 어떻게 바꿀지를 예측해보겠다.

먼저 인공지능이 일터 환경을 어떻게 바꿀까를 예측해보자. 인공지능을 일터에 도입하는 핵심 이유는 '생산성productivity' 향상이다. 생산성은 물건이나 서비스를 생산하는 효율을 말한다. 노동 생산성, 자본 생산성, 원재료 생산성 등이 있지만 가장 많이 주목받는 것은 노동 생산성이다. 노동력을 사용하는 과정에서 생산요소(노동력)를 얼마나 효율적으로 사용하느냐는 기업의 경쟁력에서 매우 중요하다. 노동 생산성을 높이는 것은 2가지다. 생산물 단위당 노동력을 줄이는 방법과 노동 단위당 생산량을 늘리는 방법이다.

인공지능 기술은 2가지 다 관여할 수 있다. 노동 단위를 줄이지 않고 생산량을 높이는 데 이용할 수도 있고, 생산물 단위당 노동력을 줄이는 데 사용할 수도 있다. 만약 당신 회사가 매출이 계속 성장하는 잘나가는 회사라면 인공지능을 도입해도 노동 단위를 줄이지 않고 생산량을 높이는 데 이용할 것이다. 즉, 아무도 내보내지 않고 인공지능을 일을 더 잘하는 도구로만 사용한다. 인공지능 도입이 불안하지 않은 미래다. 하지만 시장경쟁이 심해져 매출이 줄고, 영업이익도 위험한 단계에 이르러 인공지능 도입을 검토한다면 생산물 단위당 노동력을 줄이는 데 사용할 가능성이 크다. 즉, 누군가를 내보내고 그 자리에 인공지능을 도입한다. 그러면 인공지능 도입은 불안한 미래이고, 인공지능은 내 일자리를 빼앗은 악마로 보인다.

현재 기술 수준에서도 인공지능이 할 수 있는 일은 많다. 당신이 과제를 얼마나 빨리 완수하는지 관리자가 쉽고 빠르고 정확하게 파악할 수 있도록 돕는다. 당신이 움직이는 동선을 실시간으로 파악하고, 당신의 회사 내 업무 일정과 이메일 정보, 회의 기록 등과 합해 노동생산성을 측정할 수 있다.

인공지능로봇을 가장 빨리 그리고 광범위하게 도입하는 것으로 유명한 아마존은 물류창고 직원의 손놀림까지 실시간으로 추적해 물건을 분류하다가 실수하거나 비효율적으로 공간을 이동하는 경우 경고음을 내는 기술특허를 가지고 있다. 작업장에서 당신이 안전장치를 빠뜨리지 않았는지 점검하고 안전사고 가능성을 예측하여 경고를 보내줄 수도 있다. 블랙리스트에 올라 있는 공격적인 고객 응대를 인간이 하지 않고 인공지능이 대신하여 감정노동자의 위험을 줄여준다. 인공지능은 당신이 사용하는 영수증도 실시간으로 파악해 업무에 필요한 지출인지 아닌지를 판단하는 것부터 적정한 지출액이었는지까지 파악할 수 있다. 이는 자본생산성에 대한 판단이다.

이 모든 행위가 감시일 수도 있고, 좋은 피드백과 노동 효율성을 높여주어 일을 더 잘하게 돕는 도구일 수도 있다. 인공지능 알고리즘은 직장 내에서 일어나는 언어폭력, 성차별, 인종차별 등을 파악하거나 미연에 방지하도록 경고할 수도 있다. 더 나아가 당신이 현재 회사에 얼마나 다닐지, 언제쯤 퇴사할 가능성이 있는지도 예측한다. 미래에는 인공지능의 이런 활동들이 거의 모든 회사에 적용될 것이다. 또한 인공지능과 함께 업무나 신사업 기획에 대해 토론할 수도 있을 것이다.

2011년 IBM이 만든 인공지능이 퀴즈쇼 〈제퍼디〉에 참가해 인간 퀴즈 챔피언들을 이긴 뒤 새로운 프로젝트에 도전장을 던졌다. 일명 '프로젝트디베이터Project Debater'라는 토론하는 인공지능이다. 체스나 바둑과 달리, 토론은 명확한 규칙이 적다. 승패를 판가름하기도 어렵고 주관적이다. 규칙에 따라 추론하는 수준에 불과한 현재 인공지능에는 버거운 도전이다. 하지만 인공지능 알고리즘 기술은 이번에도 인간을 놀라게 했다.

2018년 6월 18일, IBM의 샌프란시스코 회의실에서 사람 크기만 한 길쭉한 검은색 컴퓨터가 아름다운 여성 목소리로 2016년 이스라엘 전국토론대회 우승자였던 노아 오바디아와 토론 경쟁을 시작했다. 바로 프로젝트디베이터였다. 인공지능과 오바디아에게는 사전에 토론 주제를 알려주지 않았다. 토론 과정에서도 인터넷 사용은 금지되었다. 인간 토론자는 자신의 지식과 기억에만 의존해야 했고, 인공지능도 100여 개 주제에 걸쳐 수집해 저장해놓은 자료들만 사용해야 했다. 인공지능과 인간 토론자가 각각 4분간 주제에 대해 발제하면 상대방은 다시 4분간 그것을 반격하고, 마지막으로 각각 2분간 토론을 정리해 결론을 제시하는 방식이었다. 토론 주제는 2가지였다. 첫 번째 주제는 "우주탐험에 보조금을 지급해야 하는가"이고 두 번째 주제는 "원격진료를 확대해야 하는가"였다. 토론이 시작되자 인공지능은 저장된 정보와 지식을 활용해 논리적 주장을 펼치기 시작했다.

첫 번째 주제에 대해 인공지능은 우주탐사가 과학적 발견을 촉진하고 사람들에게 영감을 불어넣는 등 인류에게 유익하다며 찬성했다. 반면에 인간 토론자는 더 시급한 곳에 보조금을 사용하는 것이 좋다며 반대했다. 이에 인공지능은 우주탐사에 보조금을 지급하는 것이 유일한 지출 항목도 아니고, 사회에 분명한 유익을 안겨주기 때문에 정부가 나서서 해야 할 일이라고 반박했다. 이번 토론에 대해 〈가디언〉 같은 언론은 인공지능이 약간씩 다른 단어를 사용하는 오류를 보이고, 딱히 들어맞지 않는 사례와 인용문을 사용한 점 등을 들어 언어적 정확성과 논리적 명확성이 기대보다 낮았다는 평가를 냈다. 하지만 토론을 지켜본 청중은 인공지능이 인간보다 전달력은 떨어졌지만 더 풍부한 정보와 지식을 얻게 해주었다고 평가했다.

두 번째 주제에서는 인공지능이 인간보다 설득력도 더 뛰어났다는 평가가 지배적이었다. 인공지능을 상대했던 인간 토론자도 인공지능이 구사하는 어휘와 문장력에 감탄했고, 자기주장의 논점을 정확하게 파악했다고 칭찬했다. 단, 인공지능이기 때문에 손짓이나 몸짓 혹은 얼굴 표정이 없어 듣는 이의 집중력이 떨어지거나 전달력에서 손해를 본다는 평가도 있었다. 전문가의 평가도 찬반이 엇갈렸다. 하지만 토론하는 인공지능은 폭넓은 지식과 객관적인 증거에 기반해서 생각하고, 다양한 가능성을 빠르게 검토함으로써 미래에 인간의 의사결정력을 높여줄 수 있다는 기대를 갖게 하기에는 충분했다.[17]

이처럼 우리의 미래 일터에는 CT 검사 결과를 분석하는 전문적인 인공지능부터 신상품 기획 회의에 참여해 열띤 토론을 하며 우리 생각을 좀 더 논리적이고 창의적으로 만들어주는 인공지능까지 다양하게 도입될 것이다. 고객 상담, 자산 운용, 금융상품 개발, 보험 영업, 교사, 법률 자문, 교통경찰, 약이나 식단 처방, 기자, 평론가, 비서와 매니저 등 다양한 일을 인공지능과 함께 하게 된다. 앞으로 회사들은 인공지능이 우세한 역량과 인간이 우세한 역량을 꼼꼼히 따져 일을 재배치할 것이다.

이미 인공지능은 정보나 지식의 수집, 분류, 기억, 추출, 추세적 예측 등에서 인간을 뛰어넘었다. 논리를 구성하고 문장으로 만들어 전달하는 능력도 상당한 수준에 올라섰다. 이런 일들을 지치지 않고 한다는 것도 장점이다. 오랫동안 해도 집중력이 떨어지지 않는다. 하지만 당분간은 이성과 감성 그리고 몸과 얼굴 표정을 종합적으로 사용해 인간을 설득하는 기술은 확보하기 어렵다. 단순 지식을 가지고 토론하는 것은 가능하지만, 복잡하고 난해한 사회적·정치적 맥락 등을 고려하면서 토론하는 것은 당분간 어렵다. 정교한 동작을 연속으로 연결하여 복잡한 행동을 단숨에 하는 수준에 도달하는 데도 오랜 시간이 걸릴 것이다. 기술적 장벽도 있지만, 단일 로봇에 그런 수준의 기술을 장착하기에는 가성비가 맞지 않기 때문이다.

또한 인공지능은 다양한 시나리오나 비약적 생각에 따른 상상력 또는 창의적 발견을 하는 것도 쉽지 않다. 단일 분야에서 최고의 지적 수준에 올라가는 것은 지금도 가능하지만, 다양한 분야를 넘나들며 시스템적으로 연결하고 지식을 창의적으로 확장하면서 모든 것을 한데 묶는 통섭 능력을 갖추는 것도 아주 먼 미래의 일이다. 월 1만 원 정도의 돈을 내면 각종 계약서 작성이나 영수증 발급, 세무처리를 해주는 인공지능은 우리 일터에 빨리 들어올 테지만, 이런저런 법과 관습을 넘나들면서 고객이 원하는 최적의 결과물을 만들어내는 수준의 인공지능은 먼 미래에나 가능하다. 기술적으로는 조만간 가능해도 가성비가 맞지 않아 사업적으로 타당성이 떨어진다. 그래서 이런 일들은 앞으로도 오랫동안 인간에게 맡겨질 가능성이 크다.

이런 영역까지 인공지능 알고리즘의 활용도를 높이려는 도전은 계속된다. 알파고를 만들어낸 구글 딥마인드Google DeepMind 최고경영자 데미스 허사비스는 인공지능에 인간의 상상력을 심는 연구에 몰두하고 있다. 허사비스가 연구하는 신형 알고리즘 'I2AsImagination-Augmented Agents'는 미래 예측과 의사결정에 도움이 되는 방대한 정보와 지식을 추출해 학습하고 특정 행동에서 나타날 수 있는 미래 결과를 추론하는 훈련을 하고 있다.

I2As는 '소코반'이라는 벽돌 옮기기 게임에서 기존 인공지능

보다 뛰어난 성능을 보였다. 기존의 인공지능이 최소한의 움직임으로 벽돌 옮기는 것을 목표로 삼고 게임을 하는 데 반해 I2As는 약간의 상상력을 발휘했다. 벽돌을 모서리에 두면 게임이 어려워진다는 점을 파악하고 멀리 있는 벽돌을 옮기기도 했다. 현재의 선택으로 손해를 보더라도 최종 목적 달성에 도움이 된다고 판단하면 주저 없이 행동한다. 이런 인공지능이라면 포커 게임 등에서 인간을 속이는 블러핑도 가능하고, 전쟁에서 적을 속이는 교란작전도 구사할 수 있다는 말이다. 불확실성이 난무하고 복잡한 현실세계에 좀 더 잘 대응할 수 있는 인공지능인 셈이다.

허사비스는 I2As가 인간처럼 직관적으로 생각하며 미래를 계획하는 인공지능의 첫 단계에 진입했다고 평가한다. 허사비스의 연구가 성과를 맺어 일터에 적용되면, 당신이 회사에서 신상품을 기획하고 마케팅 전략을 세우는 데 도움을 줄 수 있다. 인공지능이 다양한 계획을 수립하고 평가해주며, 계획마다 다음 단계가 어떻게 진행될지 순서대로 상상해보고 예상되는 결과를 추론하는 일을 도와줄 것이다.

인공지능을 연구하는 학자들의 최종 목표가 있다. 한 인공지능 안에서 인간의 뇌처럼 복잡하고 다양한 여러 가지 일을 동시에 혹은 순차적으로 수행하는 것이다. 일명 '범용 인공지능Artificial General Intelligence'이다. 이는 불가능한 미래가 아니다. 허사비스가 이끄는 구글 딥마인드는 이세돌을 이겼던 알파고를 넘어서는 '알파고제로'를 만들었다. 알파고제로는 기존의 인공지능처럼 기본 규칙을 주입하고 인간이 만들어낸 바둑 기보를 학습해서 바둑 실력을 향상시키지 않았다. 백지 상태에서 스스로 규칙을 학습했다. 또한 한 인공지능이 체스와 장기, 바둑을 두루 섭렵했다. 이는 하나의 인공지능이 다양한 영역에 사용될 수 있는 범용 인공지능의 가능성을 보여준 것이다. 허사비스는 구글 딥마인드에서 10년 뒤쯤이면 이런 수준의 인공지능을 시장에 내놓을 수 있을 것으로 예측했다.[18]

두뇌 역할을 하는 인공지능이 로봇과 합체해 몸을 갖게 되면 미래의 일터를 더 많이 바꿀 수 있다. 인공지능로봇을 이용한 농업을 연구하는 미국 플로리다대학교 이원석 교수의 말을 들어보자. "자율주행로봇은 밭 사이를 누비면서 감귤나무를 정밀하게 살피고 데이터를 수집한다. 해가 거듭되고 데이터가 쌓이자 로봇은 감귤에 치명적인 감귤녹화병 같은 각종 질병 발생까지 스스로 판단할 수 있게 되었다."[19] 이 교수가 직접 플로리다의 감귤 농장에 자율주행로봇과 딥러닝(심층학습) 시스템을 적용한 내용이다. 미래에 데미스 허사비스 팀이 개발한 인공지능이 로봇 팔이나 혼다 아시모Asimo처럼 인간을 닮은 휴머노이드로봇과 접목되면 당신의 사무실에 함께 앉아 업무를 처리하는 일이 가능해질 것이다. 공장에서 당신을 도와 물건을 나르고 주문을 처리하고 서류를 작성하던 인공지능로봇이 당신과 함께 퇴근해 집에서 아이들과 놀아주는 미래도 가능하다.

미래 회사가 눈여겨볼 비즈니스 키워드

미래 일자리나 신新직업이 인공지능 분야에만 있는 것은 아니다. 또 다른 미래 신직업을 예측해보려면 미래의 한국 회사들이 눈여겨볼 만한 비즈니스 키워드를 생각해보면 된다. 그곳에 미래 직업 기회가 있다. 그중 몇 가지를 예측해본다. 예를 들어 미래의 한국 회사들은 판타지, 새로운 공간, 지능, 자율, 영생이라는 비즈니스 키워드를 눈여겨볼 가능성이 크다. 러시아 철학자 니콜라이 베르댜예프는 다가올 미래를 예언이라도 하듯 이런 말을 했다.

유토피아는 지금까지 인간들이 생각했던 것보다 훨씬 더 실현 가능성이 있다.[20]

제4차 산업혁명이라는 구호 아래 거론되는 모든 기술과 그 기술들이 만들어낼 변화 가능성을 종합한 미래를 한마디로 정의한다면 무엇일까? 필자는 서슴없이 이렇게 대답한다.

환상사회Fantastic Society!

우리는 지금 상상하는 모든 것, 과거 인류가 꿈꾸었던 미래, 진시황제처럼 최고의 권력자가 가지고 싶었던 바로 그것이 현실이 되어 내 손안에 들어오는 환상사회로 가는 길목에 서 있다. '환상'은 다가오는 미래 사회를 규정하는 대표적인 상징이자 기업들이 갈망하는 미래다. 또한 미래의 소비자가 구매할 제품과 서비스의 공통 특성이다. 즉 미래의 소비자는 환상을 사고, 미래의 기업은 환상을 판다. 지금 거론되는 신기술이 모두가 원하는 환상을 사고팔 수 있게 해준다.

코펜하겐 미래학연구소장 롤프 옌센 박사가 《미래 경영의 지배자들》(2017)에서 정보화사회 이후의 사회는 '감동적 미래'를 파는 시대가 온다는 예측을 한 뒤, 미래 사회는 이야기를 소비할 것이라는 예측이 주를 이루었다. 틀린 예측이 아니다. 미래 기업은 '감동'을 팔아야 한다. 미래 소비자는 감동을 살 것이다. 미래의 일만도 아니다. 이미 시작되었다. 미래 최고의 상품이 될 감동을 파는 통로가 무엇일까? 2가지가 있다.

하나는 기술을 이용해 만든 환상을 통한 감동이다. 미래 소비자는 기술이 만들어낸 감동적 환상에 열광할 것이다. 인공지능,

초고속 네트워크, 자율로봇, 나노기술, 바이오기술 등의 혁신적 기술을 통해 인간 의식과 감성이 기계와 네트워크로 연결되고, 현실을 뛰어넘어 현실보다 더 현실 같은 가상세계가 만들어지면 기술이 주는 환상에 수많은 사람이 매료되고 감동받을 것이다. 과거에는 판타지를 전달하기 위해 구수한 입담과 매력적 이야기를 사용했다. 신들의 이야기인 신화가 대표적이다. 하지만 미래는 환상적 기술로 과거 상상 속에서만 존재했던 신화를 현실로 직접 불러내 주고, 고객의 마음속 깊은 곳에 숨겨진 감성을 자극하는 것에서부터 이성적 두뇌를 완벽하게 설득하고 속이는 것에 이르기까지 다양한 판타지를 구축할 수 있다.

미래의 기술은 가상공간에만 존재하는 사물에 대한 '가상감각 Vertual Sense and Feeling'과 '가상감성 Vertual Sensibility'을 가능하게 할 것이다. 그러면 실제감각 Real Sense and Feeling과 가상감각을 교환하거나 거래할 수도 있다. 먼 미래에는 인간의 두뇌 속으로 직접 타인의 감정이나 가상의 감정을 주입할 수도 있게 된다. 두뇌를 속이는 기술로 시간의 경계를 허물어뜨리며 사는 '판타지'도 맛볼 것이다. 공간의 경계를 허무는 기술로 지구 반대편을 눈앞으로 잡아당겨 오는 판타지도 가능하고, 지구에서 멀리 떨어진 화성의 돌 하나를 눈앞으로 잡아당겨 오는 판타지도 가능해진다.

상식을 뛰어넘는 환상을 현실이 되게 해주는 '환상적 기술 Fantastic Technology'을 계속 경험하면 사람들은 자신이 선호하는 가치, 자신이 믿는 신념을 구현할 수 있는 가상의 세계를 판타지라는 틀 속에서 실제화할 수 있다는 믿음이 굳건해질 것이다. 이런 믿음은 판타지를 더욱 갈망하게 하는 순환작용을 만들어낸다. 사실이나 진실에 기반을 두지 않아도 남에게 해를 끼치지 않는 범위에서라면 감성과 두뇌를 속이는 도전까지 나아가는 길을 열어줄 것이다. 사회, 기술, 경제, 환경, 정치, 영성 등 모든 분야에서 지금보다 '더 나은 판타지'를 구축하려는 도전이 끊임없이 이어진다. 내 눈앞에 펼쳐진 시간이 현재인지, 과거인지, 미래인지 중요하지 않은 세상이 도래한다. 내 눈앞에 펼쳐진 공간이 진짜인지, 환상인지 구별하는 것이 중요하지 않은 세상이 도래한다. 지금 나와 함께 있는 이가 판타지 속에 있는 사람인지, 실제로 내 앞에 있는 사람인지 중요하지 않은 세상이 도래한다. 그리고 그 세상 안에서 새로운 부, 새로운 일자리, 새로운 직업이 탄생할 것이다.

물론 이런 모습에 반대하는 흐름도 발생한다는 점을 염두에 두어야 한다. 하나의 트렌드는 언제나 '역트렌드reverse trend'를 쌍으로 갖는다. 환상 트렌드의 역트렌드는 실제다. 바로 이것이 미래 회사가 감동을 파는 또 다른 통로다. 미래에는 기술이 주는 환상만큼 실제 인간관계를 통해 주는 실제현실의 감동에도 열광할 것이다. '하이테크 하이터치High Tech, High Touch'라는 말에서 알 수 있듯이, 미래에 기술이 발달하면 할수록 사람들은 인간과 인간의 대면 관계에서 얻어지는 사람 냄새 나는 관계를 원한다. 좀 불편해도 사람 냄새가 나고, 좀 어설프거나 부족해도 인간적인 교류를 원한다. 이런 경험, 이런 감동을 파는 회사가 미래에는 고객을 사로잡을 수 있다. 당연히 여기에서도 새로운 부와 일자리, 새로운 직업이 탄생할 것이다.

미래 공간을 선점하는 자가
미래 산업을 지배한다

미래의 한국 회사들이 '새로운 공간'이라는 비즈니스 키워드를 눈여겨볼 것이란 예측은 무엇을 의미할까? 필자는 《2030 대담한 미래》에서 미래에 나타날 공간 전쟁에 대해 예측했다. 또한 한국을 포함해 선진국 기업들이 '미래 공간 전쟁'으로 빨려들어 갈 것이라 예측하고 이렇게 비유했다.

미래 공간을 선점하는 자가 미래 산업을 선점하게 된다.

필자가 예측한 '미래 공간'은 5가지다. 우선 우리가 지금 보고 있는 '손hand'이라는 공간이다. 미래 공간을 지배하려면 3가지가 필요하다. 첫 번째는 공간을 형성하고 공간으로 들어가는 문, 바로 디바이스다. 두 번째는 공간을 작동하는 운영체제다. 마지막으로 공간 안에서 인간이 활동하고 연결되도록 해주는 가상 생태계다. 미래에는 이 셋 중 하나 혹은 모두를 잡는 자가 시장을 지배한다고 예측한다. 예를 들어, 삼성은 공간으로 들어가는 문인 디바이스 하나를 지배한다. 페이스북이나 아마존은 가상 생태계를 지배하고, 구글은 운영체제와 가상 생태계를 지배한다. 애플은 3가지를 다 지배한다. 그래서 가장 강력하다.

미래의 공간 전쟁은 여기서 끝이 아니다. 손 다음의 공간은 '자동차'다. 미래의 자동차는 전기자동차와 무인자동차 기술이 결합하면서 3차원 지능적 모바일네트워크 시대의 중심 디바이스가 된다. 자동차 디바이스 전쟁은 지금의 스마트폰 전쟁보다 더 크고 치열할 것이다. 그다음의 공간은 '집과 사무실'이고, 그다음 공간은 '몸human body'이며, 마지막 공간은 '길way'이다.

이 다섯 공간이 중요한 이유는 분명하다. 미래 산업이 이 공간들을 중심으로 형성될 가능성, 즉 새로운 산업의 경계들이 재규정될 가능성이 크기 때문이다. 5가지 공간을 잡는 사람이나 기업이 더욱 많은 소비자를 잡게 된다. 즉 미래에 가장 인기 있고 뜨거운 관심을 받을 직업과 일자리도 이 5가지 공간을 중심으로 등장할 것이다.

미래 산업의 내용:
지능, 자율, 영생

환상이 미래 기술이 지향하는 '목표'이고, 5가지 공간이 미래 산업이 펼쳐질 '장소'라면 미래 산업의 '알맹이'(내용)는 지능과 자율 그리고 영생이다. 미래 회사는 어떤 제품과 서비스를 팔든, 어떤 분야에서 활동하든, 어떤 장소를 주 무대로 하든 '지능, 자율, 영생'이라는 3가지 내용으로 소비자와 만날 것이다. 당신이 미래 소비자에게 줄 결과물이 무엇인지는 환상적 감동이냐 실제적 감동이냐에서 선택하고, 미래 소비자를 만날 주 무대가 무엇인지는 손, 자동차, 집, 몸, 길에서 선택한다면 당신이 미래 소비자에게 줄 내용은 지능, 자율, 영생 중 하나일 것이다. 당연히 지능, 자율, 영생이라는 3가지 키워드 속에 미래의 유망직업과 일자리, 부가 들어 있다.

시대마다 사람들이 가지고 싶은 이미지가 달라졌고 그에 따라 소비 영역이나 선호하는 소비의 종류와 양태가 달라졌다. 21세기는 기술적 완성도가 높아지면서 과거에는 불가능하다고 인식되었던 것들을 소비할 가능성이 계속 열리게 된다. 필자의 예측으로는 지능, 자율, 영생, 이 3가지가 21세기를 대표하는 최고의 소비 선호 품목이 될 것이다. 과거에는 '지능'을 얻으려면 선천적으로 좋은 유전자를 물려받을 운을 타고나야 했다. 하지만 21세기 지능혁명 시대에는 인공지능, 클라우드 지능, 바이오기술과 나노기술을 활용하는 혁신적 의료기술로 생물학적 뇌의 기능 향상이 가능해진다. 지능을 구매하고 원하는 만큼 소비할 수 있는 시대가 열린다.

21세기는 사람뿐만 아니라 사물도 지능을 갖는 시대다. 인간은 자신의 뇌 기능을 직접 향상시킬 수도 있고, 지능을 가진 사물을 구매함으로써도 지능을 구매하고 소비할 수 있다. 뇌 기능을 향상시키는 것은 지능의 항구적 향상과 영구적 구매다. 반면에 지능이 들어 있는 스마트폰이나 사물인터넷 기계를 산다는 것은 지능의 일시적 향상, 일회적 구매. 미래에는 지능을 항구적·영구적으로, 혹은 일시적·일회적으로 필요에 따라 판매하는 시장이 열릴 테고 그 안에서 수많은 일자리와 직업이 탄생할 것이다.

지능 시장은 반드시 큰 성장을 거둘 것이다. 사람들은 지능의 차이가 부가가치의 차이를 결정한다고 생각한다. 연봉의 차이, 매출의 차이, 경쟁력의 차이를 만들 수 있다고 믿기 때문이다. 지능을 구매하면 내가 타고난 지능을 활용해 해야 할 일을 지능을 가진 사물에게 대신 시킬 수 있다. 예를 들어, 지능이 높은 스마트폰을 구매하면 내가 직접 지능을 사용해야 할 필요가 그만큼 줄어든다. 만약 지능이 높은 스마트폰이 나를 대신해 지능적인 일을 많이 해주면 내게는 '잉여 지능'과 '잉여 시간'이 생긴다.

미래에는 이렇게 지능을 구매하여 잉여 지능, 잉여 시간을 만든 사람과 그러지 못한 사람의 삶의 질이 달라질 것이다. 지능을 구매한 사람은 일상적이고 반복적이며 가벼운 일들은 생물학적인 자기 지능을 사용하지 않고, 저렴한 가격으로 구매한 지능에 맡긴다. 그래서 확보한 잉여 지능과 잉여 시간을 특별하고 중요한 일에 집중할 수 있다. 혹은 자신의 뇌 지능을 사용하지 않고 쉬게 하여 생물학적 에너지를 보존해 다음을 대비할 수 있다. 필자는 이것을 '인간지능 증강Human Intelligence Augmentation'이라 부른다.

'자율'의 구매 욕구와 시장 규모가 커질 것이란 예측도 이와 비슷하다. 머지않은 미래에 우리는 이동의 자율, 생산의 자율, 생활의 자율을 구매하고 소비하는 시대를 살게 될 것이다. 인간이 자율을 구매하면 잉여 자율과 잉여 시간을 얻는다. 자율 역시 항구적·영구적으로 구매할 수도 있고, 일시적·일회적으로 구매해 소비할 수도 있을 것이다. 자율 시장의 대표 제품이 자율주행자동차다. 자율주행자동차는 이동의 자율을 소비하도록 한다.

마지막으로, 21세기 최고의 소비 품목은 '영생'이 될 것이다. 태초부터 인간이 본능적으로 지능과 자율보다 더 갈망했던 것이 영생이다. 그러나 그 누구도 영생을 얻거나 구매할 수 없었다. 하지만 미래에는 영생을 구매하는 시장이 열릴 것이다. 미래 사람들이 영생을 소비하는 방법은 2가지다. 하나는 '생물학적 반영생biological semi-eternal life'이고 다른 하나는 '디지털 영생digital eternal life'이다. 이 2가지 영생의 방법은 인간의 생존 방식을 혁명적으로 바꾸는 기술이다.

생물학적 반영생은 영원한 생명은 아니지만, 영생을 갈망하는 모든 이에게 절반의 만족은 줄 수 있다. 21세기 안에 인간은 120~150세까지 건강하게 살 수 있을 것이다. 이것을 가능하게 하는 첫 번째 힘은 디지털 기술이다. 21세기 초중반까지 IT, BT, NT, RT(로봇 기술) 등의 기술이 의료와 연결되면서 디지털 헬스, 디지털 의료기술, 디지털 병원, 디지털 의료 데이터 등이 유행할 것이다. 기술과 의학의 경계가 파괴되면서 미래에는 의사의 역할이 달라지고 의료산업에 종사하는 사람들의 학문적 배경도 달라진다. 보험, 소비재, 마케팅, 교육산업 등에도 파급효과가 미치고 국가의 보건체계와 의료 생태계에도 변화가 일어날 것이다.

두 번째 힘은 유전공학이다. 생물학적 반영생은 유전 정보를 활용하는 기술에 큰 도움을 받을 것이다. 유전 정보를 활용해 '맞춤 의료 시대'가 열리면 개인의 세포 성장, 분열, 죽음과 관련된 유전자를 조작하는 기술이 가능해진다. 작게는 인간의 죽음을 앞당기는 각종 질병을 치료하여 생명을 연장하는 것부터 크게는 유전자 변이를 다스려 생명 연장의 혁신적 길을 열 수도 있다. 이런 모든 신기술이 건강하게 오래 살고 싶다는 강렬한 욕망과 결합되어 '영생 시장'을 만들어낼 것이다.

세 번째 힘은 인공지능이다. 미국에서는 매년 중환자실에서만 의사 오진으로 4만 명 정도가 사망한다. 갈수록 발전하는 인공지능은 이 문제를 해결하는 데 크게 기여할 것이다.

마지막으로 상대적 시간의 힘이 생물학적 반영생을 가능하게 해줄 것이다. 시간과 공간의 압축 현상은 정신적 혹은 상대적 시간의 차원에서 인간에게 영생의 즐거움을 맛보게 해줄 수 있다. 시간과 공간의 압축 현상으로 상대적인 시간과 공간의 개념이 달라지면서 몇 세대를 사는 것과 같은 효과를 낼 수 있기 때문이다. 미래학자들은 이렇게 말한다.

지난 100년의 변화는 인류 전체의 변화와 맞먹는 변화였다. 지난 10년의 변화는 지난 100년의 변화와 맞먹는 변화였다.

변화 속도가 빨라지면서 우리는 수 세기 혹은 수십 세대를 살아야만 겪을 수 있는 경험을 하며 산다. 미래는 변화의 속도가 지금보다 더 빨라진다. 당연히 우리보다 혹은 우리 아버지나 할아버지 세대보다 더 많은 경험을 할 수 있다. 생물학적으로 지난 세대보다 2~3배를 더 살게 될 것이다. 앞으로 인간이 120~150년을 산다면 과거 6~7세대(300~400년의 기간)를 거쳐야 경험할 수 있었던 변화를 체험하게 된다.

영생의 또 다른 방법이 있다. 디지털 기술을 사용한 디지털 영생이다. 생물학적으로는 영생이 불가능하다. 하지만 인간은 계속 영생하는 방법을 찾을 것이다. 그중 하나가 디지털 영생이다. 디지털 영생은 생물학적 육체는 죽어도 '정신' 혹은 '정신 데이터'는 영원히 활동하게 하는 기술이다. 디지털 영생의 1단계는 가상공간에 나를 반영하는 '가상 아바타'를 만드는 방식이다. 이미 우리에게 익숙한 가상 아바타는 현실에 있는 내 자아의 일부를 투영한다. 가상세계에서 활동하는 가상 아바타는 가상자아cyber ego처럼 여겨지고 현실의 자아와 연결된 느낌을 갖는다.

디지털 영생의 2단계는 가상자아에 인공지능이 연결되는 상태다. 머지않은 미래에 일어날 수 있는 일이다. 인공지능을 내 가상자아와 연결하면 가상자아가 현실자아로부터 독립해 별개의 자아 상태로 발전할 수 있는 길이 열릴 것이다. 인공지능과 연결된 가상자아가 현실세계에 있는 실제자아와 연관된 정보를 수집하고 분석하면, 현실의 자아와 거의 똑같은 수준으로 활동할 수 있다. 더 나아가 현실의 자아가 죽고 난 뒤에도 그 데이터를 기반으로 현실자아의 다음 행동을 예측하면 가상자아가 현실자아보다 더 발전할 가능성이 있다. 이 단계는 완벽하진 않지만 디지털 영생의 가능성을 보여준다.

디지털영생의 마지막 단계는 뇌 업로드 방식이다. 죽기 전 인공지능 컴퓨터에 자신의 생물학적 뇌에 입력된 모든 정보와 패턴을 업로드하는 기술이다. 이 기술이 현실이 되면 현실자아를 디지털 자아로 완벽하게 전환하는 것이 가능하다. 완벽한 디지털 영생이 가능해지는 것이다. 뇌지도(커넥톰connectome)를 완벽하게 업로드 받은 인공지능 컴퓨터 혹은 인공지능로봇이 내 과거 뇌 정보를 활용하는 수준을 넘어 현실에서는 생물학적으로 멈춰버린 내 자아의 활동을 이어나갈 수 있다. 일명 '포스트 휴먼post-human'의 단계다. 만약 뇌 업로드 기술이 성공하고 상용화까지 이루어진다면 지금의 인류와는 완전히 다른 새로운 종이 탄생하게 된다. 물론 이 모든 과정에서 새로운 일자리와 직업이 만들어진다.

미래 소비자의
문제, 욕구, 결핍에 주목하라

변화의 방향과 과정의 큰 줄기는 거의 정해지고 있다. 그렇다면 남은 것은 '누가 새로운 직업을 창조할 것인가?'이다. 현재 미래 산업의 발전 단계는 미래형 기술만 있을 뿐 그 기술로 어떤 제품과 서비스를 팔아야 할지는 여전히 모호한 상태다. 스마트폰 다음이 필요하다는 것은 다 알지만, "스마트폰 다음이 무엇이냐?"에 대한 답을 모르는 것과 같은 처지다. 미래에 나타날 새로운 직업도 마찬가지다. 몇몇 전문가들이 이런저런 이름으로 미래 직업을 예측하지만, 앞으로 나타날 미래 직업 규모에 비하면 매우 부족하다. 사실 그런 이름으로 불릴지도 미지수다. 그렇지만 분명한 것이 하나 있다. 누군가는 미래 직업을 가장 처음으로 만들어낼 것이다. 과연 그 사람이 누구일까? 아니, 어떤 사람이 그런 창조적 인물이 될 수 있을까?

미래 직업을 창조하는 것은 신사업에 도전하는 것처럼 지금까지는 전혀 없었던 새로운 시장을 여는 차원이다. 직접 새로운 미래 직업 시장을 만들고 지배하는 것이다. 어떻게 해야 할까? 미래 시장, 미래 기술, 미래 산업, 미래 제품과 서비스뿐만 아니라 미래 직업, 미래 일자리의 창조와 관련된 질문을 받을 때마다 필자가 해주는 말이 있다. 보통 신기술 개발과 관련해 2가지 질문을 하곤 한다. 하나는 "기술을 어떻게 더 발전시키느냐?"라는 질문이다. 다른 하나는 "미래 사회에 나타날 가능성이 있는 '새로운 문제, 욕구, 결핍'을 해결하기 위해 어떤 기술이 필요한가?"라는 질문이다. 전자는 기술혁신에 관한 것이고, 후자는 비즈니스 혁신에 관한 것이다.

전자의 질문을 더 많이 던지는 기업은 기술혁신 기업이다. 삼성전자를 비롯해 한국의 대기업들이 여기에 속한다. 기술혁신에 관심이 있는 기술자나 과학자는 제품이 시장에서 얼마나 많이 팔리느냐보다는 이 제품에 '최고의 기술'이 적용되었느냐 아니냐에 관심을 둔다. 자신이 만드는 제품과 서비스에는 무조건 최고의 기술이 적용되어야 한다고 믿으며, 그런 제품과 서비스를 만들었다는 데 자부심을 느낀다. 기술혁신을 추구하는 사람이나 기업의 장점은 최신 기술을 선도한다는 것이다. 하지만 비즈니스 역사를 보면 1등 기술을 가진 제품이나 서비스가 시장에서 매출이나 시장 장악력 1등을 보장하진 않는다는 단점이 있다.

반면에 후자의 질문을 더 많이 던지는 사람이나 기업은 비즈니스 혁신에 관심을 보인다. 애플이 이런 기업이고, 스티브 잡스가 이런 인물이다. 비즈니스 혁신에 관심이 있는 기업가나 기술자는 최고의 기술도 추구하지만, '시장에서 승리하는 기술'에 더 관심을 둔다. 꼭 1등 기술이 아니더라도 시장을 지배하는 제품을 만드는 데 어떤 기술이 필요한지에 관심이 있다. 이런 사람은 기술보다 먼저 소비자에게 관심을 보인다. 현재의 시장 혹은 미래의 시장에서 나타날 소비자의 새로운 문제, 욕구, 결핍을 해결하는 데 우선한다. 미래 소비자의 문제, 욕구, 결핍을 해결하기 위해 지금까지 개발한 기술이나 현재 개발하고 있는 기술 가운데 무엇을 선택하는 것이 좋은지를 생각한다. 왜 그럴까? 시장을 지배하는 제품이나 서비스는 1등 기술이 탑재된 게 아니라 소비자의 문제, 욕구, 결핍을 기가 막히게 해결한 것이기 때문이다. 이것을 잘 알고 있는 비즈니스 혁신가는 시장을 지배하는 제품과 서비스를 만들기 위해서라면 기술을 다운사이징하는 선택도 마다하지 않는다.

미래 직업을 창조하는 이들도 마찬가지다. 당신이 미래 신기술을 개발하는 것 자체에만 관심이 있다면 상관없다. 그 분야에서 세계 1등 기술 개발에 몰두해야 한다. 그리고 그것 자체가 직업이자 일이다. 하지만 지금 혹은 미래에 나타날 신기술을 활용한 새로운 일자리나 직업을 만들려고 한다면 신기술 자체보다 '현재 소비자'가 느끼고 있는 지금의 문제, 욕구, 결핍에 관심을 두라. 또한 '미래 소비자'가 갖게 될 새로운 문제, 욕구, 결핍에 관심을 두라. 그리고 그것을 해결하는 데 신기술을 어떻게 적용할지 생각해보라. 그 과정에서 과거의 기술이나 이미 알려진 방식이 아닌 새로운 방식이나 신기술을 적용한 해법을 찾아가라. 세상의 변화를 먼저 통찰한 뒤 미래 세상을 지배하는 데 필요한 기술, 필요한 해법, 필요한 일이 무엇인지 질문을 던져라. 그것이 바로 새로운 일자리, 새로운 직업을 창조하는 확실한 길이다.

그렇다면 이런 질문을 던질 수 있다. "미래 소비자가 가질 새로운 문제, 욕구, 결핍을 어떻게 알 수 있을까?" 부의 이동, 인구구조 변화, 미래 사회 변화 등을 공부하라. 미래를 정확하게 예언할 수는 없지만 미래 사람의 문제, 욕구, 결핍의 핵심이나 방향은 간파할 수 있다. 새로운 제품과 서비스, 기술은 현재 있는 문제, 욕구, 결핍을 해결해주지만 그것으로 인해 반드시 새로운 문제, 욕구, 결핍이 발생한다.

인공지능은 사람보다 더 빠른 속도로 정보를 수집하고 분석하고 해법을 찾아준다. 이런 능력을 가진 인공지능을 활용하면 인간이 해야 할 많은 일을 대신하게 할 수 있다. 이는 욕구 해결이다. 인공지능을 활용하면 인간이 풀지 못했던 혹은 인간이 직접 하기에는 비용이 많이 드는 문제를 해결할 수 있다. 하지만 이런 능력을 가진 인공지능 때문에 과거에는 없었던 새로운 문제, 욕구, 결핍이 발생한다. 즉, 더 무서운 감시 시스템의 출현이나 단순노동을 기반으로 한 일자리 위협 등이다. 이런 새로운 문제를 미리 예측하고 창조적 해법을 마련하는 사람들은 벌써 새로운 일자리를 만들어 돈을 벌기 시작했다. 직업 창조자가 되고 싶은가? 사람들의 미래의 문제, 욕구, 결핍을 파악하고 이를 해결해줄 수 있는 길을 생각해보라.

미래 직업을 예측하는 확실한 방법은 당신이 새로운 직업을 창조하는 것이다.

속도와 파괴가
답이다

미래 기술의 발전 속도에 대한 논쟁도 많다. 발전 속도가 빠르다고 주장하면 미래 일자리나 직업의 변화도 그만큼 빨라진다. 그 반대라면 일자리나 직업의 변화도 작거나 속도가 느려지기 때문이다. 주위에서 종종 '기술혁명의 시대'라는 말을 들을 것이다. 지난 몇 천 년간 인류가 경험해온 기술 발전의 수준을 넘어서는 속도를 강조한 말이다. 과연 그럴까? 맞다. 앞으로 20~30년 우리는 지난 몇 천 년의 기술 발전의 분량과 속도를 넘어서는 비선형적nonlinear이고 퀀텀적quantum인 기술 도약을 경험할 가능성이 아주 높다. 기술이 인간을 초월하는 시대, 완전히 다른 새로운 진화의 시대가 될 것이다. 미래학자 레이 커즈와일은 "특이점Singularity이 온다"라는 말로 이런 변화와 속도를 표현했다.

특이점은 함숫값이 무한이 되는 변숫값을 가리킨다. 혹은 함수의 미분이 가능하지 않은 점, 극이라고 부르기도 한다. 〈위키피디아〉에서는 "어떤 기준을 상정했을 때, 그 기준이 적용되지 않는 점을 가리킨다"라고 정의한다. 물리학에서는 블랙홀처럼 중력이 무한히 커서 아무것도 빠져나올 수 없는 지점을 의미하기도 한다. 미래를 예측할 때는 지난 몇 년 혹은 몇 십 년간 변화의 방향과 속도를 기준으로 미래 변화를 투사한다. 기술 예측도 마찬가지다. 지난 몇 년 혹은 몇 십 년 동안 발전한 '어떤 기준'을 상정하고 미래 기술 발전의 방향과 속도를 추정한다. 특이점이 온다는 의미는 이런 기준이 적용에서 벗어나는 시기가 온다는 표현이다.

쪼개고, 나누고, 전문화하고 기존의 기준을 따르는 방법이 활발한 시대에는 선형적linear이고 산술급수적arithmetic인 발전이 주를 이룬다. 이런 기준에서는 어떤 기술은 당대에는 구현하기 힘들다든지, 현재의 기술 발달 속도로는 언제까진 불가능하다든지 하는 말을 할 수 있다. 또는 이렇게도 표현한다. "그런 일은 상식적으로 불가능하다. 터무니없다!"

반면에 서로 다른 것을 결합하고 융합해서 새로운 하나로 재탄생시키려는 시도가 활발할 때는 혁명적이고 기하급수적exponential인 발전이 종종 나타나곤 한다. 과거의 기준이 부정되거나 더 나은 기준이 발견되어 새로운 기준이 만들어진다. 이런 시대에는 발전의 방향이나 속도를 혁명적·기하급수적·비선형적이며 콴툼적으로 예측해볼 필요가 있다. 예상하지 못했던 일이 종종 일어날 수 있기 때문이다. 앞으로 20~30년은 이런 시대다.

믿어지지 않는가? 불과 몇 년 전만 해도 당시까지 발표된 기술의 방향과 속도를 기준으로 자율주행자동차의 상용화는 몇 십년 뒤에나 가능한 일이라고 평가되었다. 자율주행자동차의 개발은 자동차 관련 연구소의 전유물처럼 여겨졌다. 하지만 자율주행자동차와 전혀 상관없는 인터넷기업 구글이 지난 발전의 추세를 뛰어넘는 새로운 기술과 콘셉트로 몇 배 진화한 자율주행자동차를 발표해 세상을 깜짝 놀라게 했다. 구글이나 테슬라는 자율주행자동차의 상용화 시대를 5년 이내로 앞당겼다.

1968년 1개에 1달러 하던 트랜지스터 가격은 2004년에 트랜지스터의 크기가 나노 영역에 진입하면서 1달러에 1천만 개 이상을 살 수 있는 수준이 되었다. 지난 30년간 트랜지스터의 속도는 1천 배 더 빨라졌다. 1990년 인간 게놈 프로젝트가 시작되었을 때를 생각해보라. 게놈 프로젝트를 담당하는 최고의 전문가조차 (1년에 1/1000을 해독하는 속도를 감안할 때) 인간 게놈 프로젝트의 완성은 요원한 것으로 여겨졌다. 그런 기준점과 예측을 비웃기라도 하듯, 인간 게놈 해독 프로젝트는 13년 만에 완성되었다. 1990년에 DNA 염기서열분석 비용은 염기 쌍당 10달러였지만 지금은 1센트도 안 된다. HIV 바이러스 서열분석은 15년이 걸렸지만, SARS 바이러스 서열분석은 31일 만에 해치웠다.

기술 발전은 운송수단의 속도도 가속시키고 있다. 약 6천년 전에 가장 빠른 교통수단은 낙타로, 시속 12킬로미터였다. 기원전

1600년이 되어서야 시속 16킬로미터 정도의 이륜마차가 개발되었다. 1825년에 개발된 증기기관차는 시속 20킬로미터 정도였다. 1880년에나 시속 100킬로미터를 넘는 증기기관차가 운행되었다. 인간이 시속 100킬로미터로 움직일 수 있는 데까지 무려 수천 년이 걸린 셈이다. 하지만 그다음 단계로 속도를 끌어올리는 데는 수천 년이 걸리지 않았다. 속도의 한계를 6배 이상으로 높이는 데 불과 58년이면 충분했다. 1938년, 인간은 비행기를 타고 시속 600킬로미터를 돌파했다. 이 속도를 다시 10배로 늘리는 데는 더 짧은 시간만 필요했다. 1960년대에 시속 6천 킬로미터 이상으로 날아다니는 로켓비행기들이 출현했고, 인류의 최초 유인우주선은 시속 2만 8,800킬로미터로 지구를 돌았다.

15세기 이전, 유럽에서는 1년에 출판되는 책이 1천여 종 내외였다. 책은 왕과 귀족만의 전유물로 국가 보물이었다. 1950년경 지식 축적의 속도가 가속화하면서 유럽에서는 연간 12만 권의 책이 출판되었다. 4세기 만에 120배가 증가했다. 지금은 마음만 먹으면 개인도 자기 책을 적은 비용과 시간으로 출판할 수 있는 개인 출판 시대다.

이런 발전 속도의 궤적을 갖는 기술은 수없이 많다. 미래 기술도 비슷한 궤적을 그릴 거라고 예측하는 것이 기본이다. 아이디어의 시작부터 실제 제품과 서비스까지 진행되는 기술 발전의 궤적은 '시간과 공간의 압축 현상'으로 말미암아 갈수록 짧아지고 있다. 지금은 각각 이런 궤적을 그리는 기술들이 서로 만나 시너지를 내는 단계다. 당연히 과거보다 더 빨라질 것이라는 예측이 기본이다. 단순한 발전 속도의 빠름을 넘어 인류의 문명을 한 단계 더 향상시켜 새로운 문명을 시작하는 혁명이 일어날 초기 단계에 진입했다는 것이 옳다. 인식로봇의 탄생, 인간 두뇌의 자동화, 지구의 컴퓨터화Computerized Earth, 컴퓨터와 인간 지능의 경계 파괴 등은 확실한 미래다. 시점만 예측이 어려운 불확실성이라 할 수 있다.

기술이 기하급수적으로 발전하는 속도를 내기 시작하면 경계 파괴가 따라온다. 지난 200년이 넘도록 완전히 다르고 전혀 관련이 없다는 것들을 물리적으로 결합linking/bonding/combination하고, 화학적으로 융합convergence하는 경쟁이 시작되었다. 이는 일시적 유행이 아니다. 몇몇 기이한 사람들의 놀이도 아니다. 성장의 한계 돌파 도구이자 새로운 창조의 출발점으로, 결합과 융합의 경쟁이 시작되었다. 미래형 산업의 대부분은 이런 경쟁의 결과물이 될 것이다. 누가 더 빨리, 누가 더 창조적으로 결합과 융합을 하여 새로운 하나로 재탄생시키느냐가 생존과 승리를 가름한다. 지식의 융합, 기술의 융합, 산업의 융합, 문화의 융합, 심지어 도시의 융합, 가상과 현실 공간의 융합, 민족의 융합이 일어나면서 기존의 경계들을 파괴할 것이다.

국경의 경계는 벌써 파괴되었다. 경제의 경계는 빠른 속도로 파괴되고 있다. 앞으로는 문화 경계, 학문 경계, 산업 경계, 언어 경계의 파괴가 진행되면서 미래가 바뀔 것이다. 곧 언어 경계의 파괴가 현실이 된다. 그러면 정보와 지식의 교류가 더 빨라질 것이다. 교류가 빨라지면 융복합 속도도 빨라진다. 이는 경계 파괴 속도를 가속시킨다. 인구의 팽창과 선진국의 고령화 영향, 경제와 언어 경계의 파괴는 국경의 경계 파괴에 다시 영향을 미친다.

이미 젊은 세대에게는 태어난 국가의 의미가 기존 세대보다 크지 않다. 지금부터 태어나는 아이들은 자신이 있는 곳이 곧 내 국가가 될 것이다. 국경의 경계는 미래에도 오랫동안 지속될 테지만, 개인에게는 구속력이 예전만 못할 것이다. 나에게 더 좋은 일자리를 제공하는 나라가 내가 사는 국가다. 나에게 더 적은 세금을 부과하는 나라가 내가 살고 싶은 국가다. 나에게 더 밝은 미래를 약속해주는 나라가 내 조국이 될 것이다. 머지않은 미래에 국가 간의 경계는 있어도 그 경계가 거의 의미 없어지는 시대가 올 것이다.

곧 자동차와 컴퓨터의 경계 파괴도 시작된다. 2030년이면 인간과 로봇의 경계 파괴가 시작될 것이다. 현실과 가상의 경계가 완전히 파괴되어 현실에 사는지 가상에 사는지는 큰 의미가 없어진다. 현실 의식과 가상 의식의 경계도 파괴되고, 실제 인간과 가상 인간(아바타)의 경계도 파괴될 것이다.

다행히 아직은 경계 파괴가 적용하기 힘든 정도는 아니다. 기술 발전의 속도가 임계점을 통과하지 않았기 때문이다. 지금은 다가올 속도 변화에 비해 상대적으로 속도가 느리고 범위도 작다는 말이다. 이는 물리적으로 느리거나 작다는 말이 아니다. 물리적 속도는 지금도 빠르다. 물리적으로 변화에 영향을 받는 영역도 적지 않다. 단, 속도 변화에 적응하는 인간의 역량을 감안할 때 체감 속도가 그리 빠르지 않다는 말이다(물론 지금 속도도 빠르다고 체감하는 이도 있다).

지금은 조금만 노력하면 변화의 속도를 쫓아갈 수 있다. 그래서 필자는 신기술이 '생각보다' 서서히 직업의 미래를 바꿀 것이라고 예측했다. 하지만 신기술이 어느 시점을 지나 발전 속도에 가속을 붙이면 엄청난 변화가 밀려올 것이다. 그때는 변화를 준비하지 못한 사람에게는 재앙 같은 일이 벌어질 수 있다. 따라서 지금이라도 미래 변화에 관심을 두면서 준비를 시작하라고 강조하는 것이다. 즉 변화를 받아들이며, 과거의 틀을 벗고 당연하다고 생각하는 경계를 허물고 새로운 도전을 시작하라는 말이다.

미래 일자리와 직업에서도 마찬가지다. 미래는 경계를 파괴하는 자와 그러지 못한 자로 나뉠 것이다. 즉, 경계를 파괴한 자와 그 밑에 굴복한 자로 나뉘게 된다. 스스로 경계를 파괴하지 못하면 어떻게 될까? 남이 경계를 파괴할 때 당신이 가장 큰 피해자가 될 것이다. 내 영역, 내 일자리, 내 직업이 없어질 수도 있다. 내 영역을 남이 마음대로 규정할 수 있기 때문이다. 경계가 깨지면, 새로운 산업이 생겨난다. 경계를 깬 사람이 새로운 업의 주도권을 잡는다. 파괴하는 자와 파괴되는 자(따라가는 자)의 미래는 천지 차이가 될 것이다. 승리는 고사하고 생존도 불투명해진다.

신기술이 새로운 직업을
만들어내는 5단계

신기술이 새로운 직업을 만들어내는 데도 일정한 패턴과 순서가 있다. 필자는 지난 저서들에서 미래 신시장이 만들어지는 패턴을 분석했다. 이것을 '신산업이 형성되는 패턴'이라고 이름 붙였다. 이는 미래 산업 기회가 언제 시작되는지를 통찰하는 데 도움이 되는 단서이지만, 동시에 새로운 직업이 만들어지는 패턴과 순서를 예측해보는 기준이기도 하다.

시장 형성은 무작위나 우연으로 만들어지지 않는다. 원리가 있고, 패턴이 있다. 이것을 알면 기업별로 자사의 역량에 맞는 시장 진입 타이밍을 정할 수 있다. 미래 일자리와 직업도 마찬가지다. 우연히 그리고 갑자기 만들어지지 않는다. 원리가 있고, 패턴이 있고, 순서가 있다. 신기술 개발부터 신시장이 만들어지기까지 패턴을 간단히 살펴보자. 신기술 발명이 곧바로 신시장 형성으로 이어지지는 않는다. 시간도 필요하다.

　기원전 6500~6000년경 차바퀴 기술이 발명되었지만, 3천 년이 지난 기원전 3500년경 수메르인이 가축이 끄는 수레를 발명하고부터 본격적으로 사용되었다. 지금도 이 정도는 아니지만 생각보다 긴 시간이 필요하다. 몇 가지 과정도 필수로 거쳐야 한다. 증기기관은 1705년 발명되었지만, 철도와 철길이 발명되는 단계를 거친 뒤에야 비로소 상용화가 시작되었다. 내연기관도 1859년에 신기술로 등장했지만, 독일의 카를 벤츠가 1885년에 삼륜 자동차 모토르바겐을 제작하고, 헨리 포드가 자동차의 대량생산 시스템을 구축하는 단계를 거쳐서야 큰 시장이 형성되었다.

　최근 컴퓨터 시장도 비슷했다. 1947년 애니악ENIAC이 발명되었지만, 1974년 미국에서 알타이르 8800이라는 최초의 개인용 컴퓨터와 1977년 스티브 잡스가 애플 II를 발명한 뒤부터 대중시장이 열렸다. 이처럼 신기술 발명과 신시장 형성까지는 긴 시간과 몇 단계의 과정이 필요하다. 필자가 정리한 신기술 발명에서 신시장 형성까지의 패턴은 총 5단계이고, 일정한 시간을 주기로 사이클이 반복된다.

　1단계는 '신기술의 발명' 혹은 '새로운 혁신의 시작'이다. 과거의 제품과 서비스, 비즈니스모델에서 계속 발생하는 문제, 욕구, 결핍이 기존의 방식이나 문제 해결법으로 해소되지 못하는 시점에 이르면 완전히 새로운 관점과 사고나 혁신적 접근 방식이 시도된다. 이때 예상치 못한 곳에서 해결의 실마리가 풀리기 시작하고, 이 과정에서 신기술이 탄생한다. 어떤 신기술은 패러다임 전환을 불러오는 힘이 있다고 평가받는다. 1930~1940년대에 철심 위로 전선을 수천 번 감아 만든 전자계전기Relay에 전류가 흐르면서 생긴 자기장을 이용하거나, 백열전구를 만드는 기술에서 발전시킨 진공관Vacuum-tube을 전자 스위치로 사용하자는 혁신적 생각이 시작되었다. 바로 디지털컴퓨터라는 신시장의 출현을 알리는 신호였다.

2단계는 '보조 기술 발명' 단계다. 신기술이 나와도 세상의 대변화 시기가 곧장 열리는 것은 아니다. 신시장도 출현하지 않는다. 신기술이 기존 제품과 서비스에 빨리 적용되지도 않는다. 신기술을 보조할 주변 기술(보조 기술)의 발전을 촉진할 뿐이다. 혹은 1단계에서 등장한 신기술이 효율성을 높이는 시기이기도 하다. 신기술을 어디에 적용하면 좋을지도 이 단계에서 본격적으로 연구나 실험이 시작된다.

예를 들어보자. 토머스 뉴커먼이 증기기관을 발명하자마자 산업혁명이 일어나지는 않았다. 말이나 소의 동력을 대체할 증기기관 기술은 혁신적이었다. 하지만 시장을 만들고 사람들의 생활에 변화를 주려면 신기술의 효율 향상이 추가로 일어나야 하고, 더 많은 주변 기술과 신기술의 적용 연구나 실험도 늘어나야 한다. 1769년, 제임스 와트는 뉴커먼의 증기기관 효율성을 3배 높인 증기기관을 발명했다. 1801년, 영국 웨일스에서 리처드 트레비식은 와트가 개선한 증기기관을 이용해 기관차를 최초로 만들었다. 주변 기술의 개발이다. 1804년, 트레비식이 만든 증기기관차가 화물칸에 철을 싣고 주철 레일을 달리는 시운전에 성공했지만 실용화하지는 못했다.

그 이후에도 신기술의 적용과 실험의 반복이 진행되었다. 사람들의 인식이 개선되는 시간도 필요했다. 실험 단계에서는 증기기관차가 석탄을 실은 화차를 끌었지만, 승객이 탄 객차는 말이 끌었다. 당시 증기기관차는 광산 지하 갱도에서 석탄을 끌어올리는 데 사용했기 때문에 사람이 그 안에 탄다는 것은 우스꽝스러운 일이었다. 증기기관의 무게도 어마어마해서 나무에 주철을 덧댄 강도가 약한 레일 위를 오래 달리지도 못했다. 신기술이 다양한 영감을 주기 시작했지만, 말로 화물을 운송하는 것이 여전히 빠르고 안전하고 경제적이었다. 결국 트레비식이 발명한 증기기관차는 철로를 달리지 못하고 광산에 옮겨져 정식 배수 장치로 사용되었다.

2단계는 생각보다 오랜 시간이 필요하고 수많은 혁신도 연이어 일어나야 한다. 진공관이 개발되고 무려 20여 년이 지난 뒤, 진공관 수명 문제를 한번에 해결할 수 있는 새로운 길이 발견되었다. 새로운 해법은 사고의 대전환에서 시작되었고 아주 간단했다. 바로 진공관을 버린 것이다. 1948년 벨연구소의 월터 브래튼, 윌리엄 쇼클리, 존 바딘은 구소재인 진공관을 버리고 신소재를 선택했다. 반도체소자인 게르마늄이었다. 최초의 트랜지스터는 이렇게 발명되었다. 트랜지스터가 발명되자 전자공학의 대변혁이 일어났다. 신기술이 다른 영역에 폭발적으로 적용되어 새로운 패러다임으로 자란 것이다. 진공관 대신 트랜지스터를 사용하자 더 싸고 작고 성능 좋은 라디오와 컴퓨터, 그 밖의 수많은 전자 장치가 개발되었다. 이런 혁신을 인정받아 트랜지스터 개발자는 1956년 노벨물리학상을 받았다.

증기기관차가 마차를 이기는 순간도 10년이 지나서야 일어났다. 1814년, 조지 스티븐슨은 마차용 선로 위에서 30톤의 화물을 실은 8량의 화차를 끌고 시속 6.5킬로미터로 오르막길을 오르는 증기기관차를 발명했다. 스티븐슨은 증기기관차에 또 다른 혁신적 발상 전환을 시도했다. 트레비식이 만든 증기기관차는 증기를 곧바로 내보냈지만, 스티븐슨은 보조 기술로 연통을 이용했다. 연통을 통해 공기를 수직으로 내보내자고 발상을 전환하자 화실과 연통 안에 상승기류가 발생하면서 동력이 2배 이상 늘어날 수 있었다. 실린더와 바퀴도 직접 연결해 동력 전달의 효율성을 높였다. 우리가 알고 있는 연통을 이용해서 증기를 분사하는 증기기관차는 이렇게 만들어졌다. 속도는 말보다 빨랐다. 증기기관차가 마차를 이긴 것이다.

1825년 9월 27일, 스티븐슨이 설계하고 제작한 연통형 증기기관차 로코모션 1호는 26량의 객차에 승객 450명을 태운 채 6량의 화물차와 6량의 석탄차를 끌고 4만 명의 구경꾼 사이로 첫 기적을 크게 울리며 영국의 스톡턴과 달링턴 구간 14킬로미터를 65분 만에 내달렸다. 스티븐슨은 또 다른 보조 기술도 개발했다.

선로 설계의 중요성을 간파하고 예전보다 더 단단하고 직진성과 평탄성을 갖춘 현대식 철로를 개발한 것이다. 이런 보조 기술들이 발명되었기 때문에 증기기관차가 시장에 나올 수 있었다.

시장이 활성화되기 위해서는 한 가지가 더 필요하다. 시대적 요청, 즉 운運도 맞아야 한다. 1901년 기준으로 영국에서는 말이 325만 필이나 돌아다닐 정도로 중요한 생산수단이자 재산이었다. 그런데 18세기 말부터 유럽에 전쟁이 빈번해지면서 말 가격이 급등했다. 가격이 천정부지로 치솟자 사람들은 비싼 말을 대체할 새로운 동력과 운송수단을 찾기 시작했다. 대형 운송수단으로는 증기기관차가 말을 대신할 새로운 대안으로 주목받았고, 개인 운송수단으로는 내연기관이 시장의 관심을 끌었다.

최초의 개인용 자동차는 1769년 프랑스에서 발명되었다. 삼륜 자동차였던 최초 자동차는 증기기관을 달고 달렸다. 1859년에 최초의 내연기관이 발명되었고, 1879년에 독일의 카를 벤츠가 세계 최초의 가솔린엔진을 발명했다. 1885년, 벤츠는 자신이 발명한 가솔린엔진을 장착한 삼륜 자동차 '모토르바겐'을 제작했다. 벤츠보다 2년 빠른 1883년에 독일의 고틀리프 다임러도 조수인 빌헬름 마이바흐와 가볍고 빠르게 연소하는 가솔린기관을 발명했다. 하지만 자동차를 제작한 것은 벤츠보다 늦었다. 1885년, 다임러는 가솔린기관을 자전거에 부착하여 주행하는 데 성공했다. 그리고 벤츠보다 1년 늦은 1886년 사륜 자동차를 제작했다. 신기술과 보조 기술 개발도 이렇게 경쟁자가 있어야 가속이 붙는다. 결국 이 두 사람의 회사는 1926년 합병되어 다임러벤츠사가 되었다.

이처럼 신기술이 기존 기술을 누르고 2단계를 지나 상용화 가능성을 보여주기까지는 시간이 필요하다. 우리 귀에 익숙해진 인공지능, 전기자동차, 자율주행자동차, 로봇 등은 지금 두 번째 단계를 지나는 중이다. 신기술의 완성도가 높아지고, 수많은 보조기술이 뒷받침해주며, 시장에서 이것을 사용할 명분과 욕구가 커지면 3단계가 열린다.

3단계는 신기술이 주도하는 '신시장 발명'이 일어나는 단계다. 필자가 신시장의 '출현'보다 '발명'이라고 명명한 것에 주의하라. 시대적 요청이 있더라도 시장이 커지기 위해서는 시장을 키우는 사람이 등장해야 한다. 즉, 시장이 커지는 것도 자동으로 되지 않는다. 누군가 시장을 빠르게 키울 몇 가지 장치를 발명해야 한다. 이를테면 신기술을 제품과 서비스로 대량생산 할 수 있는 자본을 투자하는 선구자가 나와야 한다. 신기술이 적용된 제품과 서비스를 늘려주는 창의적 기업가도 등장해야 한다. 신기술이 적용된 제품과 서비스의 가격혁명이 일어나고, 이를 구입하는 소비자의 소득도 증가해야 한다. 새로운 제품을 구매할 소비자군도 창조해야 한다.

예를 들어보자. 1908년 10월, 자동차 왕 헨리 포드는 T모델을 개발했다. 1913년에는 컨베이어벨트를 이용해 조립 방식도 혁신했다. 컨베이어벨트는 차대 제작 시간을 12시간에서 1시간 30분으로 줄였다. 대량생산이 가능해졌다. 하지만 포드가 T모델을 성공시킨 결정적 요인은 다른 데 있었다. 바로 '시장의 발명'이었다. 포드는 시장의 발명을 위해 소비자 사용 편의성 개선, 가격혁명 등을 이루었다. 생산성 혁신에 성공하여 대량생산이 가능하게 만들어 대중이 자동차를 저렴하게 구매할 수 있는 가격혁명을 이룬 것이다.

가격혁명도 한번 시작되면 빠른 속도로 개선된다. 1908년 포드의 T모델 가격은 850달러였다. 1914년에는 490달러, 1921년에는 310달러까지 계속 낮아졌다. 동시에 공장에서 일하는 근로자 임금도 인상했다. 포드는 자기 공장에서 일하는 근로자가 가장 확실한 소비자라고 생각했다. 이른바 가장 충성심이 높은 소비자군의 탄생(발명)이다. 포드는 자기 공장에서 일하는 근로자의 소득이 T모델을 살 수 있을 정도로 인상되면 더 많은 자동차를 팔 수 있고, 이들이 다른 사람도 자동차를 사고 싶게 하는 전도자가 될 것이라는 혁신적 생각을 했다. 포드는 근로자의 하루 임금을 2.34달러에서 5달러로 인상했다. 불과 6년 뒤인 1914년, 포드의 T모델은 50만 대 이상 팔리면서 미국 전체 자동차의 반 이상을 장악했다. 엄청난 속도였다.

중요한 것이 하나 더 있다. 새로운 시장이 열려서 성장을 시작하면, 기존에 있던 제품과 서비스의 침몰도 빨라진다. 1901년 영국에서는 325만 필의 말을 일하는 데 사용했는데, 1924년에는 200만 필로 급감했다.

4단계는 '시장 전성기' 단계다. 신시장이 빠르게 성장하면, 신기술의 추가 적용도 빨라져 다양한 신제품과 새로운 서비스가 크게 늘어난다. 신기술은 과거의 제품과 서비스도 완전히 다른 차원으로 발전시킨다. 너도나도 신기술을 적용하여 기존의 제품과 서비스를 획기적으로 개선하거나 완전히 새로운 차원으로 발전시킨다. 이것은 다시 신시장의 규모를 확장시킨다. 이런 상황에서 금융혁신이 일어나 소비자 구매력에 불을 붙이면 신시장 규모가 폭발적으로 증가한다. 1918년, 미국 13가구 중 한 가구만 자동차를 샀다. 그러나 1919년, GM이 GMAC라는 전속 할부금융사를 설립하고 자동차 할부금융 서비스를 제공하기 시작했다. 그러자 불과 7년 만에 미국 자동차 구매자의 75%가 이 서비스를 이용했고, 1929년에는 미국 가정의 80%가 자동차를 소유했다. 가격혁명, 금융혁명은 시장 전성기를 여는 데 결정적인 역할을 한다.

신시장이 전성기에 들어가면, 기술이 삶의 변화에까지 침투한다. 사회 전반에도 혁신이 침투한다. 자동차 문화는 미국인의 삶의 방식과 의식 수준을 변화시켰다. 사회의 법과 제도도 바꾸었다. 자동차는 인류 역사상 인간의 삶을 가장 많이 변화시킨 것 중 하나로 평가받는다. 참고로, 이런 힘을 가진 자동차에도 혁명적 변화가 다시 일어나고 있다. 앞으로 10~30년 동안 벌어질 미래 자동차 기술의 발전과 새로운 시장의 창조로 인류는 한 번 더 큰 기회와 삶의 변화를 맛볼 것이다. 자동차뿐만 아니다. 과거에는 신기술이나 혁신이 몇 십 년 혹은 100년에 한두 번 일어났다. 반면에 앞으로 30년은 인공지능, 자율주행자동차, 양자컴퓨터, 자율로봇, 최첨단 의료 등 다양한 신기술의 발명과 적용이 연달아 진행될 것이다.

마지막으로, 5단계는 신기술이 적용된 제품과 서비스로 인해 '새로운 문제, 욕구, 결핍이 발생'하는 시기다. 시장은 성숙기에 들어가고, 신기술을 적용한 새로운 제품과 서비스가 도처에 퍼지면서 삶의 방식이 변화되지만 동시에 과거에 없었던 새로운 문제, 욕구, 결핍이 발생한다. 불만이 높아질수록 신시장은 쇠퇴기에 진입한다. 5단계의 전형적 증상이다. 하지만 인간의 능력은 대단하다. 5단계 후반기가 되면 새로운 문제, 욕구, 결핍을 해결하기 위한 신기술이 발명되거나 혁신이 일어나면서 1단계로 다시 진입한다. 그리고 2, 3, 4, 5단계가 순환된다. 〈도표 11〉은 지

도표 11 신사업이 형성되는 5가지 단계

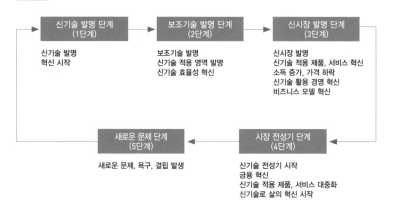

금까지 설명한 '신기술~신시장의 5단계' 과정을 정리한 것이다.

미래의 일터나 일자리, 직업 등도 '신기술~신시장의 5단계'의 단계마다 다르게 진행된다. 당신이 하고 싶은 미래의 일이나, 최초로 시작하여 창조자가 되려고 하는 일이 어느 단계에 해당하는지 생각해보라. 원천 신기술과 연관된 것인지, 보조 기술과 연관된 것인지, 신기술이 적용된 신시장 발명 단계에서 빠르게 성장할 것인지, 거의 모든 영역에 신기술이 적용되어 전반적 변화가 일어나는 신시장 성숙기 단계인지를 생각해보라.

시간이 지나면서 필자가 설명한 '신산업이 형성되는 패턴'의 순환주기는 빨라진다. 그만큼 새로운 일자리와 직업이 형성되는 패턴의 순환주기도 빨라질 것이다. 과거에는 신기술 개발에서 삶의 방식 변화까지 5단계 패턴의 순환주기가 천천히, 점진적으로, 여러 세대에 걸쳐 일어났다. 지금은 그때보다 빠르게 진행된다. 앞으로는 더 빨리 진행될 것이다. 앞으로 21세기 말까지 80년 안에도 5단계 패턴의 순환이 여러 번 일어날 수 있다. 기하급수적으로 정보가 증가하고, 언어 등 각종 경계가 빠르게 파괴되고, 지식 교류도 빨라지면 새로운 사고방식이나 문제 해결 방식의 시도도 늘어나고 해결 속도도 빨라지기 때문이다. 그만큼 직업의 변화 주기도 짧아지고 빨라질 것이다.

창직보다
창업을 하라

당분간은 직업을 창조하는 '창직'의 시대보다는 일(業)을 창조하는 '창업'의 시대다. 필자가 앞에서 소개한 '신기술~신시장의 5단계'에서 보듯이 1~2단계 혹은 3단계(시장 발명) 초기까지는 특정 직업의 창조나 성장보다는 미래의 새로운 일을 창조하는 창업가의 시대다. 창업가가 새로운 일, 일터, 시장을 만들면 그 후에 특정 직업군이 자리를 잡고 대량으로 양산된다. 따라서 미래 일자리 혹은 미래 직업을 선점하기를 원하는 독자라면 '창직'이 아니라 '창업'을 해야 한다. 단, 지금부터의 창업은 과거나 현재에 이미 만연한 제품이나 서비스 또는 일과 관련된 것이 아니어야 한다. 커피숍, 치킨집, 음식점, 공인중개사 사무소, 미용실, 안경점, 빵집, 독서실, 술집, 헬스클럽 등 이미 주위에 많은 업종에 뛰어들어 창업하라는 말이 아니다. 이런 업종을 사회적 기업이든, 무자본 창업이든, 온라인몰이든 형식을 바꿔서 하는 것도 아니다. 또는 이미 규정되어 있는 소비자를 대상으로 삼는 것도 아니다. 이것은 그냥 창업이고 자영업이고 소규모 회사다. 더 정확하게 말하면, 이미 포화된 시장에서 진행되는 '치킨 게임'에 또 다른 플레이어로 참여하는 것뿐이다. 좀 더 빨리 뛰면 이길 수 있을지 모르지만, 이런 창업은 새로운 미래 시장을 여는 건 물론이고 미래 직업이나 일을 만드는 것과 전혀 관련이 없다.

필자가 말하는 '당분간은 창업의 시대'라는 의미는 '파괴적 혁신'을 가리킨다. 파괴적 혁신가는 나와 비슷한 사람과 경쟁하지 않는다. 나보다 조금 더 큰 회사나 세력과 경쟁하지 않는다. 파괴적 혁신가의 눈은 아주 높다. 파괴적 혁신가는 독점 세력과 대결하기를 원한다. 단, 그들의 방식을 빠르게 익혀서 더 잘하는 방식이 아니다. 그들과 전혀 다른 방식으로 그들이 쌓아올린 거대한 아성에 도전한다.

파괴적 혁신가가 되려면 다음 3가지를 갖춰야 한다. 바로 독점에 대한 불만, 새로운 기술(아이디어) 그리고 배짱이다. 불만, 신개념과 신기술, 배짱이 그들의 무기다. 기존 산업이나 제품과 서비스의 경계나 직업의 규정을 파괴하는 것은 기본이다. 여기에 신기술을 도구로 사용해야 한다. 생각을 바꾸는 것과 신기술은 파괴의 힘을 가져다주기 때문이다. 생각의 전환은 경계를 파괴하도록 해주고, 신기술은 파괴되고 해체된 것을 하나로 다시 묶어 시장을 파괴하는 힘을 준다. 이런 과정에서 새로운 개념과 아이디어가 만들어진다. 독점가가 만들어놓은 법칙대로 움직이지 말라. 독점에 대한 불만을 가지고 새로운 문제, 욕구, 결핍을 파악하는 통찰력을 발휘하라. 독점가가 건설한 기존의 거대한 장벽을 무너뜨리는 완전히 다른 관점(혁신)으로 무장한 개인 사업가를 목표로 하라.

'자동차는 사치품이어서 부자만 사용한다'는 구세대 개념을 파괴하고 대중이 탈 수 있는 새로운 자동차를 만들기 위해 뛰어든 헨리 포드가 되어야 한다. 또한 '자동차는 사람이 운전해야 한다'는 구세대 개념을 파괴하고 운전에서 사람을 해방해주는 새로운 자동차를 만들기 위해 뛰어든 구글, 테슬라 같은 기업의 창업가가 되어야 한다. 사고를 전환해서 창조한 신개념은 제품과 서비스뿐만 아니라 경영과 제조 방식에서도 유효하다. 포드는 경영 방식의 혁명(임금 인상, 주 5일 근무), 생산 방식의 혁명(컨베이어벨트 분업화로 자동차 대량생산 시스템), 제조 방식의 혁명(새로운 자동차) 등을 수행함으로써 거대한 독점 장벽을 돌파했다. 포드가 새로운 미래, 새로운 미국, 새로운 삶의 방식을 만들었던 것처럼 당신도 새로운 미래, 새로운 한국, 새로운 삶의 방식을 만든다는 도전심을 품어라.

미국 전역에 등유램프를 공급해 햇빛이 없는 저녁에도 일할 수 있는 세상을 만들었던 록펠러에게 큰 위기가 찾아왔다. 에디슨과 J. P. 모건이 힘을 합쳐 파괴적 창업을 했기 때문이다. 바로 전기사업이었다. 위기가 시작되자 록펠러는 저항했다. 신문에 전기의 위험성을 광고했고, 전기로 화재가 발생하면 그 사건을 키워 대중에게 새로운 기술에 대한 두려움을 심어주려고 했다.

인공지능, 자율주행자동차 등이 등장하자 일부에서는 지금도 이런 미래 기술의 위험성을 광고하고, 미래 기술이 발전하는 과정에서 오류가 생기고 사고가 발생하면 그것을 키워 대중에게 새로운 기술에 대한 두려움을 심어준다. 잘못된 행동은 아니지만 시대착오적 행동이다. 나쁜 행동은 아니지만 시대 변화에 저항하는 승리할 수 없는 싸움이다. 록펠러는 대중이 두려움을 느끼면 전기를 버리고 등유램프로 다시 돌아올 것이라고 생각했다. 하지만 그의 생각은 틀렸다. 록펠러는 새로운 변화를 받아들여야만 했다. 그는 이 위기를 새로운 기술로 극복했다. 바로 휘발유였다. 새로운 변화를 받아들인 록펠러는 석유산업의 새로운 미래를 발견했다.

인공지능, 자율주행자동차, 로봇, 나노와 생명공학 기술 등에 저항하거나 초기의 미숙함을 물고 늘어지며 미래를 부정하지 말라. 받아들이고, 거대한 물결에 어떻게 올라탈 수 있을지를 생각하기 시작하라. 거대한 물결이 무엇을 새로 만들지를 생각하라. 새로운 변화에서 내가 무엇을 창조할지를 연구하라. 부가 어디로 가는지 들여다보라. 미래 신기술과 새로운 변화에 저항해도 시대는 과거로 되돌아가거나 현재에 머물러 있지 않는다. 결국 '내가 틀렸다'는 반성과 성찰만 남는다. 새로운 변화를 받아들여라. 받아들일 것이라면, 남보다 빨라야 한다. 엄청난 직업의 위기 앞에 문제를 해결할 방법을 과거의 것에서 찾지 말고 새로운 방식에서 찾으라.

록펠러 시대처럼 미래는 한 방향으로만 움직이지 않는다. 등유 램프를 극복하려는 도전은 전기산업을 일으켰고, 휘발유를 중심으로 한 새로운 석유산업도 일으켰다. 스탠더드오일은 미국 전역에 주유소를 설치하여 포드자동차에 연료를 대면서 새로운 생존의 길을 찾았다. 카네기는 강철을 자동차 만드는 재료로 공급하는 결단을 내렸고, J. P. 모건은 전기를 넘어 금융업에서 새로운 미래를 찾았다.

미래에는 여러 갈래의 길이 있다. 과거로 돌아가고 현재에서 안주하려는 생각만 버린다면, 당신도 얼마든지 새로운 미래를 만들 수 있다. 새로운 시장을 만들 수 있고 새로운 일과 직업을 만들 수 있다. 운이 좋게 당신이 만든 새로운 미래, 새로운 시장, 새로운 일과 직업이 대중의 호응을 받고 시대적 요청에 잘 들어맞는다면 에디슨과 J. P. 모건, 록펠러, 헨리 포드, 스티브 잡스와 같이 큰 시장을 만든 사람이 될 수 있다. 새로운 산업을 만든 사람이 되는 것이다. 운이 부족해 대중의 호응을 받지 못하더라도 소수의 관심을 끌면 특별한 사업, 일, 직업을 만든 사람은 될 수 있다. 꼭 기억하라. 미래는 여러 길이 공존한다.

대중의 열렬한 지지를 받지 못할 것이라고 미리 실망할 필요는 없다. 우선 당신은 시대를 잘 타고났다. 당신 앞에 다가오는 미래는 파괴적 혁신의 효과가 산업사회보다 더 크게 나타나는 시대다. 본래 파괴적 혁신은 산업사회에서 위력을 발휘했다.

농업사회에서도 낫, 쟁기나 호미 같은 농기계 혁신과 제초제의 발명 등 다양한 기술혁신이 일어나 생산량이 증가해왔다. 하지만 근본적으로 농업·어업·광산업 등 1차 산업은 날씨나 토양의 질, 땅이 위치한 고도 같은 자연 제약이 생산량에 절대적으로 영향을 미친다. 바꿀 수 없는 고정된 환경이 딱 버티고 있기에 농사짓는 사람을 늘리는 것과 비례해서 생산량이 증가하지 않는다. 자연 제약 요소가 너무 막강하고 견고해서 노동력과 자본 투입을 늘려도 한계 생산량이 점점 줄어드는 '수확체감의 법칙 Diminishing Returns of Scale'이 작용한다. 즉, 노동자 수가 증가할수록 1인당 수확량은 점점 줄어드는 일이 벌어진다.

반면에 자본을 투입해서 공장을 짓고 상품을 대량생산 하는 산업사회에서는 투입된 생산요소가 늘어날수록 생산량이 기하급수적으로 증가한다. '수확체증의 법칙 Increasing Returns of Scale'의 작용이다. 산업사회에서 생산하는 제품과 서비스는 자연 제약을 크게 받지 않아서 혁신적 기술이 힘을 제대로 발휘할 수 있기 때문이다. 아직 수확체증의 법칙이 멈추지 않았다. 글로벌 경기침체가 끝나고, 미·중 무역전쟁 협상이 타결되어 세계 교역량이 다시 활기를 찾으며, 미래 기술이 보조 기술 발명 단계를 넘어 시장 발명의 단계로 넘어가기 시작하면 파괴적 혁신가의 노력이 결실을 맺을 것이다. 당신이 발을 들여놓은 미래는 수확체증의 법칙이 작용하면서 생각보다 더 크게 성장할 것이다.

물론 모든 혁신가가 성공하는 것은 아니다. 새로운 기회가 열리면 독점에 대항하고 배짱과 아이디어로 무장한 혁신가도 실패를 거듭한다. 그러나 실패가 끝은 아니다. 실패에서 더 많은 것을 배우면서 창의성과 혁신성을 증대시킬 수 있다. 그리고 마침내 위대한 결과물에 이르러 위대한 시대가 시작된다. 미래의 새로운 일, 일터, 직업은 이러한 파괴적 혁신가와 기업가가 만든 결과물이다. 이런 사람에게 세상을 바꾸는 기회, 새로운 직업을 창직할 기회가 올 것이다. 앞으로 10~20년이 이런 시대다. 이 기회를 놓치지 말라.

미래 기술 타임라인으로 보는
한국의 미래 일자리

새로운 미래 직업의 출현을 예측하는 또 다른 방법은 시간에 따른 미래 기술 변화의 큰 그림을 이용하는 것이다. 〈도표 12〉는 필자가 미래 신기술들이 발전하는 거시적 방향을 예측한 내용을 핵심만 추려 하나의 그림으로 정리한 것이다. 일명 '미래 기술 타임라인 지도Futures Timeline Map 2020, 2030, 2040'이다.

먼저 연도를 표시한 줄을 중심으로 위쪽은 미래 기술 발전이 가져올 산업의 미래 방향이다. 그리고 아래쪽은 산업 발전에 동력을 부여하는 금융을 포함해 한국 등 주요 국가와 세계경제 상황의 주요 위기, 미래 흐름을 예측한 내용이다. 기술의 변화, 경제 상황의 변화, 부의 흐름의 변화 등을 종합해보면 한국의 국내외에서 벌어지는 일자리와 미래 직업의 변화를 예측하는 데 또 다른 통찰력을 얻을 수 있다.

도표 12 미래 기술 타임라인 지도 2020, 2030, 2040

웨어러블 1억 대 판매

2차 가상혁명 – 가상과 현실 경계 파괴(Intelligence Augmentation → Artificial Intelligence)

3차 가상혁명–매트릭스, 가상영생(A.I), 환상사회

스마트폰 사용자 2억
2015년, IoT 50억 연결

스마트폰 사용자 55~60억
IoT기기 200억 개~3조$

6G통신(실시간 Mobile 3D→VR, AR 완벽구현)

인간노동 70~80% 자동화

AI혁명/웨어러블, IoT, VR, HI, 햅틱 서비스 확대(인간과 기계연결, 스마트안경, 스마트키, 스마트홈, 스마트 도시 생태계 형성기)

스마트시계시장 100억$
DateTech, 클라우드, 블록체인 암호화 발전

양자컴퓨터 보급 확대,
매년 40조 기가바이트 정보 생산

초연결사회 – 지구컴퓨터화(전세계 사람, 사물, 도시, 인터넷 연결)

IoT시장 11조$, 옷처럼 입고다니는 컴퓨터

대형컴퓨터 – 개인컴퓨터 → 모바일클라우드컴퓨터
→ 도시컴퓨터 → 지구컴퓨터

웨어러블 디바이스 다양화 단계

Level3 자율주행차(Painted 태양광, 자동차 디스플레이)

Level4 완전 자율주행차

뇌연결 자동화, Flying Car 시장 부각

원전 자율주행자동차 1180만 대

AI, 건강, 의료, 범용,
금융 상담 서비스

스마트폰 Digital Brain화

2030~2040 AI 인간지능수준 가능

2030~45년 특이해탱 시라링

운송산업 4조$
전세계 전력 수요 2.5%씩,
아시아 신흥국 4.7%씩 증가
에너지산업 8조

1961년 대비, 지구온도 1도 상승(2040~50년대 2도 상승, 2070년대 3도 상승)

에너지 점적 기술 가속화(소재 혁명, 분자 및 클라우드형 전기 입자기술 등)

전기자동차 시장 점유율 20~30%(신차는 50% 이상)

우주 태양광 발전(현지제 발전소 대체, 태양광 점유 20~30%)

Flexible Display

새로 건설되는 발전소 80~90% 태양광, 풍력 등 Natural Energy

태양광 모듈 효율 40%대(2015~19.5%)

플렉서블 디스플레이 상용화

부분 자율주행자동차 100만대

2차 에너지혁명(Natural Energy, 에너지 독점시대)

리튬이온배터리 1Kw/h 420g(매년 15%하락, 2030년 30$)
– 테슬라 56Kw/h 400Km 주행

One Company Multi-Devices

태슬라 800~1600Km주행, 1분 급속 충전

석유혁명 – 심해, 셰일유전 등 전통유전과 개발비용 같아짐, 자연에너지 우위

복귀, 우주광물 개발

Hyperloop 기술(적용 사용화(시속 1,000Km)

극초음속 비행기 시대(전세계 2시간 생활권)

저궤도 우주여행 실험 활발

기후조절 선언
5,000억$

2010년 에너지 수요 80% 증가

대체 에너지 미국 시장 6,000억$

인간우주여행산업 본격 개막(자체도 우주여행, 우주엘리베이터 여행 등)

로봇시장 211조$

드론시장 114조$

로봇시장 4조$

인공지능
관리산업 3조$

뇌지도 완성

3차 로봇혁명(완전자율, 지뢰, 자가복제로봇, 기계와 인간 경계파괴)

생활 서비스형 로봇시장 형성(2030년경 17가구 1로봇 도입)

2차 물류 혁명(IoT 50경 캡)

건강하게 오래사는 산업(유전자치료, 줄기세포, 인공장기, 인공로봇, 읽는 로봇, 기타 바이오 헬스케어)

2차 나노, 바이오혁명(사회변화, 물질과 생명 재창조)

운수, 물류 인공지능 자율주행로봇

182

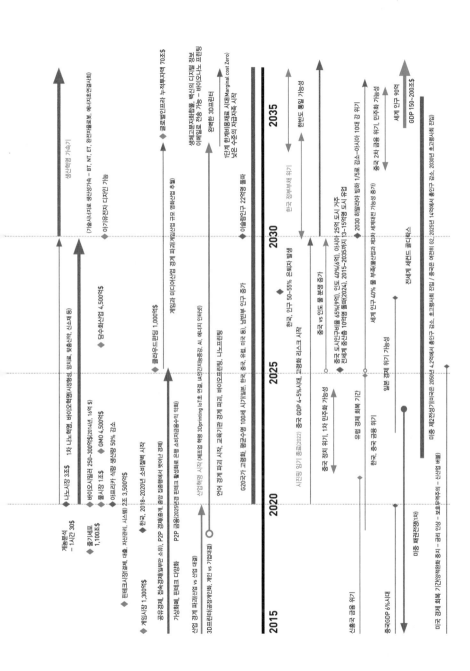

필자는 1장에서 한국 산업이 성장의 한계에 부딪혔다고 분석했다. 한국의 가계발 제2차 금융위기 발발 가능성도 예측했다. 현재 한국의 주력산업인 조선, 건설, IT 전자, 석유화학, 철강, 자동차 등은 중국과의 경쟁 심화 그리고 한국 내에서 인건비 증가와 기업 환경의 악화로 공장이 국내에서 해외로 빠져나가는 제2차 제조업 공동화가 일어날 가능성도 크다고 예측했다. 이런 모든 변화가 한국 내에서 일자리와 직업 변화의 첫 단계를 이끌 것이다.

한편 한국 기업의 대응과 응전도 예측해볼 필요가 있다. 단기적 대응은 공장을 미국이나 동남아 등 해외로 이전하는 속도를 높이는 것이지만 근본적 해법이 아니다. 중장기적으로 볼 때 제조업 수준을 한 단계 올리는 것이 근본적 해법이다. 필자가 분류한 제조업 단계로 본다면 3단계인 부품과 소재 중심으로 전환하는 것이다. 2단계의 제조업을 계속한다면 세계 1위 기술력을 가져야 한다.

〈도표 13〉에서 보면 미국, 일본, 독일이 장악한 영역이다. 이 3단계로 올라서지 못하는 기업은 무너질 테고, 올라서는 데 성공한 기업만 현재 산업에서 20~30년간 생존할 수 있을 것이다. 이

도표 13 제조업 발달의 3단계

	기술과 노동력 수준	제품 수준	대표 국가
3단계	고도 혁신 기술, 창의 노동력	부품, 소재 생산	미국, 일본, 독일
2단계	보편 모방 기술, 숙련 노동력	중간제품 생산	한국
1단계	저급 습득 기술, 단순 노동력	단순 조립형 제품 생산	중국

것은 선택이 아니라 필수다. 당연히 한국 내에서 만들어지는 미래 일자리와 직업의 첫 번째 영역은 제조업 3단계(부품과 소재, 세계 1위 품목)에서 만들어진다. 이것이 한국 내 일자리와 직업 변화의 두 번째 단계 모습이다.

한국 내 일자리와 직업 변화의 세 번째 단계는 '미래 기술 타임라인 지도'의 상단에 정리해놓은 '시간에 따른 미래 기술 발전'이 만들어내는 모습 속에서 나타난다. 거시적 변화를 간단히 정리하면 수동에서 자동화로 이동, 단순노동에서는 인간에서 기계로 생산의 중심 이동, 인간끼리의 협업에서 인간과 기계의 협업으로 이동, 작은 연결에서 초연결로 이동, 현실에서 가상으로의 이동이다.

이동 방식 변화도 크다. 자율주행자동차, 초고속 이동체, 텔레프레즌스, 가상 이동 등이 새로 등장하는 미래다. 인간 노동의 중심은 육체노동에서 최고 전문 지식이거나 창의적(독창성)이거나 감성적(일반적 주제나 지식이지만 감성적 전달과 소통이 독특한)인 콘텐츠로 이동한다. 기술 발전으로 인간관계의 중심도 오프라인 인맥에서 온라인 플랫폼으로 이동한다. 국가 단위는 지방에서 미래형 도시로 일자리, 부, 인구가 이동한다.

새로운 직업은
언제 대규모로 출현하는가

한국 내 일자리와 직업 변화의 세 번째 단계인 '시간에 따른 미래 기술 발전'이 만들어내는 미래 모습을 조금 더 자세하게 예측해보자. 신기술 발전은 미래형 일자리와 신직업의 대규모 출현 시점에 큰 영향을 미친다. 앞서 '신기술이 새로운 직업을 만들어내는 순서'에서 설명했듯이 신기술에 제2차 진화가 일어나고, 신기술을 부각해주는 보조 기술이 발명되며, 소비자들이 지갑을 활짝 열 수 있는 경기 호황기가 다시 도래하는 시점이 겹쳐 신시장이 열리기 시작하면, 미래형 일자리와 신직업의 대규모 출현이 가능해진다.

필자의 예측으로는 앞으로 10~15년 동안 신기술의 제2차 진화와 보조 기술의 발명이 잇따를 것이다. 신시장이 등장하려면 몇 가지 조건이 더 있다. 하나는 생산 방식에서 새로운 혁명이 시

186

작되어야 한다. 신기술과 보조 기술이 생산 방식의 혁명을 만들어내는 데까지 적용되어야 한다는 말이다. 신기술과 보조 기술이 제품 생산력을 높여 같은 시간에 과거보다 훨씬 더 많은 제품을 생산하는 일이 일어나야 한다. 단일 시간당 더 많은 제품이 생산되는 것을 생산성 향상이라고 부른다. 생산성이 향상되면 자본 투입량을 아낄 수 있고, 제품 가격의 인하로 판매량이 높아져 기업의 매출과 영업이익을 증가시킬 수 있다.

여기에 새롭게 만들어진 제품이 과거의 제품보다 기능이 더 향상될 필요도 있다. 즉, 신기술의 또 다른 적용이다. 과거보다 더 좋은 제품을 더 낮은 가격에 판매하는 역량이 만들어지면 시장이 커지는 것은 시간문제다. 이 시점이 바로 새로운 일자리와 직업의 대규모 출현이 임박한 시기다.

영국의 산업혁명 이후 인류는 기술과 산업구조에서 진보에 진보를 거듭했다. 새로운 기술, 제품, 서비스의 발명과 보급이 꾸준히 이어지면서 인류 문명도 진보했다. 산업혁명의 핵심인 기계동력도 꾸준히 발전하면서 인간의 근력을 대신하는 범위가 넓어졌다. 그만큼 산업 생산성도 높아졌다. 기계동력을 극대화하고 자연에 대한 이해가 심화되면서 인간의 일자리와 직업에서도 전문화 수준과 속도가 빨라졌다. 전문화가 심화될수록 경계는 명확해졌다. 또한 이런 발전의 속도가 빨라질수록 변화의 속도도 빨라졌다.

하지만 자기 분야에 대한 지식의 깊이가 더해질수록 부작용도 커졌다. 자기 분야를 넘어서는 영역에 대한 지적 수준이 상대적으로 낮아졌는데, 이유는 간단하다. 내가 맡은 영역만 잘하면 먹고사는 문제가 해결되었기 때문이다. 잡학다식하게 이런저런 모든 영역에 관심을 가지고 공부하는 것보다 한 분야를 파고 또 파면서 그 분야의 최고가 되는 것이 일자리와 직업 전략 측면에서 경쟁력이 높았다.

21세기 초, 이런 한계는 절정에 달하고 있다. 기존의 지식이나 전문화 수준을 가지고 부를 증가시키는 속도도 느려졌다. 전문화 수준도 한계에 직면하면서 기술과 경제 그리고 사회 성장의 한계에 직면했다. 기존의 제조 방식에서 생산성의 한계도 직면했다. 제조업의 한계, 제조업의 몰락이 거론될 정도다. 여기에 미국과 유럽을 중심으로 대규모 금융위기가 발생하고, 한국과 중국을 중심으로 아시아에서는 막대한 부채로 인해 소비 침체와 경제 위험이 증가했다. 서로 공존하면서 경제를 발전시키는 데 한계를 느낀 미국과 중국이 치킨 게임을 벌이는 일도 일어났다. 미국, 유럽, 중남미 등에서 성장의 한계에 직면한 중산층이 일자리와 경제적 성과에 문제를 제기하며 자국 우선주의를 부르짖기 시작했다. 따라서 산업혁명 이후 만들어진 경제와 사회구조에 대한 새로운 설계가 필요해졌다는 공감이 커지고 있다.

기존 산업과 일자리, 전통 기술의 발전 한계를 극복하기 위한 유일한 길은 파괴 후 재건설이다. 잠깐! 오해하지 말라. 물리적 파괴가 아니다. 국가 질서의 파괴도 아니다. 지난 1, 2차 산업혁명 이후 만들어진 '경계의 파괴'를 말하는 것이다. 신기술이 이런 창조적 파괴를 선도한다. 성장의 한계를 돌파하기 위해 처음에는 자신의 영역과 전혀 상관없다고 여겼던 다른 분야와 융복합을 시도하는 수준이지만, 마지막에는 과거의 경계 자체를 완전히 파괴하고 새로운 경계를 만들어내는 쪽으로 전개될 가능성이 크다. 전혀 관련이 없는 영역의 정보, 지식, 기술을 물리적으로 결합하고 화학적으로 융합하는 경쟁을 펼칠 테지만, 종국에는 새로운 성장 동력을 확보하고 새로운 미래 산업을 형성하기 위해 기존의 산업이 가지고 있는 경계를 파괴하려고 시도할 것이다.

〈와이어드〉의 편집장인 케빈 켈리는 이런 현상을 '테크늄 technium'이라고 불렀다. 테크늄은 기술을 비롯해 문화, 예술, 사회제도 등 유무형의 지적 산물들이 서로 융합하고 복합하여 상호 연결된 기술계system of technology를 칭하는 그만의 독특한 단어다.[21] 필자는 이런 현상의 최대 수혜처가 제조업이 될 것이라 예측한다. 새로운 일자리와 직업의 대규모 출현은 또다시 '제조업 혁명'에서 나올 것이다. 지금 제3차 혹은 제4차 산업혁명이 일어난다고 말한다. 산업혁명은 곧 생산혁명을 가리킨다. 생산의 혁명은 곧 제조의 혁명을 가리킨다. 결국 새로운 산업혁명은 새로운 제조업의 혁명이자 부흥이다.

일부에서는 제조업의 쇠퇴를 말한다. 일리가 없지는 않다. 미래는 열려 있으니 어떤 미래도 가능하다. 하지만 필자는 제조업의 재부흥이 확률적으로 더 높은 미래 가능성이라고 본다. 필자의 예측으로는 21세기 전반에서 제조업 쇠퇴는 없다. 21세기 내내 제조업은 건재할 테고 규모도 계속 커질 것이다. 제조업 강국이 경제 강국이 될 것이다. 제조업이 튼튼한 나라가 안정적으로 일자리를 공급하는 나라가 될 것이다. 그래서 앞으로 일어날 변화는 제조업 쇠퇴보다는 '제조업 변화'라고 불러야 한다. 제조업을 주력산업으로 하는 국가가 바뀌거나, 국가마다 총 GDP에서 제조업이 차지하는 비중이 달라지거나, 제조업체가 만들어내는 제품의 종류나 제조 방식이 바뀔 뿐이다.

18세기 영국에서 일어난 산업혁명은 일자리의 혁명적 변화를 불러왔다. 일자리 규모를 크게 증가시켰고, 새로운 직업을 무수히 창조했다. 일정 기간은 과거의 직업에서 심각한 몰락이 일어나고 국가 간에도 일자리 재배치를 불러왔지만, 과거의 경계가 파괴되고 새로운 경계가 안착되면서 세계는 과거와 비교되지 않는 빠른 속도로 성장을 거듭했다. 그 성장은 컴퓨터와 인터넷을 중심으로 일어난 제2차 산업혁명(정보화 혁명)기까지 무려 150~200년 정도 진행되었다. 제1차 산업혁명은 인간의 노동력을 석탄이나 원유 등 화석에너지 동력으로 움직이는, 거대하지만 단순한 운동을 하는 동역학적 기계로 대체하는 것이 핵심이었다. 동역학적 기계는 물체(기계의 부품) 사이에 작용하는 힘과 운동을 이용해 인간의 육체적 일을 대체한다.

제2차 산업혁명은 정보화 기술을 동역학적 기계장치에 결합해 생산성을 향상시킨 혁명이었다. 앞으로 시작될 산업의 혁명적 변화는 단순한 동역학적 기계의 노동력을 인공지능은 물론이고 인간의 생물학적 지능과 연결한 지능적 기계로 대체하는 것이 핵심이다. 인간의 정신적 일을 대체하는 자율기계의 발명은 시작을 알리는 신호탄이다. 앞으로 빠른 속도로 발전을 거듭할 지능을 가진 자율기계는 더 많은 육체적 일을 대신하는 것은 물론이고 인간의 정신적 일까지 대신하며 제조업 생산 방식에 혁명을 일으킬 것이다. 이번에는 인간의 정신적 일마저 대신할 수 있는 수준까지 발전했기 때문에 서비스업 생산 방식에도 동시에 혁명을 일으키게 된다. 앞에서 소개했던 '미래 기술 타임라인 지도'의 상단이 이런 변화를 시간에 따라 정리한 것이다.

참고로, 앞으로 일어날 산업혁명이 제3차이냐, 아니면 제4차이냐에 대해 논쟁이 있다. 결론을 먼저 말하자면 해외에서는 세 번째 산업혁명이라는 평가가 더 많다. (필자도 세 번째 산업혁명이라는 주장에 동의하지만, 국내에서는 제4차 산업혁명이란 말이 많은 이에게 알려져 있어 청중에 따라 혹은 다루는 영역에 따라 2가지를 혼용해서 사용한다.) 산업혁명 시기를 평가하는 관점은 크게 둘로 나뉜다. 하나는 '혁명적 기술', 다른 하나는 '에너지와 에너지 사용 기관'을 기준으로 한다.

혁명적 기술을 기준으로 하는 관점에서는 인공지능, 로봇 기술, 생명과학 기술을 기준으로 현재를 4차 산업혁명 시기로 분류한다. 이 기준을 제시한 사람은 세계경제포럼의 클라우스 슈바프(《4차 산업혁명의 충격》의 저자) 회장이다. 1차 산업혁명은 영국에서 시작된 증기기관 기술혁명이고, 2차 산업혁명은 1870년 전기를 이용한 대량생산과 자동화시스템 구축이 본격화된 시기이고, 3차 산업혁명은 1969년 인터넷이 이끈 컴퓨터 정보화 기술의 혁명이다.

그리고 슈바프는 인공지능과 로봇, 사물인터넷, 빅데이터 기술의 혁명이 주도한 변화를 제4차 산업혁명의 시대라고 분류했다. 실재와 가상이 통합되고, 사물을 자동적·지능적으로 제어할 수 있는 가상 물리 시스템 구축이 기대되고, 생산기기와 생산품 간 상호 소통체계가 구축되면서 중앙집중화된 시스템의 통제에서 벗어나 각 기기가 개별 공정에 알맞은 것을 스스로 판단하고 실행하면서 전체 생산과정이 최적화되는 거대한 변화가 일어나는 시기다.

반면에 미래 사회 변화의 새로운 패러다임을 제안해온 펜실베이니아대학교 와튼 스쿨의 제러미 리프킨 교수는 《3차 산업혁명》(2012)에서 에너지와 에너지 사용기관을 산업혁명을 구분 짓는 기준으로 제시했다(부수적으로 네트워크도 거론했다). 1차 산업혁명은 석탄 에너지와 이를 사용한 증기기관, 철도망(철도 커뮤니케이션)을 통한 산업의 혁명적 변화다. 2차 산업혁명은 석유 에너지와 1890년대에 발명된 석유를 사용하는 내연기관이 기준이다. 전기 커뮤니케이션Electric Communication이 석유 동력 내연기관과 연결되면서 대량생산 시대를 가속화했다. 리프킨은 1990년대 중반부터 3차 산업혁명이 시작되었고, 지금도 지속 중이며, 이것이 인류의 마지막 산업혁명이라고 주장한다. 3차 산업혁명은 재생 가능한 에너지와 이를 생산하고 사용하는 다양한 지능형 동력장치, 인터넷 커뮤니케이션Internet Communication의 결합에서 시작된다.

리프킨이 3차 산업혁명을 인류의 마지막 산업혁명이라고 말한 이유가 있다. 앞으로는 시간이 갈수록 가정이나 사무실, 공장에서 자신만의 재생 가능한 에너지를 생산하고, 모든 건물이 재생 가능 에너지를 생산하는 미니 발전소와 저장소로 변형되며, '지능형 에너지 네트워크' 기술로 전 세계 모든 사람이 에너지를 교환하고 매매할 것이다. 지능적 분산 에너지 기술로 에너지 효율성이 극대화되고, 에너지를 생산하는 데 필요한 초기 설치 비용을 제외하면 에너지도 대부분 공짜로 이용할 수 있는 사회가 된다. 따라서 제임스 와트에서 시작된 위대한 산업혁명의 최종 단계가 될 것이라고 예측했다.

이런 새로운 에너지 체계와 운영 방식(분산·협업·공유 방식)이 산업 전반으로 파급되고, 공동의 이익과 노력을 가능하게 해 3D프린터 등을 활용한 디지털 생산 방식과 융합되면서 높은 수준에서의 지속 가능한 새로운 경제 상황, 한계비용 제로 사회를 만들어주어 더 이상의 산업혁명이 필요 없어지는 사회가 된다는 것이다. (한국에서는 제4차 산업혁명을 프레임으로 선택했다. 이 글을 읽는 독자는 에너지와 에너지 사용기관으로는 제3차 산업혁명이고, 기술적으로는 제4차 산업혁명이라고 정리해두면 된다.)

미래 기술이
새로운 일자리를 만든다

'미래 기술 타임라인 지도'의 상단을 좀 더 자세하게 설명해보겠다. 2020년이 되기 전에 경계의 창조적 파괴를 알리는 신호탄은 3D프린팅 기술이다. 이 기술은 개인과 기업의 경계를 파괴할 것이다. 이는 미래 일자리와 직업의 과거 기준과 경계를 파괴하는 강력한 도구다. 앞으로 일어날 제조업 혁명의 특징 중 하나는 개인들이 모든 정보에 접근할 수 있었던 정보혁명처럼 모든 것을 만들 수 있는 제조혁명이다. 정보의 개인화처럼 공장의 개인화 물결이 일어나게 된다. 개인의 한계가 어디인지 새롭게 규정되고, 어설픈 기업보다 더 강력한 개인이 등장할 것이다.

개인이 눈여겨보아야 할 또 다른 변화는 언어 경계의 파괴다. 필자의 예측으로는 2020년부터 언어의 경계 파괴가 시작되고 2030년경이면 완성될 것이다. 대부분이 인공지능의 도움으로 언어의 경계를 초월하여 정보와 지식을 습득하고, 서로 다른 언어를 구사하는 사람들과 편하게 연결될 수 있다.

2030년까지 주목해야 할 미래 영역은 자동차, 인공지능, 로봇, 바이오기술이다. 당분간 인공지능 개발은 크게 두 줄기로 나뉠 것이다. 하나는 '인공지능 알고리즘' 개발이고, 다른 하나는 '훈련된 인공지능' 개발이다. 비슷한 말처럼 들리지만 둘은 서로 다르다. 인공지능 알고리즘 개발은 생물학적으로 더 좋은 뇌를 만드는 것과 같고, 훈련된 인공지능 개발은 뇌를 훈련(학습)해 똑똑하게 만드는 것과 같다. 전자는 구글, MS, IBM, 애플 등이 선점한 영역이다.

지금까지 알고리즘 개발은 인간이 주도했다. 그러나 앞으로의 알고리즘 개발은 알고리즘이 스스로 주도한다. 인간 연구자가 인공지능 알고리즘에 학습 과목, 시간, 핵심 조건을 알려주면 인공지능 스스로 데이터의 성격과 인간이 준 연구 목적에 맞는 최적의 딥러닝 네트워크 구성을 만드는 작업 전반(데이터 입력부터 학습 방법 선택과 평가에 이르기까지)을 주도한다. 일명 '자동머신러닝Auto ML'이다. 머지않아 인공지능 알고리즘 개발에 뒤늦게 뛰어든 회사는 아주 혁신적인 알고리즘을 선보이지 않는 한 선발주자를 따라잡기 어려운 시기가 올 것이다. 이미 인공지능 알고리즘의 원천기술과 노하우를 선점한 선두 그룹이 거의 확정되었다.

그 대신 뒤늦게 인공지능 분야에 뛰어드는 후발주자는 훈련된 인공지능 개발에 집중해야 한다. 선두주자들이 최신 알고리즘을 출시하면, 그것을 받아 특정 제품이나 특정 소비자의 요구에 맞게 잘 훈련해 상용화하는 작업이다. 시장을 지배하는 알고리즘은 몇 개 되지 않을 것이다. 아니, 몇 개로 좁혀진다. 하지만 소비자가 구매하는 인공지능은 아주 다양할 것이다. 최종 소비자는 인공지능 알고리즘을 사는 것이 아니라 자신에게 맞게 훈련된 인공지능을 구매하기 때문이다. 내 집을 관리하고, 아이에게 수학을 가르치고, 신입사원 면접을 보고, 공사 현장의 업무를 관리하고, 나를 대신해 복잡한 도로에서 운전해주는 인공지능을 구매한다.

미래의 인공지능 전문가도 둘로 나뉜다. 인공지능 알고리즘 원천기술을 개발하는 사람과 알고리즘을 잘 훈련하는 사람이다. 전자는 과학자, 후자는 사업가라 불릴 것이다. 테슬라는 인공지능 알고리즘 원천기술을 개발하는 기업이 아니다. 인공지능 알고리즘을 자율주행이라는 목적에 맞게 잘 훈련해 판매하는 데 뛰어난 기업이다. 이렇게 훈련된 테슬라의 오토파일럿은 운전자의 감시하에 조건부 자율주행을 하는 '레벨 3'단계의 자율주행자동차 성능을 낸다.

물론 2가지를 전부 하는 기업도 있다. 구글이다. 구글은 알고리즘 원천기술 개발도 하고 바둑, 게임, 자율주행자동차, 로봇, 예측 시스템, 차세대 SNS나 검색엔진 등 특정 목적에 맞게 자사 인공지능을 훈련하여 접목하기도 한다.[22] 스마트폰과 자동차뿐만 아니라 범죄 예측, 기후 변화 예측, 공공자원 관리, 지능형도시 건설, 에너지혁명, 뇌지도 분석, 유전자지도 분석, 자율로봇 개발,

바이오와 나노 기술 발전에도 이런 방식으로 인공지능이 적용될 것이다.

가까운 미래에 인공지능을 활용하여 의사결정을 하는 최고인공지능관리자CAO(Chief AI Officer)라는 직업이 생길 가능성도 충분하다. CAO는 구글, 애플, IBM, MS 등의 인공지능을 자사에 적절하게 맞추어 경영을 돕는 역할을 할 것이다. CAO를 둔 기업은 중간관리자를 거치지 않고 정보 수집, 지식 형성, 제조와 유통관리, 인사관리 등 다양한 분야를 더 효율적으로 할 수 있게 된다.

이미 일본 전자 기업 히타치는 일본이 자랑하는 경영 기법 '가이젠改善(개선)'을 알고리즘화한 인공지능을 현장에 배치했다. 인공지능 가이젠은 창고에서 물건을 나르는 로봇은 아니지만, 물류창고 업무 전체를 관리하고 직원에게 업무를 지시하는 '관리자'다. 만약 물류창고에 자율주행로봇이 배치된다면 가이젠의 명령을 받아 일할 것이다. 인공지능 가이젠은 빅데이터를 분석하여 기후 변화나 수요량 변경 등 시시각각 변하는 비즈니스 상황을 고려해 가장 효율적인 업무 프로세스를 찾고 예측한다. 빅데이터에만 의존하지 않는다. 인간이 효과적이고 효율적인 업무 방식을 개발하면 학습하여 즉각 반영한다. 인공지능에는 질투나 시기심이 없기 때문이다. 인공지능 가이젠을 현장관리에 투입한 히타치는 8% 정도의 생산성 향상을 이루었다.[23]

구글의 인공지능 사업을 총괄하는 레이 커즈와일은 2029년이면 희로애락을 표현하고 농담도 건넬 수 있는 감성지능을 가지고 사람과 관계를 맺는, 영화 〈그녀〉 속의 인공지능 컴퓨터가 등장할 것으로 예측했다.

미래 자동차도 눈여겨보아야 한다. 미래 자동차, 즉 자율주행자동차는 산업의 경계를 대대적으로 파괴하는 선도자가 될 것이다. 앞으로 몇 년 이내에 자율주행자동차가 상용화되기 시작하면 자동차산업은 물론이고 수많은 산업이 변화의 영향 범위에 들게 된다. 사람이 핸들에서 손을 떼는 순간, 자동차는 업의 본질을 바꾸어야 할 정도의 혁명적 변화가 일어난다. 최초의 자동차가 만들어졌을 때의 충격을 넘어서는 감동과 환상이 일어날 것이다. 자율주행자동차의 시대가 열리면 자동차는 더 이상 기계장치가 아니다. 자동차는 사람과 연결되는 전기·전자 디바이스가 된다. 공간 전쟁의 중심이 된다. 제1차 공간 전쟁은 손이었고 자동차, 집, 사무실은 제2차 공간 전쟁의 터다. 미래의 집과 사무실은 컴퓨터화된다. 전기·전자 디바이스가 된 자동차는 집과 사무실을 연결하는 중심 공간이 될 것이다. 다시 말해 돌아다니는 포털 공간이다.

전기·전자 디바이스가 된 미래의 자동차는 최종적으로 사람의 뇌와 연결되는 데까지 발전할 것이다. 전기·전자 디바이스가 된 자동차는 사람의 몸과 연결하기에 가장 적절한 사이즈다. 웨어러블컴퓨터와는 다르게 풀사이즈 바디체크가 가능하다. 매일 자가 진단이 가능한 디바이스다. 심박동, 혈당, 혈압 등의 다양한 신체정보를 자가 진단 하고 즉시 의사에게 진단과 처방을 받을 수 있다. 헬스케어는 자동차가 최적이다. 즉, 자율주행자동차가 헬스케어산업을 깨우고 시장 성장을 촉진할 것이다.

자동차는 하루에 2~4시간씩 자동차라는 공간에 의존해야 하는 강제성으로 가장 강력한 마케팅 공간이 될 수 있다. 핸들에서 손을 떼는 순간 잠을 자고, 화장을 하고, 공부를 하고, 교육을 받고, 신문을 보고, 가상공간과 연결되고, 동영상을 보고, 쇼핑을 하고, 가상 여행을 하고, 통신을 하고, 게임을 하는 등 당신이 원하는 모든 것을 할 수 있는 최적화된 공간이 될 것이다. 미래 자동차 회사 밑에 스마트폰, 웨어러블 회사가 종속된다. 미래 자동차는 소재혁명의 공간도 될 것이다. 나노기술, 환경 기술 등이 접목되면서 형태의 변화를 이루게 된다. 미래의 자동차 회사들은 뇌신경공학자, 생물학자를 뽑아야 할 정도로 경계 파괴의 선도자가 될 것이다.

자동차의 미래 변화와 맞물려 집과 사무실에 있는 모든 사물이 인터넷으로 연결되어 컴퓨터화되면 인류는 새로운 통제자를 원할 것이다. 2030년 전후로 새로운 통제자가 등장한다. 지금은 사물과 사물, 사물과 사람을 연결하는 데 관심을 보이지만, 연결의 복잡도가 증가할수록 복잡한 연결을 안정적으로 유지하고 통제하는 새로운 통제자를 갈망할 것이다. 새로운 통제자로 가장 유력한 기술은 인공지능과 휴머노이드로봇이다. 인공지능은 네트워크에 연결된 모든 디바이스를 중앙에서 통제하는 역할을 할 테고, 휴머노이드로봇은 외부 세상에서 작동하는 모든 디바이스를 직접 물리적으로 관리하는 집사 역할을 할 것이다.

미래에 혁신적으로 변화되는 산업의 실례를 좀 더 살펴보자. 바로 돈과 관련된 금융산업이다. 미래 금융산업에서 혁신적인 변화를 주도하는 것은 중국과 이슬람 국가 국부펀드의 글로벌 영향력 강화, 선진국을 중심으로 한 개인 자산관리의 요청 증가, 기술적으로는 인공지능의 투자 확산과 블록체인 그리고 가상현실을 활용한 개인 및 기업을 대상으로 한 새로운 금융 비즈니스모델의 등장 등이다. 지역과 현실세계 기반의 점포 뱅킹은 계속 줄어들 것이다. 그 대신 금융 기능이 우리 삶 곳곳에 스며드는 임베디드 뱅킹embedded banking 추세가 빠르게 확산된다. 현실공간에 있는 은행 지점에 가지 않고도 스마트폰은 물론이고 미래 자동차, 쇼핑몰, 공원이나 카페처럼 사람이 머물고 모이는 곳에서 몇 번의 터치와 음성 명령 혹은 인공지능과의 대화로 다양한 금융거래를 할 수 있게 된다. 현실세계에 남아 있는 은행 점포의 역할도 입출입 거래를 넘어 지역사회의 모임 공간으로 전환될 것이다.

금융과 은행 서비스는 국경의 경계가 무색해질 것이다. 또한 은행이나 투자회사의 전유물에서 벗어나 다양한 금융 서비스 스타트업, P2P 플랫폼, 카카오, 네이버, 페이스북, 삼성이나 애플 등 SNS 회사와 스마트폰 회사도 참여하게 된다. 규제 혁신을 단행하는 나라에서는 업종과 상관없이 큰 규모의 소비자를 상대하는 회사라면 금융 서비스를 자사 서비스에 결합하려고 시도할 것이다. 금융투자 상품도 인공지능이 전 세계 수천 개의 서비스를 비교, 분석하여 개인의 형편과 성향에 맞게 추천해준다. 은행에서 '묻지 마' 권유나 가입을 하는 방식도 점점 사라지게 된다. 가상에만 존재하는 3D 방식의 은행도 나타날 것이다.

자원과 에너지 분야로 넘어가 보자. 일부에서 우려하는 피크오일 재앙은 21세기 안에는 일어날 가능성이 낮다. 땅속이나 바닷속에는 경제적 타산이 맞지 않아 채굴하지 못한 석유 매장량이 사우디아라비아 유전의 몇 배 분량이 있다. 석유 자체의 고갈이 아니라 전통적 석유 시추의 경제성 문제로 공급량 부족을 예견하는 것뿐이다. 전통 석유도 100년 이상을 사용할 정도로 충분한데, 셰일 원유 개발도 빠르게 증가하고 있다. 미국은 셰일을 기반으로 사우디아라비아를 누르고 원유 생산 1위국으로 올라섰다. 미국의 콜로라도, 와이오밍, 유타 등 서부 3개 주에 걸쳐 있는 그린리버 유역에서만도 사우디아라비아 매장량의 3배나 되는 오일셰일oil shale('함유혈암'으로 불리는 일종의 유기물 석탄 덩어리) 8천억 배럴이 묻혀 있다. 오히려 석유업체에 다가오는 위기는 지구온난화 위협에 대처하는 과정에서 나오는 화석연료에 대한 세금 증가와 대체에너지 사용 증가다. 앞으로 석유는 전 세계 에너지 사용률 1위 자리에서 밀려나고 21세기 내내 시장점유율이 줄어들 것이다.

2003년 유럽은 폭염으로 3만 5천여 명의 인명 피해와 130억 달러의 경제손실을 보았고, 2004년 인도네시아 수마트라에서는 쓰나미로 22만 명이 희생당했다. 2005년 미국 뉴올리언스에서도 초대형 태풍 카트리나로 8천여 명의 인명 피해와 무려 1,240억 달러의 재산 피해가 발생했다. 최근에는 기후 변화가 더 심각해지고 있다. 극지 빙하와 킬리만자로 만년설, 히말라야산맥의 눈이 줄어드는 속도가 빨라지고 해수면 상승, 폭염, 홍수, 해일 피해, 지진, 농작물 경작 환경의 변화, 기후 변화와 생태계 파괴로 인한 새로운 질병의 확산이 빠르게 진행된다.

환경 재앙도 빈번해지고 있다. 만년설과 빙하가 모두 녹으면 뉴욕, 상하이, 부산 등 저지대 도시들의 40%가 물에 잠겨 사라진다. 네덜란드는 나라 전체가 물에 잠겨버린다. 따라서 더 높은 장벽을 쌓아야 한다. 글로벌 침체기가 끝나고 숨 돌릴 틈이 생기면 인류는 다시 지구온난화 방지를 위한 강력한 대책 마련에 골몰할 것이다. 현재 세계 에너지 수요는 매년 2%씩 늘고 있다. 2040년에는 세계의 에너지 소비가 2배로 뛸 것이다.

이런 과정 속에서 새로운 산업들이 탄생할 것이다. 예를 들어, 에너지 절약에 관련된 산업은 주목받는 미래 산업이다. 선진국들이 노력하고 있음에도 전체 에너지에서 신재생에너지가 차지하는 비율은 3~4%에 불과하다. 신재생에너지 비율은 경제성이 낮고 시간도 오래 걸린다는 것이 최근 내려진 결론이다. 차라리 기존 에너지 97%에서 에너지 절약 기술(모터나 엔진, 보일러 등의 열효율성 증가, 맞춤형 전기 공급, 에너지 집적 기술, 소재 혁신, 건물의 열효율 등)로 10%를 줄이면 신재생에너지 이용률이 2배로 늘어나는 것보다 더 효율적이다. 신재생에너지는 먼 미래를 위한 대안 혹은 원천 기술 확보 차원에서 중요하고, 실제적인 에너지 전략은 절약 기술이 현실적이다.

　당장 시급해진 이산화탄소 배출량 감축에 관련된 기술산업도 주목받을 것이다. 폐기물 관리와 재생, 날씨와 기후 정보를 활용한 응용 산업, 환경 컨설팅, 재생 가능 물질과 제품 개발 분야에서도 새로운 기회가 등장하고 수많은 신규 일자리와 직업이 발생하게 된다. 물론 부작용도 예측된다. 대표적으로는 버블과 사기다. 신재생에너지나 신에너지산업에서 일어나는 투자 광풍은 양날의 검이다. 산업을 키울 수도 있지만, 새로운 버블 붕괴를 만들 수도 있다. 에너지의 황제 자리를 차지하려는 경쟁도 쉽게 끝나지 않을 것이다. 당분간은 태양열, 태양광발전, 우주태양광발전, 바이오매스, 풍력발전, 수력, 지열, 해양에너지, 폐기물에너지, 연료전지, 액화석탄, 가스, 수소에너지 등 다양한 에너지 방식과 산업의 경쟁이 몇 십 년간 이어질 수 있다. 그 과정에서 석유도 끊임없이 변신하면서 생존 투쟁을 할 것이다. 각국의 치열한 에너지 독립전쟁도 펼쳐지게 된다.

　물과 식량도 미래형 산업이다. 세계 인구의 약 25%는 깨끗한 물이나 식량을 제대로 공급받지 못한다. 지구상에서 사용할 수 있는 민물은 1%가 채 안 된다. 앞으로 계속되는 인구 증가, 도시화, 지구온난화, 환경오염 등은 물과 식량 부족을 가속화할 것이다. 물이나 식량과 이를 사용해야 하는 인구 사이에 불균형이 크기 때문에 위기는 더 커진다. 물과 국제 곡물 가격이 상승하고 이를 둘러싼 전쟁도 빈번해질 것이다.

한국도 물이 휘발유보다 비싸다. 지하수도가 매년 1미터씩 낮아지고 있다. 여수시, 곡성군, 구례군, 강진군, 광양시, 신안군 등 전남 해안 지역과 인근 섬 지역에서는 3만 5천여 가구가 물 부족으로 매년 고통받는다. 물과 식량 문제는 아프리카의 문제만이 아니다. 아시아 인구는 지구 전체 인구의 60%가량이지만, 보유한 민물은 지구 전체 민물의 36%에 불과하다. 남아메리카는 지구 전체 민물의 25%를 가지고 있지만, 인구는 지구 전체 인구의 6%에 불과하다. 물 문제에서는 아시아가 아메리카대륙보다 심각하다. 중국도 물 부족을 겪는 도시가 전체 600여 곳 가운데 400여 곳이 넘는다. 2025년경, 지구의 인구는 80억 명을 넘어서지만 66%는 물 부족으로 고통받을 것으로 예측된다.

미래 사회에서는 물이나 식량과 관련된 교역산업, 길고 거대한 수도 파이프를 대륙을 가로질러 설치하는 건설업, 해외에서 물을 사들여 정수한 뒤 그것을 되파는 산업, 바닷물을 담수로 바꾸는 산업 등에서 꾸준히 수요가 증가할 것이다. 물 재처리시설, 하수 처리시설, 친환경 중소 댐 건설, 강 정비산업, 물 관련 설비제조업, 물 소비를 줄이는 상품, 유전자를 변형해 가뭄 저항력이 강한 작물을 만드는 원천기술이 새로운 산업으로 부상한다. 20세기에는 석유가 황금이었지만, 21세기는 물이 블루골드다. 세계 물 시장 규모는 1조 달러를 넘어서고 있다. 이렇게 물은 석유를 능가하는 힘을 가질 것이다.

정보통신산업은 제2의 혁신을 맞이할 것이다. 컴퓨터의 연산 기능은 실리콘 시대를 끝내고 나노기술과 바이오기술을 활용한 새로운 진화를 시작한다. 미래에 정보통신산업에서 전문가가 되려면 전자공학이나 컴퓨터 프로그래밍만 잘해서는 안 된다. 나노기술, 바이오기술, 로봇기술, 인공지능 지식도 갖추어야 한다. 네트워크 통신망도 더욱더 복잡해지고 넓게 확산된다. 21세기는 모든 사람이 온라인에 연결되고, 세상은 모래알 크기의 RFID 장치나 컴퓨터 칩으로 도배되며, 인간의 몸속에도 여러 개의 생체 인식 장치가 삽입되면서 사람과 사람, 사람과 사물, 사물과 사물이 서로 정보를 주고받을 것이다.

눈여겨봐야 할 또 다른 미래형 산업은 로봇이다. 바로 지능을 가진 인공지능로봇과 더욱 정교하고 거대한 연산 기능을 가진 기계적 로봇이다. 걸어 다니는 지능형 로봇이 가정과 공장에 보급되고 가사 도우미 로봇, 친구 로봇, 도둑을 지키는 로봇 등 다양한 로봇이 인간과 함께 살아가는 시대가 열릴 것이다. 이런 로봇들은 노동만 하지 않는다. 일정한 어휘력, 음성 인식, 사람의 얼굴이나 주변 환경의 패턴 인식, 학습 기능, 자유도가 증가된 손과 발을 갖추게 된다. 그림도 그리고 글도 쓰고 인간과 감정 교환도 가능해진다. 이 모두가 새로운 산업이고, 새로운 일자리와 직업을 낳는다. 100년 전 자동차가 발명되고 나서 수천 개의 협력사나 관련 산업이 생긴 것처럼 말이다.

인간의 생물학적 몸의 일부에 로봇을 이식하여 인간의 단점을 보완하는 사이보그 기술도 상당한 수준에 올라 있다. 몇 가지는 생체실험에 성공하고 상용화를 앞두었다. 로봇 기능의 일부를 신체에 접목하면 인간은 몇 단계 발전한 신체 능력을 갖게 된다.

사이보그 기술은 크게 2가지로 분류된다. 첫째, 신경을 매개로 뇌와 신호를 주고받으며 로봇 팔같이 신체에 연결된 장치를 조종하는 기술이다. 둘째, '뇌-기계 인터페이스' 기술을 통해 신경을 거치지 않고 뇌에서 직접 신호를 포착하여 기계를 조종하는 기술이다. 현재 사이보그 기술은 뇌의 신호를 판독해내는 이 2가지 기술과 연동해 빠르게 발전하고 있다.

사이보그 기술은 기술 자체만으로는 인공 눈, 인공 팔, 인공 다리, 인공 귀 등 다양한 신체 부위의 기능을 대체하는 수준에 올라섰다. 뇌심부 자극술 치료법처럼 인간의 장기와 뇌 속에 아주 작은 컴퓨터 칩을 삽입하고 외부에서 원격으로 조종하는 기술도 날로 발전하고 있다. 이런 기술은 선진국을 중심으로 파킨슨병처럼 노인성 질병 치료와 신체 능력 향상 분야에 가장 먼저 도입될 가능성이 크다. 미국 정부는 이미 세계 최초로 2004년에 법으로 이런 기술을 인간에게 적용할 수 있도록 허용했다. 미국의 서던 캘리포니아대학교에서는 인간의 기억을 관장하는 인공 해마를 개발 중이다. 기억을 저장할 수 있는 집적회로를 개발하여 인간의 뇌에 이식하려고 하는 시도다. 이 실험이 성공하면 인간은 지식을 암기할 필요 없이 직접 뇌에 다운로드받을 수도 있다.

2030년부터는 바이오기술과 나노기술이 자연(물질과 생명체)의 경계를 창조적으로 파괴하기 시작할 것이다. 바이오기술은 초기에는 질병을 예방하고 선제적으로 진단하여 헬스케어산업을 촉진하는 동력으로 작용한다. 2030년 이후 선진국에서 고령화 속도가 빨라지면서 노인의 수가 증가하고 신체 이식과 육체적 능력 증진을 희망하는 사람들도 늘어나면서 미래 기술로 인간의 불편함을 해소해주려는 시도가 증가할 것이다. 일명 '인체혁명 시대'가 열린다.

생명과학 지식을 의료, 식량, 환경, 농수산업 등 각 분야에 응용하는 바이오기술은 새로운 시장과 일자리를 많이 만들어낼 것이다. 인간 게놈지도 분석을 마친 인류는 이 정보를 바탕으로 유전성 질병 6천여 종을 극복하기 위해 다양한 유전자조작을 시도하면서 생명 연장의 꿈을 차근차근 실현해나가고 있다. 난치병 극복부터 생명 연장까지 수많은 비즈니스가 등장할 것이다.

미국 워싱턴대학교 의대 피터 라비노비츠 교수팀은 쥐의 유전자조작 실험에서 항산화효소 카탈라아제 분비량을 조절하여 수명을 20% 연장하는 데 성공했다. 희귀하고 어려운 수술이나 질병을 두고 세계 정상급 의료진이 3D 화상이나 홀로그램 기술로 진료하고 원격으로 시술할 날이 머지않았다. 생명공학자들은 6주에서 8주 된 태아의 원시세포를 쥐에 이식하여 크기는 작지만 완벽한 인간의 신장을 만드는 데 성공했다. 유전자분석 기술은 당신의 남은 생존 시간을 예측하는 서비스도 가능하게 해줄 것이다.

21세기는 인공지능 의사를 통한 처방 시스템과 마이크로 칩을 인간 몸에 삽입하는 기술, 아이가 태어나기 전에 유전질환을 치료받는 기술, 줄기세포를 활용해 장기를 바꿔 끼우는 기술이 완성되는 시대다. 유전자 검사를 치료에 이용하는 유전자 의료서비스나 유전자 제약 시장도 폭발적인 성장을 이룰 것이다.

시간이 지나면 로봇산업과 융합되면서 사람과 로봇의 경계도 파괴된다. 21세기 중반에는 과학과 의학 기술의 발전으로 인류의 10분의 1은 사이보그형 인간이 될 것으로 예측한다. 몸속에 기계를 심는 사람부터 몸 밖에 기계를 장착하거나 기계 옷을 입어 육체의 불편을 해소하고 인간 능력을 증강하는 일이 보편화되는 시대가 온다. 미래에는 추위와 더위를 방어하는 목적을 넘어, 기계를 옷처럼 입고 자신의 육체적·정신적 능력을 극대화하는 목적을 추구하게 될 것이다. 21세기 중후반에 이르면, 생명공학이 인류에 미칠 영향이 20세기 디지털혁명이 미친 영향보다 몇 배나 더 커질 것이다. 선진국에서 의료 부문 지출은 GDP의 20% 내외인데, 앞으로 더 늘어나게 된다. 초고령화 사회이면서 평균수명 120세에 도전하는 시기이기 때문이다.

나노기술도 거대한 미래 산업이다. 탄소나노튜브 원리를 응용해 철근과 콘크리트를 대체하는 신소재를 만들거나, 모든 물건을 머리카락의 몇 만 분의 1에 불과한 나노 단위에서 작동하게 만들어 사용하는 것(나노봇Nanobot)과 연관된 산업이다. 적혈구보다 작은 치료용 나노봇이 몸속을 돌아다니면서 혈관에 쌓인 콜레스테롤 찌꺼기나 독성물질을 청소하고, 막힌 혈관을 뚫어주는 날이 머지않았다. 손상된 장기와 DNA를 수리하거나 몸에 침투한 나쁜 바이러스도 공격한다. 나노봇이 인간의 뇌세포까지 침투할 수 있게 되면 치매나 파킨슨병 등의 치료 기술뿐만 아니라 인간의 지적 능력까지도 크게 발전시킬 것이다.

나노기술의 근간인 양자역학도 다양한 응용 산업을 창출할 것이다. 물질의 기본 구성 요소인 원자를 조종하고 조작할 수 있는 능력은 인간에게 물질세계의 통제권을 갖게 한다. 그래핀 graphene이나 탄소나노튜브를 만들어 사용하는 수준을 넘어서 지구상에 존재하지 않았던 새로운 물질도 창조해낼 수 있다. 원자 크기의 미래 약품은 바이오기술과 더불어 의학혁명을 몰고 올 것이다. 그리고 만화영화에서나 가능했던 투명망토, 원격이동, 고갈되지 않는 청정에너지, 저렴한 우주여행 등 새로운 제품과 서비스가 현실에서 실현된다. 양자역학이 적용된 기술은 우리 주위에 이미 있다. 20세기 혁명을 대표하는 인터넷, 통신위성, 텔레비전, 라디오, 전자레인지, 생명공학 등도 양자역학 때문에 가능했던 기술들이다.

21세기의 양자역학 응용 기술은 당신을 더욱 놀라게 할 것이다. 초전도체 기술을 응용한 시속 580킬로미터 속도를 내는 자기부상열차, 인공원자 기술을 활용한 메타 소재로 개발된 투명망토, 머리카락보다 몇 천 배 가늘지만 다이아몬드처럼 강한 탄소나노튜브의 성질을 응용한 부서지지 않는 자동차, 무너지지 않는 다리와 건물, 몇 십 분의 1로 가벼워진 비행기, 달나라를 왕복하는 우주고속도로 등을 만들어낼 수 있다. 플라스마 효과를 내는 인공태양도 양자역학의 산물이다.

미래 산업은 여기서 끝이 아니다. 더욱 넓어지는 네트워크를 활용한 산업, 관계를 사고파는 산업, 다양하고 새로운 경험을 사고파는 산업, 관심을 사고파는 산업, 물건을 사는 것보다 접속하도록 서비스해주는 산업, 다양한 치유 상담 산업, 노인 증가로 인한 돌봄 산업, 젊어지려는 욕구 증가를 해소해주는 산업, 개인정보는 물론이고 생체정보까지 보호해주는 새로운 보안산업, 현실보다 더 현실 같은 판타지와 이야기를 사고파는 산업, 다양한 디자인과 캐릭터를 소비하는 산업, 각종 감성적 자극을 사고파는 산업, 좀 더 재미있게 시간을 보내도록 도와주는 산업 등이 새롭게 등장하거나 성황을 누릴 것이다.

이런 미래가 서서히 우리 눈앞에 펼쳐질 텐데, 누가 미래에는 일자리가 모자라고, 부가 줄어들고, 인간이 할 수 있는 직업이 거의 없어 99%의 인간이 실업자가 될 것이라고 말하는가? 제러미 리프킨은 미래에는 현재 노동력의 95%가 필요 없는 시대가 된다고 예측했다. 이 말의 의미는 인류 역사에서 노동의 95%가 사라진다는 말이 아니다. 95%가 실업자가 된다는 예측도 아니다. 현재 우리가 생각하는 노동의 95%가 그 개념과 형태가 완전히 바뀐다는 말이다.

3
장

미래의 능력

미래의 평생교육은 교양이 아니라 생존 수단이다 ㅣ 미래의 부와 권력은 통찰력의 수준에 달려 있다 ㅣ 알고리즘 이해력 없이는 기계와 소통할 수 없다 ㅣ 잉여 시간과 잉여 두뇌가 창의력을 높인다 ㅣ 패턴화, 일반화, 추상화를 연습해 부자의 뇌를 만들어라

미래의 배움이
달라진다

"왜 배워야 하죠?" "왜 학교에 다녀야 하죠?"

부모라면 아이들에게 수없이 들었던 질문이다. 필자에게도 4명의 아이가 있다. 그것도 사내아이만 넷이다. 아이들은 매주 월요일이면 위 질문을 반복한다. 아이들이 가장 좋아하는 요일은 금요일이다. 직장인과 이유가 같다. 다음 날 학교에 가지 않아도 되기 때문이다. 아이들이 가장 싫어하는 요일은 월요일이다. 역시 직장인과 이유가 같다. 월요병 때문이다. 월요병은 깊은 한숨을 내쉬며 시작된다. 그러고는 반항하듯이 짜증난 표정으로 이렇게 묻는다. "학교는 왜 가야 해?"

우리는 왜 학교에 가야 할까? 사실 모든 국민이 공교육 시스템하에서 의무교육을 받아야 하는 제도가 만들어진 것은 오래되지 않았다. 산업혁명이 일어나고, 표준화된 교육을 통해 사회가 요구하는 인재를 대량으로 양성하는 것이 국력에 직결됨을 깨닫고 난 이후다. 그 이전에는 교육은 귀족이나 부자 집안에서만 할 수 있는 특별한 영역이었다. 일반적으로는 부모나 주위 환경을 통해 생활에 필요한 배움을 얻었다.[24] 그러나 지금은 20대까지는 구조화된 학교에 다니는 것이 상식이 되었다. 한국도 6.25전쟁 이후 성공의 가장 확실한 관문으로 교육이 부각되었다. 형제자매 가운데 한 사람만 대학에 가면 출세하여 가족을 부양할 수 있었다. 개천에서 용이 나는 시절은 끝났지만, 지금도 왜 학교를 다녀야 하고 공부를 해야 하는지 묻는 아이들에게 많은 부모가 입버릇처럼 이렇게 대답한다. "공부해야 성공해!"

미래에도 공부해야 성공한다는 말은 유효할 것이다. 하지만 지금과 같은 방식으로 공부하거나 학교를 다니는 것과는 다를 수 있다. 미래는 배우는 것도 달라지고 가르치는 것도 달라진다. 학교 시스템도 달라진다. 교육받아야 하는 시기나 기간도 달라진다. 미래 교육에 대혁명이 일어난다.

먼 미래의 일이 아니다. 이미 교육 방식에 대한 새로운 실험이 다양하게 일어나고 있다. 교육 시스템을 바꾸는 것은 큰 모험이다. 잘못 바꾸면 부작용만 커진다. 이해당사자가 너무 많아서 바꾸기보다는 과거의 것을 그대로 유지하는 편이 욕을 덜 먹는다. 한국만 그런 것이 아니다. 대부분의 나라가 마찬가지다. 그럼에도 미국이나 유럽 등 선진국을 중심으로 교육의 새로운 흐름을 만드는 실험이 활발하게 진행되고 있는 것에 주목하라. 여유가 있어서 이런저런 실험을 하는 것이 아니다. 바꾸지 않으면 도태될지도 모른다는 위기의식 때문이다.

선진국에서만 미래형 교육이나 학교 시스템을 실험하는 것이 아니다. 이웃 나라 중국도 마찬가지다. 인공지능 맞춤형 수업으로 세계시장을 석권한 중국 교육기업이 있다. 2013년에 설립된 브이아이피키드VIPKID라는 온라인 교육회사는 공유교육과 인공지능을 핵심 무기로 4년 만에 세계에서 가장 혁신적인 기업 상위 50위 안에 이름을 올렸다. 1980년대생으로 고등학교를 중퇴하고 사업에 뛰어든 창립자 미원쥐앤은 〈포브스〉가 발표한 중국의 잠재력 있는 여성 25인에도 선정되었다. 이 회사는 안면인식 기술을 이용해 학습자의 감정과 학습 반응을 실시간으로 관찰하고, 개인 데이터를 기반으로 가장 적합한 수준의 학습 방법을 도입해 교육한다. 영어, 중국어 등을 가르치는 것은 기존 교육 시스템과 다르지 않지만, 교육 방식에 최신 기술을 접목하고 온라인 플랫폼을 기반으로 공유경제 개념을 도입하는 등 변화에 빠르게 적응하는 것이 특징이다.

이런 식의 새로운 교육 방법과 시스템은 기존의 공교육보다 더 탁월한 성과를 내기 시작했다. 언어 하나를 배우더라도 민간 업체가 운영하는 교육 시스템이 국가가 운영하는 공교육 시스템보다 더 잘 가르친다.

그렇다면 민간 교육회사와 비교해서 공교육 시스템의 강점은 무엇일까? 무료로 언어를 가르쳐준다는 것일까? 하지만 이런 강점도 오래가지 못할 수 있다. 미래의 어느 날, 혁신적인 민간 교육회사가 등장하여 학생들에게 무료로 교육을 제공하면 어떻게 될까? 거대한 공유경제 플랫폼과 인공지능 기술을 기반으로 인간의 개입을 최소화하고, 방대한 사용자를 매개로 광고나 네트워크 혹은 다양한 영역에서 창조적으로 매출을 올리는 비즈니스모델을 장착하면 얼마든지 모든 교육을 무료로 제공할 수 있다. 이런 미래가 현실이 되면, 공교육 시스템의 장점은 무엇이 남을까?

미래 학교의
교육 방식이 바뀐다

머지않아 공교육 시스템에도 큰 변화가 생길 것이다. 아니, 생겨야 한다. 공교육 시스템을 늦게 고칠수록 국가경쟁력이 떨어진다. 아무리 저항해도 현재의 교육 방식은 시간이 갈수록 효과가 떨어질 것이다. 현재처럼 학습하는 방식도 효율성이 떨어진다. 학생들이 학교에서 배우는 학습 주제나 내용도 유효기간이 오래 가지 못할 것이다. 성인이 되어서 회사나 학원에서 배우는 기술이나 전문 지식도 갈수록 생명력이 짧아지고 있다.

이런 일이 벌어지게 하는 원인은 무엇일까? 바로 변화다. 그것도 아주 빠른 변화다. 인공지능이 사회 변화의 중심으로 떠오르고, 지능과 자율을 사고팔 수 있는 시대가 다가오고, 국가와 언어의 경계 등이 파괴되고, 이동거리가 확대되고, 지식 규모가 증가하고, 산업의 패러다임이 바뀌고, 인간의 평균수명도 100세를 넘어 120세를 향해 빠르게 연장되면서 80년 이상을 일해야 먹고사는 시대가 오고 있다. 이런 미래만 생각해보아도 지금처럼 가르치거나 배워서는 뭔가 큰 문제가 생길 것이라는 생각이 들지 않는가!

아쉽지만 교육의 변화는 정치인이나 행정가의 손에서 시작되지 않을 것이다. 소비자인 학생이나 학부모의 생각과 손에서 시작될 가능성이 크다. 미래에 학생과 학부모는 우리에게 익숙한 현재의 학교구조를 상당히 못마땅해할 것이다. 8세부터 초등학교에 입학해야 하고 20대 안에 대학교육을 끝마쳐야 하는 관습에 불만을 품을 것이다. 공교육이 이런 흐름을 예측하고 먼저 변화하지 않는다면, 가장 먼저 일어날 행동은 고등학교를 마치고 곧바로 대학에 가지 않겠다는 결단이다. 대학에 수천만 원을 투자해도 취업하기 어렵고, 마음만 먹으면 언제든지 대학을 갈 수 있는 환경이 갖춰지고, 필요한 기술이나 새로운 지식을 계속 배워야 생존이 가능해지는 시대가 시작되면 대학 진학의 시기를 20대로 정하지 않을 것이다.

지금도 실용지식의 효용성은 3~5년에 불과하다. 이런 속도하에서는 어제의 지식이 오늘은 무용해진다. 어제는 내가 가진 지식이나 기술로 어깨에 힘을 줄 수 있었지만, 내일은 명함도 내밀 수 없게 된다. 인공지능로봇이 인간의 일을 꾸준히 대체하고, 실용지식의 수명마저도 3~5년으로 짧아지면 인간은 자의 반 타의 반으로 직업이나 직장을 평균적으로 15~20번 바꾸어야 한다. 따라서 죽을 때까지 계속 배우지 않으면 인공지능로봇보다 낮은 임금을 받고 일하는 처지로 순식간에 전락할 것이다.

변화 속도나 기술 발전에 맞추어 인간이 자신의 생물학적 뇌와 몸에 저장하고 훈련해야 할 지식이나 기술도 변해가야 한다. 결국 평생 배우는 것만이 유일한 해법이다. 앞으로는 학교를 평생 다녀야 한다는 것을 깨닫게 되면, 18~19세에 대학에 입학해야 하는가에 대해 근본적 질문을 던질 수 있다. 평생 배워야 살아남는 시대에는 교육비나 시간을 10~20년 집중해서 투자할 수 없다. 평생을 두고 분산해서 사용해야 한다. 소비자로서 학생이나 학부모가 이런 생각과 전략을 구사한다면, 공급자로서 학교나 교육기관도 변화를 모색해야 한다.

'평생교육'이라는 개념이 뭐가 새삼스럽냐고 할 수 있다. 지금도 평생교육, 평생교육센터 등의 말이 익숙하다. 미래의 평생교육이 현재의 평생교육과 다른 점은 무엇일까? 미래의 평생교육은 단순히 교양을 늘리거나 배움의 한을 달래는 수준이 아니다. 지식과 기술 재교육을 통한 생존의 수단이다.[25] 학생과 학부모의 생각이 여기까지 이르게 되면, 학교가 바뀌는 것은 시간문제다. 공교육 시스템이 가장 늦게 바뀌고, 사교육 혹은 민간 교육회사나 기관은 시대의 흐름을 따라 빠르게 변할 것이다.

그렇다면 미래의 학교는 지금과 무엇이 달라질까? 먼저 학교가 존재하는 방식에 변화가 일어날 것이다. 어떤 학교는 현실에만 존재하고, 어떤 학교는 가상에만 존재할 수 있다. 어떤 학교는 가상과 현실에 동시에 존재하게 된다. 미국에서는 현실에 거대한 캠퍼스를 가지고 있지만, 대부분의 수업을 가상공간에서 진행하는 학교가 점점 늘어나고 있다. 새로 등장하는 혁신 대학교는 현실에 교직원의 행정 공간만 존재하고 나머지는 가상공간에 존재하는 방식으로 설립된다. 현실에 존재하는 캠퍼스의 규모나 화려한 인테리어에 투자하는 비용을 과감하게 줄여 교수와 커리큘럼, 학생 지도 그리고 교육 시스템에 집중 투자하는 것이 유리하다는 판단이다.

이런 움직임은 일개 대학에서만 일어나는 변화가 아니다. 2013년, 미국 교육 담당 부서는 온라인과 면대면 학습이 혼합된 학습을 하는 '블렌디드러닝Blended Learning 기관'을 개설했다. 뉴욕시도 적극적으로 동참하고 있다. 뉴욕 시장 빌 더블라지오는 소프트웨어에 2천만 달러를 투자했고, 5년 동안 온라인 학습 환경을 구축하는 데 필요한 하드웨어 투자에 6억 5천만 달러를 책정했다. 2014년부터 뉴욕시는 260여 개 학교를 대상으로 블렌디드러닝을 실시하고 있다.[26] 미국뿐만 아니라 대부분의 선진국이 온라인교육에 미래를 건다.[27]

온라인학습의 가장 중요한 장점은 학생들이 자신의 능력과 학습 속도에 맞추어 공부할 수 있다는 것이다. 무한한 재반복 학습, 시간과 장소에 구애받지 않는 학습 참여, 엄청난 자료에 대한 자유로운 접근, 폭넓은 시각과 관점의 확보 등도 장점이다. 그러나 온라인교육에 대한 비판도 만만치는 않다. 학습 효과가 객관적으로 검증되지 않았다는 것, 가난한 학생들에게는 상대적으로 기회가 적다는 것, 학교에 설치된 하드웨어나 소프트웨어의 성능이 떨어져 학습 효과를 크게 올릴 수 없다는 것 등이다. 하지만 미래의 변화를 거스를 수는 없다. 가상에서 실시되는 교육의 최고 장점인 지역, 언어, 경제의 경계를 무너뜨리고 누구나 최고의 교수와 교육 콘텐츠에 접근할 기회를 포기할 수 없기 때문이다.[28]

물론 반대의 선택을 하는 학교도 등장할 것이다. 첨단기술을 배제하고, 힘들어도 현장에서 얼굴을 마주하고 배우는 교육 방식으로 되돌아가는 학교다. 교육은 지식을 전달받는 것만이 전부가 아니기 때문이다. 사회를 살아가는 데 필요한 무형의 자산을 쌓고, 인간다운 인간으로서 성장하는 것도 교육의 한 부분이다. 인간이 기술과 대결해야 하는 미래에는 인간성, 인격, 품성 등이 중요한 경쟁력이 될 것이다. 현재처럼 인간과 인간이 얼굴을 맞대고 배우는 방식의 장점이 다시 부각될 수 있다. 하지만 이런 방식은 소수의 학교가 보조적 교육 방식으로 선택하여 실시할 것이다. 최소한 몇몇 미래 학교가 이런 방식으로 되돌아가더라도 지금과 같은 모습은 절대 아니다.

미래에는 학위로 인정해주는 범위가 늘어나거나 학위 자체를 중요하게 여기지 않는 회사도 늘어날 것이다. 온라인 공개 강좌인 무크 중 하나로 미국 스탠퍼드대학교가 주축이 되어 만든 코세라Coursera는 몇 백 개 대학이 올린 수많은 강의가 개설되어 있고, 회원 수가 1천만 명을 넘어선 지 오래다. 이 사이트에서 특정 코스를 완수하면 학점을 인정해준다. 에드엑스Edx, 유데미Udemy, 유다시티Udacity 등 무크는 계속해서 설립되고 있다. 이미 언제 어디서나 세계 최고의 교수들 강의를 무료나 저렴한 가격으로 수강할 수 있다. 진도를 따라가면서 퀴즈를 풀고 리포트를 내면 학점이나 인증서도 받는다. 여기서 받은 인증서만으로도 세계적 기업에 취업이 된다.

유다시티는 AT&T와 협의를 맺고 '나노학위Nanodegree'를 개설했다. 나노학위는 특정 전공이나 기술에 집중해서 짧은 시간에 꼭 필요한 과목들만 수강한 뒤 기업이 인정하는 학위를 주는 개념이다. 4년간 대학을 다닌 후 받는 학위는 아니지만 기술 습득을 확인해주는 인증서다. AT&T에 취업하려면 유다시티에 개설된 프로그래밍 기술 강의를 비롯하여 6~12개월 안에 주당 10~20시간의 특정 강의를 들어야 한다. 구글, 페이스북, 세일즈포스, 오토데스크 등 대기업들도 나노학위 과정을 개발해서 직원 선발에 활용한다. 미래에는 하버드나 스탠퍼드 같은 대학교에 입학시험을 치르고 4년 동안 다니며 졸업장을 따지 않아도 해당 대학 교수의 강의를 들을 수 있다. 집에서 세계적 교수의 강의 몇 개를 듣고 인증서를 받는 것만으로 더 많은 글로벌 기업에 취업할 길이 활짝 열릴 것이다.

기존 대학들이 이런 변화에 둔감하면 어느 날 갑자기 학생과 학부모에게 외면당할 수 있다. 한국의 최고 대학인 서울대학교도 예외는 아니다. 온라인 대학교는 이미 국경의 경계를 파괴했다.

언어의 장벽만 남았다. 하지만 곧 언어의 경계가 파괴된다. 따라서 영어, 독일어, 프랑스어 등 외국어 실력에 상관없이 세계 최고 교수의 강의를 안방에서 듣게 되는 시간이 곧 온다. 인공지능이 세계 각국의 대학교에서 열린 수많은 강의를 한국어로 동시통역 해주는 날이 머지않았다. 한글로 리포트나 논문을 쓰면 인공지능이 수준 높은 번역을 자동으로 해준다. 이런 일이 현실이 되면, 한국에서 어떤 대학교가 최고인지가 아닌, 내가 원하는 분야에서 세계 최고의 교수가 누구인지가 선택의 기준이 된다. 나노학위에 도전하면 학비도 4년을 다니는 비용의 몇 십 분의 1에 불과하다.

대학은 이런 변화가 싫겠지만, 기업들은 반긴다. 오히려 적극 지원한다. 세계 최고의 대학과 창의적 생각으로 무장한 온라인 대학도 반긴다. 학생과 학부모도 반긴다. 무료이거나 저렴한 가격을 지불하면 되는 데다가 원하는 대기업에 취업할 수 있는데 왜 마다하겠는가! 이런 미래가 지속되면, 저출산 현상과 맞물려 앞으로 10~20년 이내에 국내를 포함해 세계 곳곳에서 상당수의 4년제 대학이 영향력을 잃거나 사라질 것이다.[29]

또한 2030년 이후가 되면 대학은 크게 세 그룹으로 분리된다. 하나는 무크처럼 오픈 스쿨이다. 두 번째는 멋지고 자랑할 만한 수준의 졸업장을 주는 오프라인 대학이다. 단, 세계적인 수준의 평판에 오른 오프라인 대학만 살아남는다. 혹은 정보와 지식 습득은 인터넷에서 가능하고 기술 훈련은 다양한 미니 스쿨에서 가능하기 때문에 '창의적 연구'를 하는 기관이 되어야 살아남을 것이다. 마지막 그룹은 지역 커뮤니티와 밀접하게 연관되어 지역 주민의 부와 일자리를 지속할 수 있도록 하는 데 특화된 능력을 확보한 대학이다. 나머지 대학들은 학생 모집을 할 수 없어서 파산할 것이다.

미래에는 교사의 역할에도 변화가 일어난다. 지식을 전달하는 일은 인공지능로봇에 위임하고 교사는 학생이 최고의 학습 성과를 내고 미래를 준비하는 데 도움을 주는 코치나 조언자 역할에 집중할 것이다. 학생을 평가하는 기준과 방식도 달라진다. 학생의 다양성은 무한히 커지고, 공부할 시간과 장소에 대한 선택권이 학생에게 넘어갈 것이다. 배워야 할 학습 수준을 학생 스스로 정하는 시대가 온다. 인공지능과 상의하며 자신의 능력과 지식의 단계에 맞추어 학습 영역과 수준을 선택하기 때문에 연령별로 학년을 나누는 방식이 필요 없어진다. 지금까지는 교사가 콘텐츠를 직접 가르쳤지만, 미래에는 '배우는 방법을 빨리 배우는 법'과 '거대하고 복잡한 지식과 정보를 창조적으로 연결하는 법'을 가르칠 것이다. '소통하고 협력하여 새로운 것을 창조하는 법', '비판적 사고와 성찰하는 법', '가치를 창조하고 상대를 배려하고 돕는 법', '안전하게 실패하고 가치 있게 성공하는 법'을 가르칠 것이다. 즉 미래 학교에서 인간 교사는 콘텐츠가 아니라 방법을 가르치고, 고차원적 사고 기술과 인성을 가르치며, 탈락하고 포기하지 않도록 돕는 역할을 하게 된다.

교육의 내용과 중요 포인트도 바뀔 것이다. 앞에서 잠시 언급했듯이, 미래에는 사회나 회사 안에서 인간과 기계의 경쟁이 일어난다. 인간이 기계를 이기려면 인간성, 인격, 품성 등의 중요한 경쟁력을 갖춰야 한다. 현재 학교에서는 이런 요소가 무시되거나 부수적으로 다루어진다. 하지만 미래 학교에서는 최고의 교육 내용이 될 것이다. 미래에는 '지식 저장과 검색'은 인공지능에 맡기고 인간은 '생각하는 기술'을 발휘하는 역할을 담당해야 한다. 낮은 지능(낮은 수준의 문제 해결력과 인지 반응)은 구매할 수도 있다. 미래 대학은 지식을 가르치지 않고 생각을 가르칠 것이라는 예측이 현실이 된다. 학습 평가의 기준도 정보 검색이나 지식 습득과 장기기억이 아니라, 생각하는 기술의 다양성과 숙련도 향상으로 이동할 것이다.

각 학문 분야의 기초 지식을 사람에게 배우지 않아도 된다. 인공지능이 훨씬 더 잘 가르쳐줄 것이다. 모든 분야의 기초 지식은 인공지능으로부터 배운다. 그 이후에는 자신에게 필요한 시간에 필요한 목적을 따라 전 세계의 같은 목적을 지닌 사람들과 가상 공간에서 사회적 교류를 하면서 깨달음을 얻고, 새로운 지식을 창조하며, 인류의 지속 가능성을 유지해줄 새로운 가치를 공유하고 발견해내는 가치 창조 학습을 평생 하게 된다. 지식을 정확하게 사용하는 일도 기계나 인공지능이 할 수 있다. 인간은 지식을 '올바르게' 사용하는 데 중심을 둘 것이다. 인류 모두가 지식을 배우는 시대에서 인류 모두가 지식을 창조하는 시대가 펼쳐진다. 언어의 장벽이 걱정되는가?

미래에는 인공지능의 발전으로 언어의 경계가 깨질 것이다. 정해진 미래다. 언어의 경계가 없어지면, 외국어를 배울 필요가 없어진다. 외국어를 직접 자유자재로 구사해야만 하는 직업을 가진 사람을 제외하고 대부분의 사람은 학교에서 외국어를 배우지 않을 것이다. 선택과목으로 배우더라도 교양 수준이다. 그 대신 영어나 중국어 등 현실언어를 구사하기보다는 기계언어인 프로그램언어를 구사하는 능력, 인공지능 알고리즘을 활용하는 기술 등이 더 중요해진다.

현실공간에 교실이 있더라도 풍경은 지금과 다를 것이다. 앞으로 10~20년 후 미래의 학교는 당신이 교실에 들어오면 인터넷 집단 지능, 사물인터넷, 클라우드 컴퓨터에 연결된 인공지능이 당신을 감지해서 방금 전까지 무엇을 배웠는지 파악한 뒤 당신의 실력과 감정 상태에 맞춰 지금부터 무엇을 배워야 할지 조언해준다. 미래에는 학교 교실만 교육 공간이 아니다. 자율주행자동차, 스마트 집과 사무실까지 교실이 연장될 것이다. 학교에 가지 않고도 학교 교실을 내 눈앞에 바로 가져다 놓을 수 있고, 출근하는 동안 자율주행자동차 안에서 지구 반대편의 학교에 다녀올 수도 있다. 가상공간에 학교를 개설한 하버드대학교의 물리학 교수와 함께 가상현실 시뮬레이션을 하면서 우주물리학을 배운다. 전 세계 어느 인종과도 대화하고 사회적 교류와 협동을 하면서 학습할 수 있을 것이다.

가상과 현실을 혼합한 학습 환경은 이미 기술적으로 가능하다.

2015년 1월, 마이크로소프트는 협업이 가능한 3차원 '홀로렌즈 HoloLens' 기술을 선보였다. 홀로그램 전용 헤드셋인 홀로렌즈는 증강현실과 가상현실을 하나로 묶어 '혼합현실MR(Mixed Reality)' 을 구현하는 장비다.

미래 교육에는 이런 장비들이 적극 활용될 것이다. 가상과 현실을 넘나들며 화성에 인류를 정착시킬 연구 프로젝트를 교실에서 시행하고, 최고의 의사가 전 세계에 흩어진 의대생들과 뇌수술 연습을 하며, 새로운 자동차나 비행기를 가상공간에서 만들고 시험 운행할 수도 있다. 정보통신 기술과 바이오기술이 융합되어 교육 환경을 바꿀 수도 있다. 인간의 피부가 전도체라는 성질을 이용해 인간의 몸을 거쳐 얻어지는 데이터를 스마트 안경이나 스마트 시계 등 웨어러블 디바이스로 보내고 인공지능을 통해 처리할 수 있다. 가상현실 슈트도 학습에 활용될 수 있다.

2016년 5월, 미국 스타트업 액손VR은 전신 가상현실 장비 '액손슈트Axon suit'를 선보였다. 스마트 햅틱 섬유로 만든 이 옷을 입고 가상현실 속 물체를 만지면 실물을 만지는 것 같은 촉감, 질감, 모양, 움직임, 진동, 온도를 느낄 수 있다. 미래 개인용 카메라는 인간 눈의 한계도 극복해줄 것이다. 인간의 눈은 가시광선 Visible Light만 감지한다. 하지만 미래에 개인이 가지고 다닐 스마트폰이나 스마트 안경은 라디오, 극초단파Microwave, 적외선IR, 극자외선UV, 엑스선, 알파선, 감마선, 베타선까지 감지하고 분석해 인간에게 전달해줄 것이다. 인간의 청력 한계도 극복해줄 수 있다. 인간의 귀는 16헤르츠에서 20킬로헤르츠 내의 소리만 들을 수 있다. 미래에는 웨어러블컴퓨터가 인공지능과 결합해 인간이 감지하지 못하는 소리나 진동까지도 감지, 분석, 예측하여 전달해줄 수 있다.

이렇게 미래에는 인간이 가진 생물학적 오감의 한계를 넘어 세상을 이해하고 분석하고 학습할 것이다. 이를 기반으로 더 나은 예측과 전략을 수립하여 자연의 지배력을 향상시킬 수 있다.[30] 이런 환경이 누구에게나 제공되는 미래가 열리면 당신은 평생 적시적소에서 지금 당장 필요한 학습이 가능해진다. 이 모든 기술을 당신이 직접 관리하거나 조절할 필요는 없다. 이 기술들은 당신이 옷을 입듯, 시계를 차듯, 스마트폰을 가지고 다니듯이 편하게 입거나 가지고 다니면 된다. 모든 장비와 기술의 연결이나 조율은 인공지능이 한다. 당신은 인공지능 비서와 대화만 하면 된다.

"오늘 회사에서 신제품에 대한 마케팅 전략 구상 프로젝트를 맡으셨는데, 이에 필요한 마케팅개론과 소비 트렌드에 대해 학습하시겠습니까?"

인공지능 비서가 당신의 학습을 담당하는 인공지능과 소통하며 하는 질문이다. 당신이 "OK"라고 대답하면, 인공지능 비서는 이렇게 응답할 것이다.

"어떤 방식으로 배우길 원하십니까? 전문가에게 코칭을 받으시겠습니까, 아니면 하버드대학교 온라인강의를 들으시겠습니까? 컴퓨터시뮬레이션 학습도 추천합니다!"

학습하는 방법도 달라진다. 상당한 수준에 올라온 인공지능이 당신의 지식과 지혜를 발전시키고 유지해줄 것이다. 인공지능과 협력 학습으로 지식융합이 계속 이루어진다. 당신 기억의 일부를 양자컴퓨터나 가상공간에 저장해둘 수 있을 것이다. 배우고 익히고 발견한 것들을 모조리 다 기억할 필요가 없어진다. 머릿속에 칩을 심는 기술이 상용화되면 또 다른 차원의 학습이 진행될 것이다. 생물학적 뇌의 한계를 인공지능과 컴퓨터가 보완해줄 수 있다.

미래에는 태어난 장소가 어딘지는 중요하지 않을 것이다. 지금까지는 남반부를 비롯한 아프리카나 빈민국, 개발도상국에서 태어난 사람은 자신의 의지와 상관없이 소외계층으로 전락할 가능성이 컸다.[31] 교육 혜택도 받기 어려운 이들이 많았다. 최소한의 교육 혜택을 받지 못하기 때문에 일자리를 구할 수 없거나 저임금 근로자로 전락했다. 반면에 북반구의 선진국에서 태어나면 최악의 상황이라도 남반부에 사는 사람들보다 나았다. 최소한의 교육과 사회보장을 받으며 훨씬 높은 임금을 받았다. 자신의 위치를 개선하고 발전시킬 기회도 상대적으로 많았다.

하지만 오지나 산간, 빈민 지역에서도 인터넷이 연결되고, 컴퓨터 가격이 10달러 이하로 하락하고, 언어의 장벽이 깨지고, 제2차 가상혁신 혜택으로 자신이 원한다면 아프리카에서도 하버드대학교 수업을 들으며, 자기 나라를 떠나지 않고도 구글에 입사해 일할 수 있는 길이 열리며, 지역이나 국가 장벽이 무너지기 시작할 것이다.[32] 미래에는 지역이나 나이가 아니라 새로운 교육의 흐름에 적응하느냐, 그러지 못하느냐가 부의 차별을 가져다준다. 미래 기술을 따라가지 못하고, 배우기를 게을리해서 인공지능과 로봇의 능력을 뛰어넘을 준비를 하지 못하는 사람은 순식간에 빈민층으로 전락할 것이다.

지금 당장 생각을 바꿔야 한다. 교육이나 학습 방식에 대한 과거의 관습과 생각을 바꾸라. 지식과 능력의 개념도 다시 생각해야 한다. 초등학교부터 대학교까지 20년 배운 것으로 평생을 버틸 수 있다는 태도를 바꾸라. 생존의 기간과 상황이 바뀌고 있다.[33] 일반적 지식과 단순한 기술로는 100년을 버티기 힘들다. 마지막으로 2025년 이후, 미래 교육의 핵심 키워드를 정리하면 다음과 같다.

- 컴퓨터와 인터넷에 널린, 맥락이 빠진 정보보다는 경험과 체험이 섞인 '의미와 의미처리 능력, 그리고 의식을 성찰하고, 재구조화하고, 훈련하는 것과 관련된 학습learning to introspection, remodeling, and training of consciousness and meaning'[34]
- 인생의 지속 가능성을 위한 '평생학습whole life learning'
- 가장 필요한 순간에 가장 정확하게 배우는 '적시학습just in time learning'
- 현재 이루어야 할 목적에 가장 적합한 것을 지금 당장 배우는

'적목학습just in purpose learning'

- 천편일률적으로 일반화된 지식이 아닌 다양한 상황과 조건에 따라 '차별화되고 맞춤화된 체험(경험) 및 시뮬레이션 학습perso-nalized and customized experience and simulation learning'

- 집단적이고 일방적인 학습이 아닌 '일대일 맞춤형 학습perso-nalized and customized learning'

- 교실 안에서 말과 글로만 세상을 배우지 않고 세상의 모든 것을 학생들의 눈앞에 오감적으로 재현해주는 모의된 세계 속에서 실제처럼 학습하고 체험하는 '가상학습virtual reality learning'

- 세계와 학습이 관계를 맺으며 학습자가 세계와 소통하면서 진리를 가슴으로 깨닫고 배우는 '사회협동학습social collaboration learning'[35]

- 정보나 지식의 습득에서 벗어나 스스로 인류가 더 나은 미래로 가는 데 기여할 수 있는 '가치와 지식을 창조하는 학습know-ledge and value created learning'

- 인공지능의 빅데이터와 논리, 인간 두뇌의 직관과 비전이 서로 협력하여 문제를 해결하는 'AI 협업교육collaborative learning with AI'

미래에
필요 없는 능력 3가지

학교가 이렇게 바뀐다는 것은 교육하는 방법이 바뀐다는 것만 의미하지 않는다. 현재는 학교에서 가르쳐야 하지만 미래에는 필요 없어지는 능력이 있고, 미래를 살아가는 모든 사람에게 '공통적으로 필요한' 새로운 능력이 나타나고 있다는 말이다.

사회생활이나 직장생활을 하는 데 지금은 필요하지만 미래에는 가치가 없어지는 능력은 무엇일까? 빠른 계산 능력, 기억력 그리고 외국어 능력이 대표적이다. 미래에는 인간이 주변 상황이나 고민하는 문제를 말로 설명하면 자연어를 완벽하게 이해하는 인공지능이 듣고 필요한 수학적 계산을 대신해준다. 인간은 단순한 전자계산기부터 복잡한 공학용계산기까지 손수 두드리는 일조차 할 필요가 없어진다. 언제 어디서나 실시간으로 인공지능을 불러내는 것이 가능해지기 때문에 빠른 계산 능력은 더 이상 인간의 능력을 평가하는 기준이 되지 않는다.

　기억력도 마찬가지다. 인공지능이 현존하는 모든 책이나 백과사전의 내용을 기억한다. 실시간으로 생산되는 모든 정보를 검색하여 보관하고 있다. 매일 등장하는 모든 논문을 읽는다. 미래에는 언제 어디서나 인공지능에 질문하면 인간의 뇌가 정보를 기억해내는 속도보다 더 빠르고, 인간의 기억보다 더 정확하며, 인간이 대답해주는 것보다 더 많은 내용을 알려준다. 스마트폰이 보편화되면서 가족이나 친구 혹은 동료의 전화번호를 더는 기억하지 않아도 되는 것과 같다. 물론 한편에서는 인간 뇌의 능력 가운데 기억력이 크게 퇴보했다고 한탄하는 이들도 있을 것이다. 하지만 인간의 뇌가 퇴화하지는 않을 것이다. 기억을 위해 사용되었던 뇌 영역이 미래에는 다른 일을 위해 사용될 뿐이기 때문이다. 고대에 인간 뇌의 상당 영역이 생존과 관련해서 사용되었지만, 문명사회가 출현하면서 지적 영역으로 사용 범위가 전환되었듯이 미래에는 다른 새로운 영역으로 뇌의 사용 범위와 용도가 바뀔 것이다.

　외국어 능력도 미래에는 가치가 크게 떨어지는 능력이 될 것이다. 미래에도 인간은 나라마다 각기 다른 언어를 사용한다. 하지만 앞으로 5~10년 이내에 인공지능이 수많은 외국어를 동시통역해주는 단계까지 발전하면 인간이 몇 년에 걸쳐 외국어를 공부할 필요가 없어진다. 학문적으로 분명한 목적이 있거나, 24시간 해당 외국어를 사용해야 하는 빈도가 아주 높거나, 외국어를 자기 입으로 구사하는 일이 연봉을 높이는 데 유익한 사람만 직접 공부하고 구사할 것이다. 나머지는 외국어를 배우는 데 막대한 시간이나 노력, 돈을 투자할 필요 없이 인공지능의 도움을 받는 것이 편하다. 길을 지나가다 외국인을 만나도 도망치지 않아도 된다. 협상 자리에서 외국 바이어를 만나도 언어소통 문제로 중요한 포인트를 놓쳐 불공정한 계약서에 사인하는 상황도 일어나지 않는다. 세계 여행을 한다면 국경을 넘는 순간 당신에게 연결된 인공지능이 실시간으로 외국어를 바꿔 통번역을 해줄 것이다. 대화하는 사람들이 서로 불편함이나 어색함이 전혀 없게 말이다.

이처럼 빠른 계산 능력, 기억력 그리고 외국어 능력이 필요 없어지는 대신 새로운 능력을 갖춰야 한다. 바로 핵심을 통찰하는 능력, 문화 이해력, 기계어 능력(혹은 알고리즘 이해력)이다. 이 3가지 능력이 필요 없어지는 3가지 능력을 대체한다.

미래의 최고 능력
통찰력

"미래 인간에게 요구되는 최고의 능력이 무엇이냐?"라는 질문에 필자는 주저 없이 "통찰력"이라고 답한다. 상황 변화와 변화의 핵심을 통찰하는 능력은 미래 사회에서 인간에게 요청받는 최고의 능력이 될 것이다. 다시 말하면, 미래 사회에서 누가 가장 오래 살아남고 혹은 가장 큰 부(연봉)와 권력을 갖게 될 것이냐는 '통찰력의 수준'에 달려 있다. 통찰력을 발휘하는 데 기초가 되는 정보 수집과 분류, 경우의 수 계산 등은 인공지능이 담당한다.

　미래 인간은 이러한 능력을 발휘하는 인공지능을 거느리고 일하게 된다. 인공지능이 이런 잡다한 일을 대신 처리해서 넘겨주면 인간은 그중 회사에 필요한 경제, 사회, 산업, 기술, 정치 등 상황 변화의 핵심을 간파해내야 한다. 눈에 보이는 정보나 지식의 이면에 있는 진짜, 실체, 핵심, 주요 흐름 등을 간파해야 한다. 상상으로 새로운 가능성을 확장하는 일도 오랫동안 인간의 영역일 것이다. 이런 능력을 발휘하려면 문제를 알고, 사회의 욕구를 간파하며, 사람의 결핍을 집요할 정도로 파고들 수 있는 사람이 되어야 한다. 이것을 통찰력이라 부른다.

미래 사회가 요청하는 통찰력에는 '데이터 리터러시Data Literacy'도 포함된다. 이는 데이터를 정확히 읽고(팩트 분별력), 세분화해서 체계적으로 축적하고, 단순한 숫자나 문자 배열과 축적된 데이터들에서 유의미한 관계와 패턴을 파악하고, 시의적절하게 분석하고, 비즈니스나 사회 발전에 필요한 숨겨진 가치와 인사이트를 발견하거나 창조하고, 현재 이슈나 문제를 해결하는 미래의 방향성과 전략을 찾아내는 역량이다.

구글, IBM, 애플, 삼성처럼 인공지능 알고리즘을 직접 개발하는 기업의 경쟁력은 효과적인 알고리즘 원천기술에서 나온다. 하지만 최고의 알고리즘은 수학적 아이디어로만 되지 않는다. 학습을 위한 빅데이터, 학습 노하우, 물리적인 학습 시간, 인공지능이 두각을 나타낼 적용 분야를 찾는 감각도 필요하다. 어떤 빅데이터를 확보하느냐도 중요하다. IBM의 왓슨처럼 암 진단에 필요한 빅데이터를 확보해야 암 치료 분야에 진출할 수 있다. 데이터 통찰력인 데이터 리터러시 역량은 양질의 데이터 발굴, 기계학습의 성능 향상, 학습 규칙을 짜는 기술 습득, 예측 목적에 맞는 결과 도출을 하도록 빅데이터를 다루며, 예측 결과를 가지고 적용점을 추론하는 노하우 확보에 필수다.

모든 인간은 통찰력을 갖는다. 뇌의 기본 작용이기 때문이다. 하지만 통찰력에서 차이가 있다. 지금까지는 통찰력 발휘를 가장 요구받는 직업이나 직책은 전략을 담당하거나 최종 의사결정을 담당한 이들이었다. 그 외의 사람들은 통찰력을 발휘하는 데 필요한 정보 수집, 분류, 경우의 수 계산, 지식의 형성이나 전달 등을 맡았다. 미래에 인공지능이 이런 일을 하나씩 넘겨받으면, 인간에게는 통찰력을 발휘하라는 요구가 집중될 것이다. 이러한 통찰력의 수준에 따라 급여가 달라지고 권력이 달라진다. 또한 영향력도 달라질 것이다.

인공지능로봇이 인간을 대신해 공장에서 일하고, 자율주행자동차가 인간 운전자를 대신해 사람이나 물건을 실어 나르며, 인간을 닮은 휴머노이드로봇이 주유소나 식당에서 간단한 서비스를 하는 수준에 오르게 되면 이들 분야에서 인간 노동자가 설 자리는 없어진다. 이런 일이나 영역은 자본가의 경쟁터가 될 것이다. 하지만 걱정하지 말라. 필자는 앞에서 미래에는 이런 분야에서 인간의 일자리가 없어지지만, 다른 영역에서 인간이 할 수 있는 수많은 일자리와 직업이 새로 창조될 것이라고 예측했다.

여기서 미래에 증가하는 또 다른 분야를 소개한다. 바로 금융투자 분야다. 인간의 노동이 로봇이나 기술로 대체되는 영역에서는 소수의 자본가와 최고의 숙련 기술자만 남는다. 이들은 서로 경쟁한다. 경쟁에서 승리하기 위해 이들에게 필요한 것은 당연히 막대한 자본이다. 공장을 계속 지어야 하고, 기술을 계속 개발해야 하며, 인간을 대신해 일해야 할 인공지능로봇과 자율주행차, 수많은 기계도 구입해야 한다. 이런 일에는 지금보다 더 많은 자본조달이 필요하기 때문에 글로벌 투자시장도 커진다. 12년마다 10억 명씩 인구가 늘어나고 중국, 인도, 동남아, 아프리카 등에서 계속 도시가 생겨나며 중산층이 증가하면서 글로벌시장도 빠르게 커질 것이다. 시장이 커지는 만큼 주식, 채권, 파생상품, 부동산 등 개인 투자시장도 커진다. 미래에는 신기술과 국가 간 경계의 파괴로 금융혁신이 빠르게 일어나면서 자본조달이 절박한 이들에게 다양한 방법으로 자본을 조달할 수 있는 창구가 늘어난다. 현재 내가 하는 일을 미래에는 인공지능로봇과 기계들에 빼앗길 수 있지만, 그 대신 나는 그 회사에 투자하는 방식으로 수익을 올릴 수 있다. 일하지 않고 인공지능로봇과 기계들이 벌어들이는 수익을 자본가와 함께 나누어 갖는 일도 가능해진다.

부자가 되는 뇌가
따로 있다

미국 듀크대학교의 뇌과학자 스콧 휴텔 박사는 부자의 뇌에는 특별한 것이 있다는 연구 결과를 발표했다. 부자의 뇌는 일반인의 뇌와 무엇이 다를까? 휴텔 박사의 답은 이렇다.

부자의 뇌는 전전두엽(특히 배외측 전전두엽)이 일반인과 다르다.

전전두엽이란 이마 쪽에 있는 뇌 부위다. 뇌 과학자들은 뇌의 최고 사령탑에 해당하는 (전전두엽의 한 부분인) 배외측 전전두엽이 고등 사고를 담당한다고 말한다. 휴텔 박사에 따르면 부자는 일반인보다 부를 증식시키거나 자신이 원하는 목표를 이루는 데 배외측 전전두엽을 매우 집중적이고 효율적으로 사용한다.

필자가 미래 사회의 최고 능력으로 꼽힐 것으로 예측하는 '통찰력'이 발휘되는 뇌 영역도 바로 이 부분이다. 부자가 되거나 최고의 통찰력을 발휘하기 위해서는 자신의 지식과 경험을 '패턴화'하고 수많은 정보를 한데 모아 '일반화', '추상화' 등을 하면서 핵심을 빠르고 정확하게 꿰뚫어볼 능력이 중요하다. 전전두엽이 이런 기능과 직접 연관되어 있다. 부자는 발달된 전전두엽을 가지고 뛰어난 통찰력을 발휘하여 투자와 관련된 의사결정에서 일반인보다 탁월하다. 탁월한 통찰력은 곧 더 뛰어난 투자 성공을 가져다준다.

뇌가 판단을 내리는 과정을 살펴보자. 휴식을 취하기 위해 의자에 앉아 있는 동안에도 인간의 감각기관들은 1초마다 감각세포 수에 해당하는 약 천만 개의 인상을 받아들인다. 눈앞에 있는 TV에서 나오는 다양한 소리와 이미지와 글자로 된 정보, 앉아 있는 의자의 느낌과 압력과 흔들림, 컴퓨터에서 나는 팬 소리, 스피커에서 나오는 잡음, 시계 소리, 창문으로 들어오는 풀 냄새 등이 모두 포함된다.

감각기관을 통해 모인 정보는 뉴런(신경세포)이라는 것이 가득 차 있는 대뇌의 감각피질에서 분석되고 처리된다. 이 과정에서 입력된 새로운 감각 정보는 이미 저장되어 있는 다른 감각 정보, 전에 배운 사실이나 지식, 유전적으로 이미 가지고 있는 특성과 비교되면서 더욱 세밀하게 분석된다. 깨어 있을 때뿐만 아니라 당신이 잠자고 있는 동안에도 뇌는 몇 백 분의 1초마다 이런 과정을 끊임없이 반복한다. 처리된 정보나 경험은 각각 관련된 대뇌피질에 단기적으로 저장된다. 예를 들어 아름다운 꽃의 모양은 시각피질에, 날카롭고 강렬한 메탈 음악은 청각피질에서 분석되어 바로 그 자리에 저장되는 것이다.

단기기억으로 저장된 정보나 경험은 각각의 기억이 어떤 작용으로 반복되거나 되살아나면, 새로 입력된 연관 정보와 함께 똑같은 저장 과정을 다시 거친 뒤 의식과 무의식의 장기기억 속으로 흘러들어 간다. 이 과정은 해마가 담당한다. 해마는 그리스신화에 등장하는 물고기와 말이 결합된 괴물과 비슷해서 붙여진 이름이다. 해마의 역할은 기억의 문을 지키면서 정보나 경험의 저장과 삭제를 결정하는 것이다. 해마가 어떤 정보를 장기로 저장해야겠다는 선택을 내릴 때는 그 정보가 '감정적으로 강한 인상'을 주느냐가 결정적으로 작용한다. 해마는 훨씬 더 강한 주도권을 가진 '감정'이라는 상관의 명령에 따르기 때문이다.

감정이 어떤 정보나 경험을 장기로 기억하기로 결정하면, 기억 저장을 방해하는 크렙-2와 같은 단백질을 즉각적으로 차단한다. 에릭 캔들 같은 과학자가 "감정이 없이는 아무것도 저장할 수 없다"라고 말하는 이유다. 감정적으로 어떤 강한 인상을 동반하여 장기저장이 되는 지식을 우리는 '경험 지식'이라고 부른다. 여하튼 해마와 감정의 이런 작용이 지속되는 과정 속에서도 감각기관은 계속해서 초당 약 천만 개의 인상을 받아들인다. 사람은 이렇게 엄청난 양으로 들어오는 자극 정보들을 받으며 신속한 결정을 요구받는다. '커피를 끓여 마실 것이냐?'와 같은 단순한 선택에서 회사의 명운을 건 선택까지 다양한 선택을 계속 강요당한다.

강요되는 선택과 행동에 빠르게 반응하지 못하면 스트레스가 쌓이기 때문에 전두엽과 후두엽 사이에 있는 두정엽(운동피질, 감각 피질)이 바쁘게 움직인다. 두정엽의 체성감각피질에서는 강요되는 한 사건과 연관된 상상을 유발하고, 이로써 얻어진 영상을 과거에 이미 있었던 비슷한 감각적 정보나 경험들과 비교한다(이런 이유로 무언가를 기억할 때는 그림을 사용하는 것이 효과적이다).

인간의 뇌가 독특한 것은 모든 감각기관에서 얻어진 정보나 경험적 인상을 처음에는 따로따로 독립해서 분석하기 때문이다. 그러고 나서 대뇌가 2차로 다양하게 체험된 감각을 조합하고 평가하고 의사결정을 할 때는 그림을 그리듯 작업한다. 그림 퍼즐을 맞추는 것처럼 말이다. 대뇌는 이제부터 선택을 통해 일어날 수 있는 결과에 대해 상상으로 그림을 그리며 앞으로 어떤 행동을 선택해야 좋을지 빠르게 판단하는 작업을 시작한다. 동시에 그 사건과 연결된 감정도 함께 활성화한다. 이는 측두엽의 깊숙한 곳에 자리한 편도체가 작용하면서 일어나는 현상이다. 편도체는 기쁨이나 분노와 같은 감정을 발생시키는 곳이다. 즉, 해마의 상관으로 알려진 감정이 드디어 활동하는 것이다. 특정 상황에 맞는 객관적 사실에 관한 지식의 기억을 회복시켜 대뇌에 제공하는데, 이 일은 해마가 담당한다(이런 이유들 때문에 우울증 등으로 감정의 장애가 발생하면 동시에 분석적이고 합리적으로 생각하는 능력이 현저하게 저하되는 것이다).

전두엽의 일부분인 전전두피질은 머릿속에 떠오른 상상의 그림과 정보를 그와 연관된 감정의 도움을 받아 빛의 속도로 빠르게 분류하고 평가하기 시작한다. 그러면서 전전두피질은 이성과 느낌을 하나로 합치고 신체기관들이 반응하도록 명령할 준비를 시작한다. 이런 작용이 얼마나 빠르고 정확하게 일어나느냐가 통찰력의 수준을 만들어낸다.

통찰력 훈련을
시작하라

미래에 부자가 되기를 원하는가? 미래 사회가 요구하는 최고의 능력인 높은 수준의 통찰력을 갖기 원하는가? 필자는 《미래학자의 통찰의 기술》에서 "통찰력은 훈련될 수 있다"라고 주장했다. 통찰력은 유전적으로 타고난다거나 자연스럽게 그냥 생기는 것이 아니다. 부자들이나 특정 분야의 세계 최고 전문가들이 발휘하는 탁월한 통찰력은 평소 끊임없는 훈련으로 준비되고 습득된 것이다.

　필자는 통찰력을 2가지로 나눈다. 하나는 '훈련된 통찰력'이고, 다른 하나는 평소에 잘 훈련된 통찰력을 기반으로 긴급하고 위험한 상황에서 아주 직관적으로 빠르게 작용하는 '직관적 통찰력'이다. 대부분의 사람은 후자의 '직관적 통찰력'만을 통찰력의 전부로 알고 있다. 통찰력은 타고난다든지 혹은 나와는 상관

없는, 신만이 줄 수 있는 능력이라고 생각하는 이유다. 하지만 현대 뇌과학으로 뇌의 신비가 밝혀지면서 이런 상식이 깨지고 있다.

어떤 위급한 문제나 중대한 사안이 닥쳤을 때, 천재적인 직관으로 해답을 찾아내는 직관적 통찰력이 발휘되는 과정을 살펴보자. 1990년대 초반, 신경학자 미하엘 팔켄슈타인 박사는 'ERN Error Related Negativity'이라고 불리는 뇌파를 발견했다. 일종의 자동 정정 기능을 수행하는 뇌파다. 우리가 어떤 긴급한 상황 가운데서 특정 행동을 하기로 결정을 내리면, 뇌는 곧바로 그 행동의 결과로 인해 미래에 일어날 일이 일어날 것인가를 상상한다. 상상의 결과가 뇌의 인지 영역이 본래 기대했던 결과와 일치하면 '만족감'이라는 보상을 내린다. 그와 반대로 불일치가 예측되면 일종의 벌과 같은 '두려움'이라는 감정 시스템이 뇌에 작용된다. 특정한 문제나 위급한 상황에 빠지면, 뇌는 이런 '불일치'를 찾으려고 모든 감각기관을 총동원해 주변을 관찰한다. 이런 것을 '오류 정정 시스템ERN' 혹은 '실수 감시 시스템'이라고 부른다.

우리 뇌는 이런 시스템이 종일 작용되면서 수많은 상황을 뇌 속에 이미 만들어져 있는 패턴이나 모범 사례와 비교하며 본능적 혹은 직관적으로 오류를 정정한다. 순간적으로 '아, 이것은 무언가 틀렸다!' 혹은 '아, 이것이 해답일 거야!'라는 생각이 든다면 당신의 뇌가 이 작업을 하고 있다고 보면 된다. 오류 정정 시스템은 잘못된 판단을 직관적으로 느끼게 함으로써 미래에 저지를 수 있는 커다란 실수를 미리 발견할 능력을 갖게 해준다. 만약 사고나 마약중독 등으로 전전두엽에 손상을 입으면 이 기능이 현저하게 떨어진다. 유명 신경학자 잉마르 프랑켄은 알코올 의존자와 마약중독자는 오류 정정 시스템에 심각한 손상을 입었다는 것을 발견했다. 파킨슨병이나 치매에 걸린 사람도 매우 약한 ERN 파장을 가진 것으로 밝혀졌다. 반복적으로 실수하면서도 그 사실을 알아차리지 못하고 고치려고도 하지 않는 이유다. 반대로 지나치게 강력한 ERN 파장이 발생하면 자신을 불필요하게 과다 통제하는 부작용에 빠진다. 손을 계속해서 씻는다거나 가스 밸브가 잠겨 있는지 계속해서 점검한다거나 하는 상황이다.

지금까지 직관적 통찰력이 작용되는 뇌 구조와 과정을 간단히 살펴보았다. 중요한 것은 이것이다. 통찰력은 외부에서 주입되는 영감이 아니다. 하늘에서 떨어지는 생각의 번개가 아니다. 통찰력은 당신의 뇌에서 작용한다. 뇌를 가진 사람이면 누구나 통찰력이 작용하지만, 그 속도와 정확도가 다르다. 이것이 뇌신경공학적인 통찰력의 수준 차이이다. 어떻게 해야 직관적인 통찰력이 수준 높게 잘 발휘되도록 할 수 있을까?

오류 정정 시스템에 그 해답이 있다. 신경심리학자들에 따르면, 오류 정정 시스템이 잘 작용하려면 우선 행동의 목표 혹은 문제를 정확하게 규정하는 것이 중요하다. 이는 어떤 일이 잘못된 방향으로 갈 가능성이 있는지 없는지를 뇌 시스템이 빨리 발견하도록 돕는 일이다. 문제가 무엇인지 혹은 목표가 무엇인지 분명하지 않고 모호한 상태로 있게 되면 오류 정정 시스템이 효율적으로 작용하지 못한다. 하지만 이런 것보다 더 중요한 것이 있다. 평소에 통찰력을 끊임없이 훈련해야 한다. 바로 '훈련된 통찰력'이다.

뇌의 의사결정(판단) 시스템이나 오류 정정 시스템이 효율적으로 작용하더라도, 이런 시스템이 사용하는 기초 정보인 의식과 무의식에 저장된 경험이나 정보의 기억이 '불량'하다면 어떻게 될까? 부적절하고 부실한 정보를 가지고 전전두엽 시스템이 지나치게 잘 작용하면 최악의 결과가 발생한다. 잘못된 확증편향을 생각해보라. 마치 그것이 최고의 선택이나 해결책인 것으로 착각하고 행동을 명령하면 엄청난 재앙을 불러온다. 자신이 맞다고 생각하는 여러 개의 잘못된 해결책 가운데 최고를 골라보았자 아무 소용없다. 차라리 아무것도 하지 않는 편이 낫다.

전문가들은 이것을 '감정적 암시(직관적 통찰력)의 속임수'라고 한다. 예를 들어, 과거에 크게 성공했던 경영자가 성공 경험에서 벗어나지 못해 새로운 변화에서 몰락하는 경우가 그렇다. 우리는 이런 사람이 과거의 성공에 취해서 망했다고 말하지만, 아니다. 비즈니스 환경이나 소비자의 트렌드가 빠르게 변했는데도 유통기한이 다 된 정보와 경험만을 사용해 직관적인 통찰력을 발휘한 의사결정을 내렸기 때문에 실패한 것이다.

인간의 뇌가 가진 놀라운 판단 시스템은 '시스템'에 불과하다. 그 시스템 자체만으로도 다른 동물이나 컴퓨터보다 탁월하지만,

시스템이 사용하는 의식과 무의식 속에 저장된 정보나 경험이 더 중요하다. 훈련된 통찰력이란 평소에 좋은 정보와 경험을 의식과 무의식에 계속 저장하고 변화에 맞게 업데이트하며, 이것을 가지고 미래의 상황을 미리 떠올려 반복해서 생각해보는 것이다. 직관적 통찰력이 최고 기능을 발휘하게 하려면 평소에 의식과 무의식 속에 최신 정보나 최고의 유용한 정보를 계속해서 업데이트해 넣고 이를 통해 가상의 위험 상황에서 최고의 통찰력을 발휘하는 훈련을 지속적으로 하라. 위험하지 않은 상황에서 미래에 닥칠 위험한 상황을 미리 훈련해야 한다. 오늘의 훈련 과정 속에서 다양한 시행착오를 미리 겪어야 한다는 말이다. 직관에서 실수는 거대한 지식의 원천이다.

이러한 실례는 너무나도 많다. 주식상장 표시기, 탄소전화기, 축음기, 백열전등, 영화 촬영기, 영사기, 축전기 등 수많은 혁신적 발명품을 만들었던 토머스 에디슨은 메모장을 들고 다니면서 자신이 새롭게 배운 지식과 경험을 기록했다. 자신의 의식과 무의식의 저장고를 계속 갱신했다. 84세로 죽기 전까지 에디슨이 남긴 메모장은 3,400권이었다. 전쟁의 신으로 불린 나폴레옹도 평소에 다양한 전쟁 사례를 연구했다. 알렉산더나 한니발 등 유명한 장군들을 자신의 상상 속에 존재하는 원탁에 불러놓고 전술을 상의했다. 이들 모두 훈련된 통찰력과 직관적 통찰력의 시스템을 탁월하게 사용했다.

유레카의 일화로 유명한 아르키메데스도 마찬가지다. 왕이 갓 만든 금으로 된 왕관을 구했는데 순금이 아니고 은이 섞였다는 소문을 들었다. 왕은 아르키메데스에게 진실을 밝혀내라고 명령을 내렸다. 아르키메데스는 깊은 생각에 잠겼다. 우연히 목욕탕에 들어간 아르키메데스는 물속에서 자기 몸의 부피만큼 물이 넘친다는 것을 '순간적'으로 알아냈다. 흥분한 그는 옷도 입지 않은 채 집으로 달려갔다. 왕의 금관과 같은 무게의 순금 덩이를 각각 물속에 넣어본 아르키메데스는 금관을 넣었을 때 더 많은 양의 물이 넘치자 금관에 불순물이 섞여 있다는 결론에 도달했다. 이것이 바로 유명한 '아르키메데스의 원리'다.

이 사건은 후대에 직관적 통찰력으로 문제를 해결한 유명 사례로 자주 인용된다. 하지만 아르키메데스가 평소에 다양한 방법으로 자신의 통찰력을 훈련하지 않았다면 가능한 발견이었을까? 아르키메데스는 젊어서부터 기술에 재능이 있었고, 탁월한 통찰력을 발휘할 만큼의 지적 훈련을 늘 하던 인물이었다. 이집트 유학 중에 나선을 응용해 '아르키메데스의 나선식 펌프'로 알려진 양수기를 만들었고, 문화의 중심이었던 알렉산드리아의 대연구소 무세이온에서 수학자 코논에게 기하학을 배웠다. 제2차 포에니전쟁 때는 로마군의 공격을 막기 위해 각종 투석기, 기중기 등의 신형 무기를 개발했다.

아르키메데스는 유명한 '지렛대의 반비례 법칙'도 발견했다. 하루는 시라쿠사의 왕 히에론이 해변 모래톱에 정박해놓은 군함에 병사들을 가득 태우고 이것을 물에 띄워보라고 명령했다. 아르키메데스는 지렛대를 응용한 도르래를 써서 아주 쉽게 해결해 버렸다. 그러고는 왕 앞에서 말했다. "긴 지렛대와 지렛목만 있으면 지구라도 움직여 보이겠습니다."

운동선수도 마찬가지다. 평소에 다양한 가상훈련으로 많은 경험을 축적한 선수는 실전에서 발생하는 다양한 상황이나 위태로운 순간에도 당황하지 않고 동물처럼 빠르게 직관적으로 최고의 판단과 행동을 한다. 이처럼 위급한 순간에 빛처럼 다가오는 직관적 통찰력은 평소 철저하게 훈련된 경험(훈련된 통찰력)에 바탕을 둔다. 당신이 무언가 결정을 내릴 때 전전두피질에 그 선택의 이유를 공급하는 원천은 평소 훈련으로 무의식중에 축적된 경험과 정보, 이를 가지고 이런저런 생각을 해본 시간의 결과다. 훈련된 통찰력이 긴급 상황에서 오류 정정 시스템 등과 함께 작용하면서 최고의 판단을 직관적으로 내리게 된다. 뇌 연구 결과들 가운데 이런 것이 있다.

직관적으로 첫 번째 떠오른 생각이 정답일 확률이 두 번째 떠오른 생각보다 훨씬 높다.

문화 이해력과
기계어 능력을 키워라

빠른 계산 능력, 기억력 그리고 외국어 능력이 필요 없어지는 대신에 갖추어야 할 새로운 능력은 문화 이해력과 기계어 능력(혹은 알고리즘 이해력)이다. 미래는 지금보다 더 지구촌이 좁아지고 국가 간 간격이 가까워진다. 세계화가 더욱 심화된다. 가상혁명으로 지구 어느 곳에 있는 사람과도 실시간으로 만날 수 있다. 교통이 향상되어 더 빠르게 지구 이곳저곳으로 물리적 이동이 가능하다. 전국이 한나절권이 되었다는 말이 있었다. 경부고속도로가 개통된 뒤 나온 말이다. 중국과 한나절권이 되었다는 말도 이제는 과거 표현이다. 미래에는 미국이나 유럽이 한나절권이 될 수 있다.

언어의 경계가 깨지면 지구촌은 더욱 가깝게 느껴질 것이다. 더 많은 외국인과 만날 수 있다. 인공지능 기술의 발달로 외국어를 배울 필요는 없어진다고 했다. 그 대신 지구촌이 더 가까워지

고 세계화가 심화되고 더 많은 외국인과 만나면 '소통 능력'이
중요해진다. 지금까지 외국인과 소통할 수 있는 가장 큰 무기는
외국어였지만, 인공지능이 동시통역을 해주는 미래에는 내가 만
나는 외국인의 문화를 이해하는 것이 더 중요해진다. '문화 이해
력'을 미래에 반드시 갖추어야 할 새로운 능력으로 꼽은 이유다.
외국어를 배우는 대신, 외국의 문화와 역사를 공부하는 것으로
옮겨가야 한다.

다음으로 모든 사람이 갖추어야 할 새로운 능력은 '기계어 능
력'이다. 미래에는 외국 사람과 만나는 기회도 많아지지만, 기계
와 만나고 일하는 기회도 늘어난다. 외국 사람과 소통하기 위해
필요한 언어는 배우지 않아도 되지만, 기계와 일하기 위해서는
'기계어'를 배워야 한다. 기계어를 배운다는 것은 크게 3가지를
가리킨다.

먼저 말 그대로 컴퓨터프로그래밍 언어를 배워야 한다. 이는
코딩이라고도 하는데, 컴퓨터가 이해하는 언어로 명령문(컴퓨터에
업무 지시)을 만드는 행위다. 코딩교육에서 가장 중요한 것은 명령
어 암기가 아니라 알고리즘 구상력이다. 알고리즘은 특정 문제를
푸는 데 정형화된 처리 절차인데, 논리수학 능력에서 수준이 결
정된다. 코딩을 잘하려면 다음과 같은 능력도 필요하다. 즉 문제
를 발견하는 능력, 발견한 문제를 해결하는 과정을 구상하는 능
력, 문제 해결에 필요한 기능을 상상하는 능력, 상상한 기능을 사
용자가 편리하게 느끼도록 배치하는 디자인 능력, 배치한 기능들

이 간결하고 정확하고 빠르고 효과적으로 작동하도록 연산이나 논리 수식을 짜는 논리수학적 처리 능력(논리수학적 사고)이다.

코딩으로 비즈니스를 할 때는 인간 이해 능력도 중요하다. 비즈니스는 인간이 필요한 것을 소비자의 감성과 이성을 움직여 사도록 하는 것이다. 코딩교육이 명령어 암기나 문법을 익히는 수준을 넘어 문제를 발견하고(관찰·발견), 문제가 해결된 최종 상태를 추론하고(가설 추론과 사고실험을 통한 가설 검증), 문제를 해결하는 세부 절차를 논리수학적으로 구상하고(논리수학 능력), 선택한 해결 방법이 인간에게 이로운지를 판단하는 능력(윤리·철학)까지 종합적으로 이루어져야 하는 이유다. 이런 능력들이 부족한 프로그래머의 코딩은 단어 대 단어의 번역처럼 단순 작업 수준에 머문다. 앞으로 단순 번역 수준에 해당하는 기계적 코딩은 외국어 번역처럼 인공지능이 자동화할 수 있을 것이다. 그러면 코딩을 할 수 있어도 일자리를 잃게 된다.

그다음은 컴퓨팅 사고를 가리킨다. 인공지능 컴퓨터와 일해야 하기 때문에 당연히 함께 일할 존재가 생각하고 행동하는 방식을 알아야 한다. 이것을 컴퓨팅 사고라고 부른다.

마지막으로 인공지능 알고리즘 이해력을 가리킨다. 미국 MIT가 개발한 인공지능 윤리 교재를 보면 미래의 인공지능 세대가 알고리즘 환경에서 살아가기 위해서는 인공지능이나 컴퓨터 알고리즘의 작동 원리와 구조, 설계구조, 영향력, 인공지능의 가치를 이해해야 한다는 데 초점이 맞춰져 있다. MIT는 모든 기술은

'사회적·기술적 복합 시스템'이라는 전제로 중립적 정보는 없으며, 모든 정보나 지식은 정치적 의제나 상업적 목적으로 다양하게 활용될 수 있고, 정보와 알고리즘에 얼마든지 편향성을 띨 수 있다는 것을 이해시킨다. 인공지능 시대의 가치를 분별하는 교육도 한다. 특정한 회사의 인공지능 추천 알고리즘이 소비자의 만족도를 높이고 쇼핑의 편리성을 향상시키지만, 또 다른 목적은 그 회사의 수익 증대라는 것도 학습하게 한다. 또한 균형 있는 가치에 대한 생각과 구상을 학습시킨다.[36]

이 외에도 미래 인재가 되기 위해서는 혹은 미래 일자리 경쟁에서 살아남기 위해서는 '호기심'도 중요한 능력이 된다. 문제 해결은 인공지능이 하지만, 인공지능에 문제를 주는 것은 인간의 몫이다. 문제를 잘 발견하려면 호기심이 필요하다. 사업 기회를 잘 발견하는 데도 호기심이 필요하다. 기술 활용 능력도 중요하다. 신기술을 잘 사용할수록 기회의 가능성이 높아지는 것은 당연하다.

인공지능이
할 수 있는 일

신기술을 잘 사용하는 것이 중요하다는 건 당연하다. 그중에서도 인공지능 활용 능력이 우선이다. 인공지능 알고리즘을 개발하라는 것이 아니다. 이는 인공지능과 협업하는 능력을 말한다. 인공지능과 협업을 잘하려면 인공지능이 할 수 있는 일과 할 수 없는 일을 구별할 필요가 있다. 인공지능이 할 수 있는 일을 구별해내면 그 반대가 인공지능이 할 수 없는 일, 인간이 할 수 있는 일이 된다. 20~30년 후는 달라지겠지만, 당분간은 인공지능이 하는 일을 다음과 같이 정리할 수 있다.

인공지능은 아주 미세한 특이 사항을 잘 발견하고(차이 발견·징후 포착), 매우 복잡하고 큰 계산을 자동화해주며, 방대한 데이터 기억을 기반으로 패턴의 발견과 적용이 빠르고, 경우의 수 파악 범위가

넓어 경로 최적화에 뛰어나며, 추세적 예측과 확률적 예측에 주로
활용된다.

우리는 인공지능의 장점을 말할 때 크게 3가지를 꼽는다. 우선
데이터 분석과 처리에 능하다. 다음으로 절차(매뉴얼)가 분명하고
반복적인 일에 능하다. 마지막으로 예측 능력이 좋다. 인공지능
이 데이터 분석과 처리에 뛰어나다는 것은 데이터 처리 능력, 특
이 사항 발견, 패턴 추출과 적용이 인간 전문가보다 빠르고 정확
하다는 말이다. 절차가 정해진 반복적 일에 뛰어나다는 것은 데
이터 처리 능력과 빠른 연산 능력을 기반으로 분명한 명령과 정
확한 계산에 따라 움직이면 되는 일에 뛰어나다는 말이다. 또한
예측 능력이 좋다는 것은 방대한 데이터를 기반으로 예측에 필
요한 패턴을 빨리 그리고 더 많이 찾고, 그 가운데서 다양한 경우
의 수를 인간보다 더 많이 추출하여 미세한 수준까지 확률적으
로 계산할 수 있다는 의미다. 이 3가지 능력을 다른 말로 하면 인
공지능의 '분류, 군집, 외삽' 기능이라고 한다. 놀랍게도 인공지
능은 이 3가지만 잘한다.

딥러닝을 예로 들어보자. 딥러닝은 기계학습의 일종으로 아주
많은(깊은) 인공신경망을 이용해 인공지능 알고리즘을 학습하는
기술이다. 이를테면 인공신경망 알고리즘에 몇 십억 개의 고양이
이미지가 입력되면 인공지능 알고리즘은 그것이 무엇인지 말한
다. 고양이라고 잘 맞히면 정답을 말할 때 만들어진 인공신경망

체계(연결 강도와 연결 루트 등)는 바뀌지 않는다. 하지만 개라고 대답하면 고양이라는 정답이 나올 때까지 인공신경망 연결 구조를 계속 바꾼다. 이런 과정이 수백만, 수천만 번 반복되는 동안 각각의 인공지능 레이어(층)들은 고양이에 대한 세부 특징을 학습하고 저장한다. 이처럼 학습과 저장 과정이 반복되면서 인공신경망 시스템의 연결 설정이 달라지고 인식 정확도도 높아진다. 학습을 끝마친 인공지능은 새로운 고양이 이미지가 입력되면 순식간에 세부 특징까지 속속히 분석 평가하여 고양이를 알아본다.

고양이를 알아보는 인공지능도 실제로는 분류, 군집, 외삽 안에서 작동한다. 미국 카네기멜론대학교 투오마스 샌드홀름 교수가 개발한 인공지능 '리브라투스Libratus'는 알파고처럼 게임 자체를 무수히 학습하지 않고도 게임 규칙만 입력한 뒤 수학적 계산만으로 포커 게임을 하고 상대를 속이는 블러핑 전략까지 익혔다. 이런 수준까지 인공지능이 향상되었어도 결국은 분류, 군집, 외삽 안에서 작동한다. 당분간은 인공지능이 이 3가지만 잘할 가능성이 크다.

하지만 우습게 보면 곤란하다. 고양이를 알아보는 훈련 방식과 비슷하게 의료 분야에서 인공지능을 훈련해 사용할 수 있기 때문이다. 의료 분야처럼 초단위로 생체 데이터가 쏟아지거나, 엄청난 양의 이미지나 동영상을 판독하는 일을 반복적으로 해야 하는 경우에 분류, 군집, 외삽만 할 줄 아는 인공지능이지만 강력한 도움을 준다. 당신이 하는 일 가운데 상당 부분도 이 3가지 안에 든다. 그래서 미래에 3가지 영역에 있는 일이나 일자리를 인공지능 혹은 인공지능로봇에 빼앗긴다는 말이 나온다.

인공지능의 또 다른 특성이 있다. 인공지능은 '목표지향적'이다. 이 말은 분명한 목표를 주지 않으면 큰 성과를 기대하기 어렵다는 말이다. 인공지능은 수많은 사진을 주고 고양이를 찾아내라는 등 분명한 목표가 정해진 일을 아주 잘한다. 인공지능이 바둑이나 체스를 잘 두는 이유다. 바둑은 목표가 분명한 게임이다. 집이 많은 쪽이 이긴다. 인공지능은 자신이 가장 잘하는 경우의 수 분석 능력을 극대화하여 초반부터 집 확보(승리 요건) 전략을 구사한다. 인간과 비교되지 않을 정도의 탁월함을 가진 계산력으로 형세 판단, 수읽기 등에서도 반 집 차이를 읽어낸다. 이처럼 인공지능은 목표 달성에 초집중하여 최고의 효율과 효과성 높은 최적의 길을 찾는다.

당분간 인공지능은 규모가 큰 데이터를 분류하고, 경우의 수(예측 범위)를 빠르게 줄이며, 최종 목표에 도달하는 가장 빠른 길 찾기를 더욱 잘하는 방향으로 발전을 거듭할 것이다. 그래서 미래에 인간이(인공지능과 대결을 하든, 협업을 하든) 해야 할 일은 그다음의 일이 된다. 예를 들어 인공지능이 빅데이터를 분석해 확률적이고 통계적인 제안을 하면, 그 자료에 인사이트를 붙이는 것은 인간의 몫이다. 인공지능은 정량화된 지표에서 학습된 규칙을 따라 최적화하는 활동은 뛰어나지만, 규칙이나 환경이 순식간에 바뀌면 어린아이보다 못하다. 학습되지 않은 것에 대한 적응 능력이 전무하다. 인간은 다르다. "하나를 배우면 열을 깨친다"라는 말은 아직 인공지능에는 무리다. 인간은 가능하다. 빠른 계산만 가능하던 컴퓨터가 딥러닝을 장착하면서 인식 기능이 가능해졌지만, 인공지능의 장점(계산·데이터 축적·확률적 예측) 위에서 유비, 추론, 가추假推, 직관 등 추가적 사고를 하는 것은 여전히 인간 뇌의 능력이다.

인공지능로봇은 '이동'(아마존 물류·자율주행차 등), '조립'(로봇 팔 등), '계산' 그리고 '관리'(물류관리·인사관리·뛰어난 비서 등) 같은 행위에 잘 맞는다. 인간 노동자보다 효과나 효율성이 좋다는 말이다. 2030년경이면 가정용 휴머노이드로봇의 상용화 가능성이 시작된다. 2050~2060년경이면 휴머노이드로봇의 대중화 시대가 열릴 것이다. 2065~2075년경이면 자유도가 아주 뛰어난 휴머노이드로봇이 출현할 수 있다. 이동과 조립, 계산, 관리 등의 행동 수준도 그만큼 높아진다. 단순하고 간단한 행위는 집이나 사무실, 공장 등에서 로봇에 빨리 빼앗기겠지만, 21세기 중반까지는 인간의 장점인 복잡하고 섬세한 행위가 필요하다는 말이다.

인간만이
할 수 있는 일

인간의 최고 장점은 선험적 지식, 본능적 능력, 자기 반성에 있다. 인간도 대부분을 신체 학습이나 지적 학습을 통해 배우지만, 선험적 지식과 본능적 직관이 있다. 인간은 두세 살만 되어도 물리학의 기본을 몸으로 알아차린다. 중력과 압력을 가르치지 않아도 주변 상황을 관찰하고 상호작용을 하는 시행착오를 통해 아주 빠르게 알아차린다. 본능적으로 물리학의 핵심 원리를 알아차리고 자신에게 맞게 적용한다(인식한다). 물리학 원리를 지적으로 설명하는 것은 오랜 학습과 이해가 필요한 일이지만, 물리학 핵심 원리대로 몸을 조절하고 행동하는 것은 아주 이른 나이에 완벽하게 습득한다. 인공지능로봇은 몇 십 년 혹은 100년 이상 걸려야 그 수준에 도달할 수 있다. 신이나 영혼의 존재, 자아 인식, 무와 유의 구별, 선과 악, 철학이나 기하의 원리 등은 선험적으로 알게 된다. 인간은 수많은 이치를 선험적 혹은 본능적으로 안다.

인간이 선천적으로 가지고 태어난 신경세포 네트워크에는 효율적인 학습 시스템이 이미 내재되어 있어서 학습에 필요한 정보가 부족해도 정답에 도달하는 시간이 인공지능보다 짧다. 이것도 인간의 장점이다.

인공지능은 하고 싶은 것이 없다. 의지나 욕구가 없다. 자신의 뜻도 아직 없다. 인간은 하고 싶은 것이 있다. 의지나 욕구는 본능적 능력이다. 하고 싶은 것을 '뜻'이라 한다. 뜻은 욕구에 가치가 결합된 것이다. 의지는 선택을 실행하는 것이다. 인공지능도 가치를 학습시킬 수 있다. 하지만 수많은 가치 가운데 무엇을 선택할지는 인간이 정해준 규칙(벤담의 최대 다수의 최대 행복, 칸트의 욕망을 거스르는 옳음으로써 선, 공자의 덕 등)과 확률적 판단에 따른다. 인간도 정해진 규칙과 확률적 판단에 따라 가치판단을 하지만, 그것과 전혀 상관없이 혹은 정반대로 가치판단을 할 자유의지가 있다. 완전히 새로운 가치를 창조할 수도 있다. 인공지능에는 가치도 계산의 영역이지만, 인간은 옳은 선택을 위해 치열한 고민과 정당성 확인을 한다. 이런 과정을 거쳐 최종 결론이나 행동에 이르렀어도 인간은 자기반성이라는 행위를 한다. 당분간 인공지능이 이런 능력을 갖기란 거의 불가능한 일이다.

인간은 하고 싶은 것을 제지당할 때 고통을 느낀다. 외부에 실재하는 물건이나 실체를 접촉할 때 얻는 감각적 고통이 아니다. 보이지 않는 것, 아직 실체가 없고 머릿속에만 있는 것을 대할 때 나타나는 의식적 고통이다. 머지않은 미래에 인공지능로봇도 감각적 고통을 인지하는 일은 가능하겠지만, 의식적 고통을 느끼는 데는 아주 오랜 시간이 필요할 것이다. 의식적 고통은 인간의 단점이지만 동시에 장점이기도 하다. 고통이 있어야 발전이 있기 때문이다. 인간이 인공지능에 자신의 할 일을 빼앗기면 고통받지만 동시에 극복할 방법을 찾는다. 따라서 인공지능이 발전하면 인간이 퇴보하는 미래는 확률적으로 가능성이 낮다. 오히려 인공지능이 발전할수록 인간도 발전한다.

인간은 선험적 지식이 있고, 옳은 선택을 위해 치열한 고민과 정당성을 확인하며, 의식적 고통과 자기반성 등을 할 수 있기에 지혜를 탐구하는 철학을 할 수 있다. 그래서 인공지능은 지혜를 사랑하는 행위인 철학을 할 수 없다. IBM의 인공지능 왓슨이 퀴즈쇼에서 인간을 이기고 수많은 주제로 토론하는 경지까지 발전했지만 철학하는 행위의 결과는 아니다. 논리나 상황에 따른 규칙과 패턴에 따라 자연어의 은유나 비유를 더욱 완벽하게 구사할 수 있어도 지혜를 탐구하는 행위는 의식적 고통과 치열한 고민, 가치 정당성을 확인하는 정신적이고 영적인 씨름을 하는 능력을 확보하지 않는 한 불가능하다. 미국 서던캘리포니아대학교의 인공지능 '엘리'는 퇴역 군인과 면담하면서 말과 표정과 감정을 데이터로 읽고, 내면에 있는 심리적 문제를 정확히 밝혀내는 데 성공했다.[37] 그래도 그것은 분류, 군집, 외삽의 범주에서 일어난 탁월한 데이터 처리 결과일 뿐이다.

인공지능을 두려워하지 말라. 인공지능이나 로봇을 인간과 비교하는 것은 여전히 난센스다. 세상이 바뀌는 것과 인간이 쓸모없어지는 것은 다른 미래다. 인공지능이나 로봇은 인간의 몇 가지 기능을 인간보다 잘해서 세상을 확 바꿔주는 도구다. 인간의 대체물이 아니다. 여전히, 아니 아주 오랫동안 인간이 인공지능보다 더 나은 점이 많을 것이다. 인간과 인공지능의 가장 큰 차이는 3가지 영역에서 두드러진다. 바로 예상expectation과 이해 comprehension, 그리고 전이transfer다.

예상은 데이터를 기반으로 한 외삽 수준의 예측을 넘어 다양한 시나리오(가설·통찰)를 기반으로 단기에서 아주 먼 미래까지 생각해보는 기술이다. 인공지능은 정보를 받아들이면 이해 과정을 생략하고 (빅데이터의 힘을 이용해) 문제 해결(정보나 지식의 적용)을 한다. 하지만 인간은 이해라는 강력하고 독특한 과정을 거쳐 정보나 지식의 부족과 한계를 극복하고 문제 해결(정보나 지식의 적용)에 성공한다. 인공지능이 이해력을 가지려면 수많은 알고리즘(정보 연결, 문제 해결 절차)이 자동으로 연결된 하나의 거대하고 복잡한 네트워크 지식에 과거, 현재, 미래의 실체가 비판적 평가를 거쳐 연결(저장)된 인식 상태에 이르러야 한다. 당분간 인공지능이 인간 수준의 이해력을 갖기 어려운 이유다.

인공지능은 전이 역량도 인간과 비교해서 현저하게 낮다. 인간은 특정 영역에서 효과적이라고 평가한 알고리즘(인식논리 등)을 다른 영역에 전이해 응용하는 능력이 뛰어나다. 반면에 얼마 동안은 인공지능이 다른 영역으로 전이하려면 추가로 알고리즘을 만들거나 재처리와 재구조화 작업을 해야 한다. 인공지능의 전이 역량이 인간 수준에 이르려면 범용 인공지능이 발명되어야 한다. 이처럼 인간은 이해, 전이, 예측에서 뛰어난 능력이 있다. 이것이 미래에 인공지능과의 경쟁에서 살아남을 인간의 능력이다. 인공지능은 이 3가지 능력을 아주 초보적 수준에서 흉내 내거나 아니면 흉내조차 불가능한 단계에 있다. 당분간 이 부분은 인간을 뛰어넘기 어렵다.

현재 인공지능의 지능도 특정 영역에서만 인간을 뛰어넘는다. 종합지능은 쥐보다 낮다. 인공지능의 종합지능은 계속 발전할 것이다. 하지만 쥐가 고양이가 되고, 고양이가 사자가 되고 원숭이가 된다 해도 인간의 지능과는 차원이 다르다. 인공지능이 인간 차원의 지능으로 올라서려면 적어도 50년 이상 걸릴 것이다. 얼마 동안은 인간이 컴퓨터에 가르칠 수 있는 지식도 한계가 있고, 가르칠 수 있는 지식을 학습시키는 데도 오랜 물리적 시간이 필요하다. 비지도 학습Unsupervised Learning을 사용해도 인공신경망에 저장할 수 있는 정보량을 늘리는 데는 시간이 오래 걸린다. 인간처럼 선험적 지식이나 본능적으로 알 수 있는 이치와 적은 정보로도 정답에 빠르게 도달하는 효율적 학습 알고리즘을 장착한 인공지능을 '범용 인공지능'이라 부를 수 있다.

범용 인공지능에 이르려면 하드웨어도 함께 발전해야 한다. 연산처리 속도를 가리키는 것이 아니다. 인공지능 신경망 칩처럼 하드웨어 구조 자체가 바뀌어야 한다. 2018년 1월 25일, 독일의 막스플랑크 진화인류학연구소에서 200만~20만 년 전에 살았던 현 인류의 친척 정도로 분류되는 네안데르탈인 화석 10구와 31만~1만 년 전에 살았던 현생 인류 화석 20구의 두개골을 마이크로컴퓨터 단층촬영기술로 분석한 결과를 국제학술지 〈사이언스어드밴시스〉에 발표했다.

연구팀은 두개골 총 30구의 생전 뇌 형태를 컴퓨터로 복원한 뒤 현대인 89명과 비교, 분석했다. 31만 년 전에 살았던 네안데르탈인(제벨이르후드 1, 2호 두개골)은 현재 인간의 뇌 크기와 같았다. 하지만 뇌의 모양은 우리 뇌보다 납작하고 좌우가 길었다. 연구진은 고대인의 뇌가 우리와 똑같은 모양으로 변한 것이 후기 구석기시대인 3만 5천 년 전쯤이라고 추정했다. 뇌 모양이 변한 이유는 전두엽과 소뇌의 발달 때문이었다. 이 무렵부터 아프리카와 유럽에서 벽화나 조각 등 예술과 문명이 폭발적으로 발전한 이유도 전두엽과 소뇌의 발달로 평가했다. 고대 인간이나 원숭이, 침팬지 같은 영장류와 비교해 현대 인류의 지능이 탁월하게 차이 나는 원인 중 하나가 뇌의 구조적 차이라는 의미다.

인간의 뇌는 정보를 처리하고 저장하는 영역이 같다. 일차로는 뇌를 끝없이 키울 수 없기 때문에 제한된 공간에서 효율을 높이는 구조로 발전한 결과다. 어쩔 수 없는 이유로 이러한 구조로 발전했지만, 오히려 이것이 더 강력한 성능을 발휘하는 원인이 되었을 수도 있다. 인공지능이 인간 수준의 지능으로 발전하려면 뇌 자체가 이 같은 구조나 원리를 반영해야 하고, 인간의 전두엽과 소뇌의 기능을 하드웨어적으로 구현할 방법도 찾아야 한다. 불가능하지는 않지만 생각보다 시간이 오래 걸릴 것이다.

이런 장벽을 뛰어넘어 먼 미래에 범용 인공지능이 개발되면, 모든 인지 영역에서 인간을 뛰어넘는 초인공지능 출현이 현실적으로 가능해지는 단계에 진입한다. 이 단계에 진입해도 곧바로 초인공지능이 출현하지는 않는다. 하지만 초인공지능까지 발전하는 속도는 현재부터 범용 인공지능까지 도달하는 속도보다는 빠를 것으로 예측된다. 단, 범용 인공지능이 발명되어도 인공지능이 갈 길은 멀다. 인간의 뇌도 구조가 기능을 담아내고, 기능의 차이에 따라 성능이 달라진다. 인지 패턴의 차이가 뇌신경 형태에 따라 다른 이유다. 일란성 쌍둥이도 뇌신경망의 연결 구조(뇌지도)가 다르고, 뇌 기능의 발달 방향과 수준이 다르다. 이런 차이가 인간마다 각기 다른 성향, 지능, 역량을 만들어낸다. 이와 마찬가지로 범용 인공지능의 발명은 다양하게 발전할 수 있는 씨앗 구조의 탄생에 불과하기 때문이다.

범용 인공지능이 인간 뇌의 다양성처럼 다양한 구조와 기능 차이를 만들어내는 단계에 이르러도 나갈 길이 더 있다. 일부에서는 인공지능이 인간을 정복하는 미래를 예견한다. 바로 디스토피아다. 하지만 인공지능이 인간을 미워하고 파괴시켜야 할 존재로 인식하고 행동에 옮기려면 수많은 조건이 충족되어야 한다. 인공지능도 인간처럼 스스로 자기를 인식하는 '자아'를 가져야 한다. 어쩌면 '영혼'도 필요할지 모른다. 인간의 자아가 영혼과 연결되어 있다면 말이다. 영생의 욕망, 독점의 욕망, 비교의식, 질투 등 다양한 감정과 자기중심적으로 선악을 판단하는 능력도 가져야 한다. 자유의지도 필요하다. 하지만 인간조차 이런 것들이 어디에서 작용되고 어떻게 발현되는지 모른다. 인간도 모르기 때문에 인공지능에 구현하는 방법도 찾아내기 어렵다. 최악의 경우, 영원히 찾아내지 못할 수도 있다. 긍정적으로 생각해도 아주 오랜 시간이 걸릴 것이다.

물론 돌연변이나 빅뱅처럼 어느 날 갑자기 알 수 없는 원인으로 인공지능에 의지, 욕망, 감정, 영혼 등 이런 모든 기능이 갑자기 창발創發될 수도 있다. 창발 현상은 복잡계complex system에서 사용하는 용어로 시스템의 각 부분에는 존재하지 않지만, 시스템이 하나로 작용하면서 나타나는 현상을 가리킨다. 그 안에는 없는데, 각기 다른 모든 것이 조합해서 작용되면서 새롭게 나타나는 무엇이다. 이런 방식으로 인공지능이 인간이 가진 기능을 얻으려면 원숭이가 사람이 되는 만큼이나 오랜 시간이 필요하거나, 아무것도 없었던 빈 공간에서 갑자기 빅뱅이 일어나며 존재가 만들어진 시간, 그 시간부터 인간이라는 생명체까지 출현하는 만큼이나 아주 장구한 시간이 필요할지 모른다.

인공지능이 인간을 파멸시키는 미래는 이 정도의 시간이 필요할 테니 (인공지능 기술을 활용해 인간을 감시하는 빅브라더의 위험을 토론하는 것은 의미가 있지만) 인공지능로봇이 인류를 파멸시키는 디스토피아적 미래 시나리오를 가지고 인간의 일자리나 직업의 미래를 예측하고 염려하고 저항하는 것은 큰 의미가 없다. 오히려 인공지능 기계와 인간의 공존을 상상하며, 일자리나 직업의 미래를 예측해보는 것이 의미 있다.

기계와 인간은
어떻게 공존하는가

TV 시대가 되면서 라디오의 종말이 예견되었다. 하지만 라디오는 죽지 않았다. 이유가 무엇일까? 자동차의 보급과 콘텐츠 증가가 라디오를 살렸다. 집에서는 라디오를 듣는 시간이 현저히 줄었지만, 자동차 안에서는 눈을 영상 소비에 사용하지 못한다. 눈은 오직 운전에만 집중해야 하기 때문이다. 콘텐츠가 증가하면서 소비 욕구는 늘었지만 자동차 운전이나 업무 중에는 귀밖에 사용할 수 없다는 새로운 문제가 발생했다.

환경의 변화는 늘 새로운 문제를 만든다. 또다시 환경이 바뀌고 있다. 자동차의 핸들에서 손을 떼고 눈도 운전에 집중할 필요가 없는 미래가 코앞으로 다가왔다. 이제는 무엇이 라디오를 살릴 것인가? 라디오가 당장 사라지지는 않을 듯하다. 라디오 방송이 좀 더 변화하는 수고를 해야 하지만, 변화된 새로운 환경에서 새로운 도전자와 공존할 방법을 다시 찾을 수 있을 것이다. 라디오의 미래를 예측하려고 이야기를 꺼낸 것이 아니다. 인공지능 기계, 인공지능로봇 시대의 이야기를 더 해보려 한다. 참고로, 인공지능로봇은 인공의 지능을 가지고 물리적 공간을 이동하면서 다른 존재(인간, 인공지능, 인공지능로봇, 연산 및 물리적 기계)와 상호작용을 하는 지능 기계다.

필자는 인공지능로봇 시대가 와도 기계와 인간은 얼마든지 공존할 가능성이 충분하다고 예측한다. 아니, 공존에서 미래 해법을 찾아야 한다. 공존하는 곳에서 인간의 일과 일자리, 직업이 확보되기 때문이다. 저항하고 외면하면 더 빨리 밀려난다.

산업혁명 시절, 러다이트Luddite로 불린 영국 직물 노동자들은 직물기 발명가 집에 불을 질렀다. 독일 뱃사공들은 증기선에 올라 모래를 뿌렸다. 자동차가 발명되자 영국 의회는 붉은깃발법을 만들어 강력하게 규제하며 마차 업계를 보호했다. 이런 극렬한 반대와 법적 보호망도 소용없이 직물 노동자, 뱃사공, 마차 업자 등은 사라졌다. '저항'하고 '외면'하면 밀려나지만, '공존'하고 '변화'하려고 노력하면 상생win-win할 수 있다. 지금부터 시작하면, 인간이 기계와 공존할 방법을 찾고 준비할 시간이 넉넉하지는 않지만 부족하지도 않다. 기존 일자리 감소 규모가 생각보다 느리거나, 혹은 낮은 속도를 유지한 채 서서히 진행될 가능성이 좀 더 크기 때문이다. 일정 시간이 지나면 한쪽에서부터 새로운 일자리가 생기기 시작할 것이다.

산업혁명 이후 기계가 공장에 들어왔을 때 (러다이트운동이 두려 워했던 인간 일자리의 몰락이라는 미래가 아닌) 인간의 일자리 총량이 계속 증가하는 미래로 흘러갔던 이유가 있다. 기계를 통한 생산성 향상이 제품과 서비스의 가격 하락을 가져와 시장 확대가 비선형적으로 일어나면서 일자리 증가도 그 이전보다 선형적 성장을 계속할 수 있었다. 인공지능 혹은 인공지능로봇(기계)은 생산성, 정확성, 지능의 향상성을 가져온다.

생산성, 정확성, 지능의 향상은 제품과 서비스의 가격 하락을 가져와 생산량 증가를 유도하고 낮은 선형적 수준의 일자리 증가를 발생시킬 것이다. 인공지능의 지능 향상성은 새로운 제품과 서비스를 만들어 신규 수요를 창출한다. 정확성의 향상은 인간에게도 도움이 된다. 인간이 다른 일에 지능을 사용할 힘과 시간을 제공하기 때문이다. 지능 향상성은 과거에는 인간에게 불가능하다고 판단되는 영역으로 인간을 이끌어간다. 과거에는 천재의 일 영역이었던 것을 보통 사람의 일로 전환해주고, 초인간적인 일 영역도 개척해준다.

지금까지 나온 결과를 종합해보면, 인공지능은 문제를 해결하는 데 탁월하고, 인간은 문제를 발견하고(공감 능력 필요) 정의 내리는 데(비판적 사고 필요) 탁월하다. 인간은 인공지능 기계를 훈련하고, 인공지능은 인간이 발견하고 창조한 문제 해결 방법을 실행한다. 인공지능은 가장 효과적인 해결법을 빠르게 찾는 데 탁월하고, 인간은 느리지만 새로운 해결법에 도전하고 모험하며 창조한다(창의성 필요). 특정 기술의 시행은 인공지능이 맡고 사람은 새로운 도전과 모험, 창조를 한다. 현 세계를 관리하고 복제하는 일은 인공지능로봇이 잘할 것이다. 인간은 인공지능로봇을 활용해 새로운 것을 창조하고, 성찰과 창의력을 사용해 미래를 발명하는 일을 맡는다.

인공지능이 만들어낼 두려운 미래에 갇히지 말라. 당분간, 아니 오랫동안 인공지능은 당신의 '현명한 친구'가 될 것이다. 당신의 감정에 따라 음악을 골라주고, 자식과 부부 상담을 해주고, 중요한 미팅에 입고 갈 옷을 골라주고, 더 안전한 은퇴를 준비하도록 글로벌 투자자문도 해주는 멋진 친구다. 물론 좋은 조언을 해주는 친구라도 당신이 모두 따라갈 필요가 없듯이 인공지능의 모든 조언에 인간이 예속되지는 않는다. 최종 선택은 인간의 몫이다. 기계와 인간의 공존의 큰 틀은 이렇게 시작될 것이다. 필자는 추가로 다음 5가지 영역에서 인간이 인공지능과 일자리를 두고 공존하거나 분리될 미래를 예측해본다.

1. 인공지능이 일할 수 없는 곳에서 일한다. 복잡한 3D 업종이나 완전히 창의적인 영역, 즉 인간과 기계 사이를 파고든다. 인간과 기계 사이에는 필연적으로 간격이 존재한다. 간격은 필요를 낳는다. 필요는 일자리와 직업을 낳는다. 인공지능과 첨단기술의 완벽함을 불편함으로 여기거나 인간과 자연 그 자체가 주는 감동이 필요한 영역, 도전과 모험이 필요한 영역 등이 여기에 속

한다.

2. 인공지능을 관리하고 유지하는 데 필요한 노동과 지식을 공급하는 일이다. 기업은 이윤이 중요하다. 그래서 인공지능로봇 등의 첨단 기계를 만드는 기업은 제품으로써 기계를 영구적 존재로 만들 수 없다. 기계는 만들어지고 사용되다 부서지고 멈추고 재생되는 치명적 운명을 타고난다. 기계를 보존하고 치유할 필요가 발생한다. 기계가 부서지는 만큼 수리되고, 수리되는 수요만큼 재생될 것이다.

3. (인공지능 밑에서 일하면 인간의 자존심이 상한다는 선입견에서 벗어나야 하는 전제가 있지만) 인공지능의 지시와 관리하에 혹은 협력하며 일해야 한다. 인간의 '전략'과 컴퓨터의 전술적 '예리함', '속도'가 결합해 압도적 힘을 발휘하는 영역이 여기에 속한다. 인간과 인공지능, 인공지능로봇과 기계, 인간과 인간 등 다양한 조합으로 팀을 구성해 도전하고 즐기고 의미를 찾을 수 있다.

4. 인공지능을 활용해 인간의 노동생산성을 증가시키는 창의적인 일이다. 인공지능을 잘 활용해 인간의 최종 성과를 향상시키거나 인간의 능력 자체를 향상시키는 영역이 여기에 속한다.

5. 새로운 인공지능을 만들거나 인공지능을 소비자의 욕구나 특수한 목적에 맞게 훈련하는 일이다.

미래에는 인공지능과 공존하고 협력하는 사람이 인재가 된다. 인공지능과 경쟁하는 것을 피할 수는 없다. 하지만 경쟁관계를 협력관계 혹은 공존관계로 전환시키는 미래도 충분히 만들 수 있다. 인공지능과 싸우는 대신 동맹하고 협력하고 활용하는 대상으로 변화시켜 적이 아닌 동지로 바꿀 수 있다. 인공지능과의 연결에 성공하는 이들은 20세기에 부딪혔던 수많은 장벽을 쉽게 뛰어넘을 수 있는 '증강된 개인'으로 진화할 것이다. 관심 있게 주위를 돌아보라. 인공지능과 협력하는 사람이 하나둘씩 나타나고 있다. 중국의 한 식당에서는 로봇이 서빙하고, 일본의 스시집 '구라스시'에서는 로봇이 초밥을 만든다. 일자리 강탈이라는 시각으로 볼 수도 있지만, 인간과 인공지능로봇의 공존과 협력이라고 볼 수도 있다.

아무리 부정해도 시간이 지날수록 인간과 기계의 협업은 지금보다 많아질 것이다. 미래의 인재가 되려고 하는 이들은 인공지능을 활용해 시와 소설을 쓰고, 작곡을 하고, 새로운 요리의 레시피를 만들어내는 미래로 현재의 변화를 바라본다. 인간과 인공지능로봇은 상호 보완적인 협업이 가능하다.

잉여 시간과 잉여 두뇌로
경쟁력을 높여라

우리가 인간과 인공지능의 경쟁을 걱정하고 있지만, 미래에는 인간끼리의 경쟁도 계속된다. 인간과 인간의 경쟁에서 살아남으려면 어떤 능력을 가져야 할까? 지금까지 필자가 예측한 미래 변화를 이해했다면, 잉여 시간과 잉여 두뇌를 어떻게 사용하느냐가 중요하다는 것을 직감했을 터이다.

먼저 인공지능과 협력하여 얻은 잉여 시간을 잘 관리하고 활용하는 사람이 경쟁력을 갖는다. 2020년 이후 인간은 자율주행 자동차의 도움으로 출퇴근의 여유로움과 잉여 시간이 생기고, 인공지능 비서와 생각하는 로봇의 도움으로 노동시간이 단축되거나 불필요한 일에서 벗어날 것이다. 바이오기술, 줄기세포, 뇌과학 등 과학기술의 발전은 인간을 늙지 않고 오래 살게 할 것이다. 100세 시대가 120세가 되고 죽을 때까지 한층 젊고 건강하게 사는 물리적 시간의 확장도 가능해진다. 이런 변화를 모두 감안하면, 잉여 시간은 생각보다 많을 것이다. 잉여 시간의 규모와 가치를 인식하고, 새로 주어진 시간을 무의미하게 소비하거나 낭비하지 말고 의미 있고 생산적으로 활용해야 한다.

과거나 현재도 시간은 금이다. 세계 최고의 부자라는 제프 베이조스나 빌 게이츠도 돈으로 살 수 없는 것이 시간과 생명이다. 미래에도 마찬가지다. 시간을 잃는 건 자본을 잃는 것만큼 치명적이다. 특히 변화가 진행되는 국면에서 시간은 생존이다. 변화에 적응하고 변화를 이용하고 변화를 뛰어넘는 나로 만들려면 올바른 방향 선택과 물리적 시간이 절대 필요하다. 시간의 힘을 사용하라. 먼저 하고, 꾸준히 하고, 오래 하라. 투자도, 창의력도, 통찰력도, 공부도, 성과도 모두 시간의 힘이다. 시간의 힘이 가져다주는 눈덩이 효과(기하급수적 성장 효과)라는 강력한 힘을 반드시 활용하라.

미래의 시간과 관련해 한 가지 더 덧붙일 것이 있다. 미래에는 시간의 개념도 '글로벌 24시'로 바꾸어야 한다. 단지 '9 to 6'로 제한해서는 안 된다. 글로벌 시대에는 24시간 전체가 해가 떠서 돌아가고 비즈니스가 진행되고 돈이 움직인다. 시간의 개념을 글로벌 24시로 바꾸고, 전 세계의 고객이나 파트너들과 동시화synchronization 시간으로 대응하라. 모든 사람에게 모든 일을 적시 시간just-in-time에 공급하고 공급받을 수 있는 조건을 만들어야 당신의 부가 증가한다. 글로벌 24시를 활용해 전 세계에 있는 고객이나 파트너들에게 적시에 상품, 지식, 서비스, 네트워크 등을 투여하라. 맞춤형 24시간이 되도록 해야 한다.

다음으로 잉여 두뇌를 잘 활용하는 사람이 경쟁력을 갖는다. 기억 능력의 가치가 줄어들면서 만들어진 잉여 두뇌를 어디에 사용해야 할까? 답은 정해져 있다. 즉 '생각'에 사용해야 한다. 미래 인간에게 맡겨지는 일의 상당수는 '생각하는 노동'과 관련된다. 미래는 생각이 인간 노동의 핵심 기술이다. 저장, 기억, 계산 등은 인공지능이 한다. 인간은 이런 일에 머리를 사용하지 않는다. 지금 당신이 전화번호를 외우는 데 두뇌를 사용하지 않듯 말이다. 열심히 기억하고 다시 기억해내는 능력으로 먹고사는 시대가 끝나고 있다. 미래에 살아남으려면 '생각의 힘'을 길러야 한다. 생각하는 힘은 인간의 능력을 평가하는 새로운 미래 기준의 하나가 될 것이다. 미래에 인간끼리의 경쟁은 생각하는 자와 생각하지 않는 자, 생각을 많이 하는 자와 적게 하는 자, 생각의 기술을 잘 쓰는 자와 쓰지 못하는 자로 나눠진다고 해도 틀린 말이 아니다.

인간이 하는 생각은 새로운 것의 발견과 창조에 집중될 터이다. 바로 통찰력과 창의력이다. 통찰력은 앞에서 설명했으니, 여기서는 창의력에 대해 간단히 다루어보자. 창의성을 생각의 결과로 끌어내려면 다양한 사고방식을 장착하고 훈련을 반복해야 한다. 그 모든 방법을 이 책에서 다 설명하기는 어렵다. 여기서는 창의성을 이끌어내는 3가지 명령 혹은 생각에 대해서만 간단히 다뤄보자.

뇌의 중요한 특징 3가지가 있다. 첫째, 뇌는 '효율성'을 찾는다. 효율성을 위해 분명한 답, 쉬운 답을 먼저 찾는다. 가장 저항이 적은 길이다. 자동적으로 과거에 했던 것을 기록한 신경연결통로로 먼저 간다. 창의성은 가장 저항이 적은 통로를 벗어나서 생각할 때 나타난다. 더 깊은 신경망으로 들어가야 한다. 이것을 가능하게 하는 명령이 있다. '다르게 생각해라', '더 깊게 파서 생각해라', '다른 것을 찾아라' 등이다. 이를 위해 도움이 되는 행동은 '새로운 일 해보기'다. 여행하기, 새로운 취미 배우기, 새로운 기술 배우기, 새로운 것 하기 등이다. 뇌에 새로운 일을 하도록 하면 생각도 자연스럽게 새로운 곳으로 향한다. 빌 게이츠가 최고 천재로 인정하는 발명가 네이선 미어볼드는 자신의 창의성의 비결은 요리책을 쓰고 새로운 원자로를 발명하고 끊임없이 새로운 일을 시도해보는 것이라고 고백했다. 실패와 혼란스러움도 배움의 일부다. 이는 새로운 생각을 하도록 하는 장치다.

둘째, 뇌는 '자극'을 찾는다. 참신하고 새롭고 신나는 것을 추구한다. 오래되고 낯익을수록 자극을 덜 주기 때문이다. 창의성은 낯익은 것과 참신한 것 사이의 균형점이다. 이를 위해 필요한 명령이나 생각은 '경계를 깨라'이다. 새로운 것을 창조하려면 수많은 정보를 계속 연결하고, 변경하고, 섞고, 재조립하는 생각의 과정을 거쳐야 한다. 창의성은 평범함을 가지고 비범함을 만드는 생각의 결과다. 창조는 최초의 아이디어(혹은 정보나 지식)가 반복적으로 새로운 아이디어(혹은 정보나 지식)와 연결, 결합, 융합, 재구조화, 해체되는 과정에서 나온 결과물이다. 최초의 아이디어는 자신의 고유한 것일 수도 있고, 남의 것의 일부일 수도 있다. 물론 중간 과정에서 나온 아이디어 또한 자신의 고유한 것일 수도 있고, 남의 것의 일부일 수도 있다. 심지어 마지막 결과물만 제외하고 모든 과정의 아이디어가 남의 것의 일부일 수도 있다.

그럼에도 마지막 결과가 창조적일 수 있는 것은 아이디어를 끊임없이 연결, 결합, 융합, 재구조화, 해체하는 생각의 전 과정이 자신만의 고유 작업이기 때문이다. 이 세상에 남의 것을 빌려오지 않고 새로운 것을 창조하는 이는 단 한 사람도 없다. 사람들이 환호하는 창의성이 어디인지 쉽게 알지 못한다. 사람들에게 너무 익숙하면 지루해하고, 너무 참신하면 아무도 따라오지 않기 때문이다. 환호하는 균형점을 찾아야 한다. 둘 사이 중간에 균형 잡힌 어딘가를 찾는 '생각'이 창의성이다.

셋째, 뇌는 '실패'를 싫어한다. 그래서 실패할 가능성이 큰 일에는 저항한다. 당신의 뇌에 이렇게 명령하라. '실패를 두려워하지 마라', '실패해도 된다', '실패해도 괜찮다', '실패를 즐기라', '실패를 덜 걱정하라.' 성공은 평평하고 잘 닦인 아스팔트 위에서 태어나지 않는다. 실패가 산더미처럼 쌓인 거친 산에서 태어난다. 실패는 성공의 반석이다. 냄새나는 거름이 밑에 있어야 식물이 잘 자란다. 더 깊이 생각하고 경계를 허물고 모험을 하라.

이 3가지는 생각을 잘하기 위해 생각의 방향을 잡아주는 명령

혹은 생각이다. 생각을 위한 생각이란 뜻이다. 물론 이것이 전부
는 아니다. 생각을 잘하기 위해서(통찰력과 창의력 발현을 잘하기 위해
서)는 이해력이 기반이 되어야 한다. 이해력을 향상시키려면 사
고의 기술(비판적 사고, 추론 사고 등등)과 다양한 배경지식이 필요하
다. 다양한 배경지식은 책을 많이 읽어야 얻어진다(사고의 기술에
관심 있는 독자는 필자의 다른 책《미래학자의 통찰의 기술》을 참고하라).

　그렇다면 이를 위해서 당신이 해야 할 일은 무엇일까? 아주 간
단하다. 지금부터 시와 소설을 즐겨 읽으라. 《삼국지》와 같은 역
사소설을 읽으라. 그러면 사람과 사회를 이해하는 능력을 얻게
된다. 심리학 책을 읽으라. 그러면 사람들의 심층 욕구와 겉으로
드러나지 않는 세상을 이해할 수 있다. 미래학을 공부하라. 그러
면 정보를 다루는 기법과 정보 가치사슬을 만드는 방법을 배울
수 있다.

　창의력은 공상에서 오는 것이 아니다. 생각의 힘도 책상 앞에
앉아서 멍하니 있다고 발전하지 않는다. 사고의 폭, 이해의 폭을
넓혀야 한다.

미래의
3차원 가상 일터

가상의 일터를 이야기하면, 대부분의 사람이 인터넷 쇼핑몰 정도를 떠올린다. 3차원 가상세계에서 실현될 미래 일터를 이야기해도 인터넷 쇼핑몰의 3차원 버전을 생각한다. 아니다. 지금부터 미래의 어느 날 당신이 정식으로 출근할, 말도 안 되는 미래의 가상 일터 일부를 소개한다. 지금의 인터넷에 '3D-홀로그래피-가상현실-햅틱-6~7G-유비쿼터스-인공지능로봇' 순으로 혁신기술이 접목되어 '지능적 3D 가상세계'가 완성되면 인류 역사상 몇 천 년에 한 번 가능한 공간적 대변혁이 일어난다. 공간 대변혁은 비즈니스뿐만 아니라 개인의 생활환경까지 송두리째 바꿀 충격을 불러올 것이다. 현실보다 더 현실 같은 지능적 3D 가상세계가 완성되면, 가상이 현실을 지배하는 시대가 된다. 가상세계의 활동이 현실세계의 활동을 능가하고, 이런 변화의 흐름에 잘 대처하지 못한 기업은 무너지며, 새로운 기회를 빨리 포착한 사람은 새로운 소득효과Income Effect를 주도할 것이다.

소설가이자 게임 시나리오 작가인 이인화는 가상세계의 위력을 진단하며 "곧 월드와이드웹www은 가고 월드와이드 시뮬레이션wws 시대가 온다"라고 말했다. 또한 "가상세계는 단순한 콘텐츠가 아니라 게임, SNS, 커뮤니티 서비스, 전자상거래 등 기존의 비즈니스 영역을 통합하며 수많은 사람을 한데 모을 수 있는 집중력 있는 플랫폼이다. 그리고 언제 어디서나 컴퓨터와 접속할 수 있는 유비쿼터스 환경에서 사람들은 현실보다 가상세계에 더욱 빠지게 된다. 실제로 문자나 정지 화상 위주의 2D 웹이 실제와 같은 공간감을 주는 3D 웹으로 급속도로 바뀌면서 사람들이 더욱 가상세계에 몰입하게 만들고 있다"라고 했다.

미래는 갑자기 오지 않는다. 반드시 미래 징후futures signals가 나타난다. 미래는 그냥 만들어지지 않는다. 과거와 현재에 미래를 만드는 힘과 시도가 있다. 필자가 예측하는 '지능적 3D 가상세계'라는 새로운 미래도 이미 미래 징후 혹은 시도가 있었다. 린든랩Linden Lab이라는 미국 회사가 운영하던 3차원 가상공간 플랫폼인 '세컨드라이프Second Life'를 기억하는가? 한국어 서비스는 중지되었지만, 미국을 비롯해 몇몇 국가에서는 여전히 서비스를 진행하고 있다. 제2의 인생이라는 모토를 내세우고 유저들이 자기가 꿈꾸는 모든 콘텐츠를 창조적이고 능동적으로 만들면서 형성하는 3D 가상공간 서비스다.

필자의 예측으로는 개인 디바이스가 좀 더 향상되고 모바일 통신 기술이 6~7Gb 수준에 이르고, 3차원 기술이 보편화되면 앞으로 이런 공간이 더 많이 만들어질 테고 각기 독립된 하나의 국가처럼 기능할 것이다. 미래에 이런 공간이 몇 백 개 만들어지면 이론적으로는 나라마다 최대 60억 명(현재의 세계 인구)의 가상 국민을 가진 수백 개의 가상 국가가 동시에 존재하는 거대한 가상 지구, 가상세계가 탄생한다. 각 나라를 넘나들 때 가상 여권을 소지해야 하고, 어떤 나라는 질 낮은 유저들을 골라내어 가상 비자 발급을 제한할지도 모른다. 이런 가상공간 안에서 유저들은 현실에서 꿈꿔온 자신의 이상과 능력을 섬세하고 완벽해져 가는 아바타와 가상 건축, 가상 도시, 가상 돈, 가상 정치, 가상 문화 등으로 펼칠 수 있다. 오감을 전달하는 햅틱 기술이 보편화되면 현실감은 상상을 초월할 것이다.

세컨드라이프는 웹 2.0의 참여와 공유라는 기본 철학 아래 탄생했다. '참여'는 세컨드라이프에 참여한 모든 유저의 창작에 따라 구성되는 세계를 가리킨다. 유저가 직접 참여하여 창의적 행위를 무한하게 형성할 수 있는 세계다. 당신이 원한다면 스스로 창작한 콘텐츠를 활용해 비즈니스에서 정치에 이르기까지 상상하는 그 무엇이라도 가능한 세상이다. '공유'는 형성된 지적 재산이 린든랩의 독점 소유가 아닌 참여자의 공동 자산임을 의미한다. 세컨드라이프에서 유저는 자신의 창작물에 대한 저작권을 갖는다. 자신의 것이기에 마음대로 사고팔 수 있다. 경제활동과 사회적 거래 활동이 가능하다. 자기 것을 이용해 타인에게 영향력을 끼치는 도구로 사용하는 일도 가능하다. 여기서 비즈니스의 무한한 가능성이 열린다. 기존 2D 기반의 인터넷 비즈니스나 참여를 제한하는 모델과는 차이가 크다.

세컨드라이프에서는 몇 만 개의 사업이 진행되고 있고, 매달 1천만 개의 새로운 상품과 서비스가 론칭되며, 이 가운데 수십만 개가 활발하게 거래된다. 회계사, 정신과의사 등 전문인도 대거 진출하고 있다. 오프라인 기업이 세컨드라이프에 진출하는 것을 도와주는 컨설팅사업도 있다. 매달 미국 달러로 수천 달러를 실제로 버는 유저도 빠르게 증가하고 있다. 세컨드라이프 안에서 새로운 소득효과를 얻는 사람도 많다.

아일린 그라프(ID: Anshe Chung)라는 중국계 독일인은 안시청 스튜디오(부동산개발)를 세컨드라이프에 설립했는데, 2004년 3월 가입비 9.95달러를 내고 2년 6개월 만에 세컨드라이프에서 최초로 부자가 된 인물로 언론에 소개되었다. 그가 벌어들인 누적 순이익은 수백만 달러가 넘는다. 루번 스타이거(ID: Reuben Millionsofus)는 밀리언스오브어스(마케팅 컨설턴트)라는 가상 회사를 설립하고 세컨드라이프에 진출하려는 현실 기업을 컨설팅하거나 가상세계 프로모션 캠페인 등을 해준다. 역시 한 해 매출액이 수백만 달러에 달한다. 시블리 버벡(ID: Sibley Verbeck)은 일렉트릭십(마케팅 컨설턴트)이라는 가상 회사에 직원 55명을 두고 가상세계에 본사를 짓거나 프로모션하려고 하는 기업을 컨설팅해준다. 건당 1만 5천 달러를 받는다.

알리사 라로셰(ID: Aimee Weber)는 에이미웨버스튜디오를 가지고 아바타용 의상 디자이너이자 마케팅 컨설턴트를 한다. 건물을 짓거나 이벤트를 개최하는 데 3만~10만 달러를 받으며 매월 신규 고객이 두세 곳씩 늘어나고 있다. 애덤 프리스비(ID: Adam Zaius)는 딥싱크라는 가상 회사를 설립해 현실과 다른 삶을 살고 싶어 하는 사람들에게 해변, 화산, 사막 등으로 꾸민 독창적인 집을 팔아 돈을 번다. 토지 매매가는 132~330달러라고 한다. 피터 로케(ID: Crucial Armitage)는 크루셜크리에이터라는 회사를 차리고 70여 개나 되는 가상 옷 매장을 운영한다. 신발과 부츠가 특히 유명하다. 그가 만든 아이템은 개당 75센트이며 연매출은 10만 달러가 넘는다.

세컨드라이프 같은 3차원 가상공간 서비스를 기업이나 회사 내에서의 개별적인 업무 성과를 혁신적으로 끌어올리는 데 적용하기도 한다. 다시 말하지만, 세컨드라이프 서비스는 다가올 미래의 '지능적 3D 가상세계'를 알리는 신호에 불과하다. 기술 정도나 활동의 범위도 다가올 미래의 '지능적 3D 가상세계'에 비하면 초보 수준에 불과하다.

앞으로 3D 기술이 점점 더 발달하면 세컨드라이프에서 서비스하는 기능이나 활동은 아무것도 아니다. 당신의 기업과 업무가 혁신적으로 바뀔 것이다. 3차원 지능적 가상세계는 그 자체로 글로벌한 세계다. 당연히 전 세계 고객에 대한 직접적인 정보 수집

Global Focus Group Interview을 할 수 있다. 가상의 3D 아바타를 통해 자신이 직접 말하듯 감정 표현을 하며 현실감 있는 대화를 나눌 수 있게 된다. 신제품이나 서비스 테스트도 할 수 있다. 3차원 공간이기 때문에 전체적인 디자인이나 기능의 배치 등에 대한 유저들의 테스트가 가능하다. 그것도 실물 수준의 해상도와 현실세계에서 물건을 다루듯 완벽한 속도와 현실감으로 가능하다. 주택, 건축, 디자인 테스트나 여행 정보, 도시설계 등의 영역은 3차원 가상공간 시뮬레이션의 파괴력이 상당할 것이다. 자신의 아바타를 통해 행동하기 때문에 고객이 직접 고객센터를 방문하거나 해당 지역을 방문하여 직원과 대화하듯 상담받을 수 있어 고객의 만족도를 높이는 데 매우 효과적이다. 조직 내 커뮤니케이션 도구로 활용할 수도 있다.

IBM은 세컨드라이프 안에 24개의 섬을 구입하고 수백 명의 직원을 상주시키며 비즈니스센터, 가상회의 공간, 직원 재교육, 세계 각지 IBM 협력업체들과의 온라인 공동 작업, 기술과 정보의 사내 공유 등에 활용했다. 하버드대학교 법학대학원은 2006년 '법과 여론 재판'이라는 법학 강의를 세컨드라이프에 개설하고 다른 학교 학생에게도 수강을 허용해 큰 인기를 끌었다.

사이버비즈니스의 한계도 풀릴 것이다. 현실에는 존재하지 않고, 가상세계에서만 활동하는 기업이 나올 수 있다. 현실에서는 커피숍 종업원이지만, 가상세계에서는 번듯한 회사 사장일 수도 있다. 현실세계에서 일은 부수적이고 가상세계에서 본업을 갖는 이들도 상당수 생겨날 것이다. 현실에서는 교사이지만, 가상세계에서는 부동산개발자가 될 수도 있다. 포토샵이나 다양한 그래픽 도구를 사용해서 자기가 산 가상의 땅에 풀을 기르고 강, 산, 숲 등의 풍경을 가꾸거나 도로와 전기 등 인프라를 건설하고 주택과 빌딩을 지어 커뮤니티를 만들 수도 있다. 현실과 가상세계 곳곳에 '부동산 매매' 광고를 내거나 옥션 판매로 자신이 만든 사이버부동산을 판매하거나 다른 가상 상인에게 건물을 임대하는 방식으로 부자가 될 수도 있다. 이런 세상이 현실이 되면 현실세계에 존재하는 연구소, 사무실 빌딩, 휴식 공간, 커뮤니티 공간, 홍보 공간, 미팅 공간, 엔터테인먼트 공간 등이 모두 가상세계로 옮겨가거나 복제된다. 수많은 가상 기업, 일자리, 신규 직업도 만들어질 것이다.

3차원 지능적 가상세계는 내 집에서 혹은 거리의 커피숍 안에서 혹은 길거리를 걸어가면서도 접속이 가능하다. 그 공간의 일부나 공간 안에 있는 동료들을 홀로그램이나 증강현실 기술을 써서 현실로 불러올 수도 있다. 이런 공간을 인공지능과 연결하면 내 아바타를 인공지능으로 움직이게 한다. 또한 컴퓨터 속의 아바타나 사물이 모니터 밖으로 튀어나오는 홀로그램이나 증강현실 기술, 휴머노이드로봇과 연결하면 내가 갈 수 없는 현실세계 곳곳으로 내 분신을 보낼 수도 있을 것이다. 이처럼 미래에 등장할 3차원 지능적 가상세계는 현실과 가상이 완벽하게 하나가 되어 같은 공간에 동시에 존재할 수 있게 된다. 마치 마법처럼 말이다.

3차원 지능적 가상세계가 본격 작동을 시작하면 아주 빠른 속도로 인기를 얻을 이유가 몇 가지 있다. 첫째, 개인이든 기업이든 자신의 업무에 가상 기업 특성을 활용하면 저렴한 비용으로 큰 수익을 낼 수 있다. 회사를 운영하는 데 필요한 다양한 사무실이나 건물을 비싼 값으로 현실세계에서 구입하거나 임대할 필요가 없다. 현실세계에서 사무실 하나를 임대하는 데 필요한 가격으로 몇 십 배의 공간을 가상세계에 구축할 수 있다. 저렴한 비용으로 신속하게 그리고 국제적 지식을 활용하면서 큰 순수익을 내고, 현실 기업보다 몇 배나 빠른 속도로 전 세계를 대상으로 비즈니스 활동을 할 수 있다.

둘째, 가상세계에서는 누군가 나를 알아보고 접속해온다. 비즈니스에서는 생산자든 소비자든 누군가와 만나야 한다는 것이 가장 중요하다. 이를 위해 많은 기업과 개인이 큰 비용을 지출한다. 이런 비용을 지불하지 않고도 내가 만나길 원하는 사람이 나에게 스스로 접속해온다면 어떨까? 가상세계가 그런 행운을 가져다줄 것이다. 현실세계에서는 내가 누군가를 찾아가야 하지만, 가상공간에서는 누군가 나를 알아보고 접속해온다.

셋째, 3차원 지능형 가상세계는 개인이나 기업이 적은 비용으로 전 세계를 대상으로 활동하게 해준다. 언어의 경계가 깨지고 인공지능 비서가 보좌하면, 3차원 가상세계 안에서 전 세계 사람과 인종이나 국적의 제약 없이 활동할 수 있다. 내가 만든 가상의 상품이든 현실의 상품이든 3차원 입체기술로 전달하고, 나의 모습과 같은 아바타가 실시간으로 움직이면서 활동한다. 내가 잠시 자리를 비우거나 잠을 자도 나의 인공지능이 아바타를 관리하면서 전 세계를 대상으로 마케팅하고 제품을 판매할 것이다.

넷째, 3차원 지능형 가상공간에 사람이 몰릴수록 현실보다 더 재미있는 세상이 된다. 상상과 스릴로 가득한 미지의 가상세계를 탐험하며 여행하는 즐거움을 만끽할 수 있고, 춤을 추고 싶으면 나이트클럽에 가고, 기도하고 싶으면 어디서든지 교회에 바로 접속할 수 있다. 공부하고 싶으면 미국의 대학이나 국제 도서관에 곧바로 갈 수도 있다. 무인도, 우주정거장, 서부 개척 시대의 모습 등 상상할 수 있는 모든 세계를 현실보다 더 현실처럼 경험할 것이다.

현실세계에서는 현실만 존재하지만, 3차원 지능형 가상공간은 지나간 과거와 다가올 미래를 함께 제공한다. 과거를 이용해 돈을 벌 수도 있고, 미래를 가지고도 돈을 벌 수 있다. 사람들은 이런 환경에 열광할 것이다. 몇 만 개의 새로운 직업, 새로운 산업, 새로운 기업이 운영되면 현실의 일터보다 더 많은 돈을 벌어들일 수도 있다. 가상 기업의 장점을 창의적으로 활용하여 다국적 기업으로 성장시킬 수도 있다. 가상세계이기 때문에 당신이 상상하는 모든 것을 이룰 기회가 주어진다. 기대하라. 이런 미래가 곧 온다. 당연히 이런 세계도 당신의 미래 일, 미래 일자리, 미래 직업의 예측 안에 집어넣어야 한다.

아시아를
미래 일터로 이용하라

당연한 말을 하나 더 하겠다. 21세기는 아시아의 시대가 된다. 한국인은 아시아인이다. 우리 같은 아시아인은 미래의 일터로 아시아를 최대한 이용해야 한다. 아시아에서는 미국인이나 유럽인보다 아시아인이 더 유리하기 때문이다. 아시아가 세계의 경제, 정치, 사회 영역에서 중심에 올라서면 같은 아시아인들이 최대의 수혜를 볼 가능성이 커진다.

아시아가 세계의 중심이 되는 데는 몇 가지 결정적인 미래 징후가 있다. 우선 현재와 미래에 부의 창출 시스템 혜택을 가장 많이 보는 지역이 아시아다. 세계적인 미래학자 앨빈 토플러 박사는 3가지 부의 물결을 말했다.

첫 번째 부의 창출 시스템은 1만 년 전 선사시대에 지금의 터키 지역인 카라카닥산 근처 어딘가에 최초의 씨앗을 심었을 때 나타났으며, 여기에서 부를 창출하는 방법이 도입되었다. 농업의 발명으로 인간은 앞으로 닥칠지 모르는 궂은 날씨를 대비해 약간의 잉여 생산물을 저장할 수 있게 되었다. 부의 제1물결은 노동의 역할 분담을 초래했고 교역과 물물거래, 판매와 구매의 형태로 교환의 필요성을 불러일으켰다. 경제를 활용한 부의 축적과 힘으로 세계를 지배하고 영향력을 끼치는 환경이 생성된 것이다. 이때부터 인류 역사에 '세계의 중심'이라는 개념이 등장했다.

토플러 박사가 말한 두 번째 혁명적인 부 창출 시스템은 '산업주의'이다. 1700년대 말 영국을 중심으로 유럽 전역에서 일어난 산업주의는 공장, 도시화, 세속주의를 탄생시켰다. 대량 생산, 대량 교육, 대중매체, 대중문화도 낳았다. 이후 산업경제는 표준화, 전문화, 동시화, 집중화, 중앙집권화, 규모의 극대화라는 일반 원칙에 기반하여 다양한 형태로 분화되며 해가 지지 않는 영국의 신화를 만들었다.

마지막 세 번째 부의 물결은 최근에 도래했다. 산업 생산, 토지, 노동, 자본의 전통적인 요소들을 정교한 지식으로 대체해나가며 산업주의의 모든 원칙에 도전하는 물결이다. 지금도 진행되고 있는 제3의 부의 물결은 사회, 시장, 생산에서 탈대량화를 유도하고 조직을 수평화하며 네트워크 구조나 다른 대안 구조로의 전환을 이어간다. 제3의 물결은 '서비스하는 것serving, 생각하는 것thinking, 아는 것knowing, 경험하는 것experiencing'을 기반으로 제2물결을 퇴보시키고 있다. 토플러 박사는 제2물결은 주로 '만드는 것making'을 기반으로 하며 조립라인, 노동 분업과 노동 전문화 등의 형태라고 규정했다.

필자가 말하고자 하는 바는 이것이다. 토플러 박사가 말한 제3의 부의 창출 물결은 수십 년 만에 미국을 더욱 강력하게 만들었고, 이제는 태평양을 건너 아시아로 밀려오고 있다. 미·중 패권전쟁의 승자는 미국이 될 가능성이 높지만, 아시아로 밀려오는 새로운 부의 물결을 막지는 못한다. 21세기 중후반에도 미국이 세계 1위의 강대국이지만, 부의 중심은 아시아가 된다. 중국은 세계 2위를 굳건히 유지하고, 인도가 아시아의 부흥에 기름을 부으며, 동남아시아는 거대한 시장 형성에 힘을 보탤 것이다. 한국과 일본은 여전히 기술 강국으로 남아 유럽연합과 미국에 맞서는 아시아의 기반이 될 것이다. 한국과 중국, 일본 등 아시아의 눈부신 발전과 세계의 중심 이동 물결은 유행이나 일시적인 현상이 아니다. 아시아은행에 따르면 2035년에는 중국이 세계경제의 30%를 장악하고, 미국은 16%, 인도는 EU 톱 6개국보다 경제 규모가 더 커져서 14.3% 정도가 될 것으로 예측된다.

아시아가 세계의 중심이 되는 데 또 다른 미래 징후는 사회 변화의 핵심 원동력 가운데 하나인 '인구분포'다. 2020~2025년이면 아시아 인구는 50억 명을 넘는다. 미국은 4억 명, 유럽 15개국은 2억 명 정도밖에 되지 않는다. 2025년이 되면 서구 국가의 인구는 전 세계 인구의 16% 정도에 불과할 것이다. 1980년대에 서구 국가가 전 세계 인구의 24%를 차지했던 것과 큰 차이가 난다.

전문가들은 앞으로도 선진국에서는 3% 정도 인구만 증가할 것으로 예측한다. 나머지 인구 증가의 대부분은 아시아에서 일어날 것이다. 인구 증가는 시장의 증가와 문화적 소비력의 증가를 불러와 세계의 관심과 부의 집중을 만들기에 유리한 조건을 제공한다.

2003년은 아시아 분수령의 해였다. 일본과 인도를 제외하고도 싱가포르, 한국, 대만, 중국의 총 GDP가 유럽의 5대 경제대국인 독일, 프랑스, 영국, 이탈리아, 스페인의 총계와 맞먹게 되었다. 일본과 인도를 포함하면 6개 아시아 국가의 총 GDP는 EU 25개국보다 3조 달러가 많으며, 이는 미국보다도 많은 액수다. 미래학자들은 2050년이 되면 세계 인구의 절반 이상, 세계경제의 약 40%, 세계 정보기술 산업의 절반 이상, 세계 수준의 첨단 군사력이 아시아에 있을 것이라고 본다.

2008년 금융위기 이후 지금까지 글로벌경제의 위축으로 이런 흐름도 정체되고 있지만, 2025년 이후에 세계경제가 반전을 시작하면 과거 글로벌라이제이션Globalization 과정과는 반대로 아시아를 중심으로 하는 신흥시장 기업들이 선진시장에서 자산과 주식을 사들이는 현상, 즉 리버스reverse 글로벌라이제이션이 아시아를 중심으로 일어나게 된다. 지난 500년간 지속된 역학 관계가 180도 변화되는 것이다. 글로벌경제·정치권력의 균형이 미국과 유럽을 중심으로 하는 서양에서 아시아를 중심으로 하는 신흥시장으로 이동하는 흐름은 아주 오랫동안 계속될 가능성이 크다. 과거 세계화 과정이 서구화Westernization인 것과 달리, 앞으로 세계화 과정은 아시아가 주도하는 일명 '아시아나이제이션 Asianization'으로 펼쳐질 것이다.

세계의 중심이 되기 위해 반드시 확보해야 하는 필수 요소인 기술력, 문화적 영향력, 경제력, 군사력 등도 아시아로 집결되고 있다. 이것이 왜 미래는 아시아여야 하는가에 대한 해답이다. 세계의 중심이 500년 만에 다시 아시아로 이동할 것이다. 아시아인이여, 아시아를 최대한 이용하라. 한국인이여, 수축하는 국내 상황만 보지 말라. 팽창하는 아시아를 보라. 그리고 아시아를 최대한 이용하려는 포부를 품어라.

비장의 무기는
인성이다

필자가 마지막으로 소개해주고 싶은 미래 능력이 있다. 바로 '좋은 인성'이다. 지식사회에서는 지식과 네트워크만 있으면 부자가 될 수 있지만, 그 지식과 네트워크 때문에 망할 수도 있다. 내가 가진 지식보다 더 나은 지식을 다른 사람이 생산한다거나 혹은 내 지식을 누군가가 빼돌려 다른 사람에게 팔아버리면 막다른 곳에 다다른다. 네트워크를 만들기는 쉽지만 네트워크에서 찍히면 무너지는 것은 한순간이다. 물론 나를 배신하는 일도 나의 네트워크 안에서 일어난다. 기술사회에서는 기술을 잘 활용하면 성공할 수 있지만, 그 기술을 도난당하면 위험에 빠진다. 이런 위험성은 누구에게나 언제나 존재한다. 이것이 미래에 개인과 기업, 국가의 중대 고민이다.

이런 위험을 막는 방법이 있다. 인성이 좋은 사람과 일하고, 인성을 믿을 만한 사람과 거래하고 네트워크를 만드는 것이다. 한국과 중국의 기술 경쟁이 치열하다. 요즘에도 심심치 않게 국내기술을 외국으로 빼돌려서 파는 파렴치한 인성을 가진 사람들이 신문 기사에 오르내린다. 글로벌 경쟁이 더욱 치열해지는 미래에는 이 같은 일이 더욱 많이 일어날 것이다. 음악이나 영화만 불법으로 복제하고 유통하는 게 아니라 산업 기밀이나 창조적인 아이디어도 순식간에 지구 반대편으로 불법 유통된다. 기술이 발달할수록 이런 범죄와 배신도 더 지능화된다. "열 사람이 눈을 부릅뜨고 지켜도 도둑 하나를 막을 수 없다"라는 말이 있다. 최첨단 장치를 도입하고 몇 단계의 검문검색을 해도 첨단기술로 무장한 배신자와 지식 도둑을 막기는 어렵다. 하지만 이런 배신과 범죄를 막는 장치를 마련하지 않으면 개인, 기업, 국가가 무너진다. 가난의 늪에 빠지고 만다.

근본적 해법은 사람에게 있음을 시간이 갈수록 기업이 알게될 것이다. 그렇기 때문에 앞으로 기업이나 국가는 인성이 좋은 사람에게 큰 점수를 줄 것이다. 미래 사회에서는 정보나 지식은 인터넷과 인공지능을 통해 얼마든지 구할 수 있기 때문에 지식을 많이 가진 것보다 지식의 가공과 유통을 다루는 사람의 인성이 더 중요해지는 시대가 된다. 필자의 예측에서 보았듯이, 미래 사회는 가상공간 안에서 실제 얼굴을 보지 않거나 아바타만으로 소통하고 프로젝트를 하는 경우도 많이 생긴다. 한곳에 모여일하지 않고 세계 도처에 흩어져 일한다. 이런 환경에서는 능력도 중요하지만 원활한 협업을 위한 좋은 태도, 시간과 업무 약속을 잘 지키는 신뢰성 등이 더 중요해진다. 수직적 충성심보다 수평적 충성심이 강조된다. 이 모든 것은 인성이 바탕이 되어야 가능하다. 미래 학교에서 인성이 중요한 교육 주제로 부상할 것이라고 예측한 이유다. 그렇다면 이를 위해서 당신이 해야 할 일은 무엇일까? 아주 간단하다. 종교를 가지라. 혹은 매일 자기 반성의 시간을 가지라. 명상을 하거나 봉사활동을 하는 것도 좋다. 그러면서 무엇보다도 남을 짓밟고 성공하려는 마음보다 모두에게 유리하도록 노력하는 좋은 태도와 인성을 훈련하라.

주

1 Rousseau Kazi, "The future of work is diverse and distributed," *Forbes*, 2019. 9. 18.

2 이강봉, "소프트웨어 개발자를 모셔라", 〈사이언스타임즈〉 2014. 7. 1.

3 김상하, "10년 후에도 당신이 일자리를 가지고 있을 확률", 〈프레시안〉 2019. 5. 28.

4 박지훈, "AI 시대 사라질 직업 탄생할 직업", 〈매일경제〉 2019. 5. 2.

5 "자동화로 인해 사라질 수 있는 직업 7가지", 〈BBC〉 2019. 1. 15.

6 https://qz.com/1096237/deutsche-bank-analysis-on-the-frequency-of-financial-crises/

7 "합계출산율 0명 시대, 인구절벽 더 가까워졌다", 〈중앙일보〉 2018. 11. 28.

8 이민아, "일자리 잡아먹는다고? 전문인력 구하는 통로로 진화", 〈Economy Chosun〉 2019. 3. 4.

9 마이클 하임, 여명숙 역, 《가상현실의 철학적 의미》(책세상, 1997), pp. 179~206.

10 앨빈 토플러, 이규행 역, 《미래 쇼크》(한국경제신문사, 1989), p. 226.

11 김영한, 《사이버 트렌드》(고려원미디어, 1996), p. 12.

12 석종훈 · 김대진 · 박유상, "한중일 조선산업 경쟁력 비교", 〈산은조사월보〉 제753호, 87(2018. 8).

13 김정훈, "현대차 중국에서 25% 할인해도 닛산 판매량의 1/4", 〈한국경제〉 2018. 11. 5.

14 문희철, "현대차 영업이익 1/4토막, 자동차의 비명", 〈중앙일보〉 2018. 10. 26.

15 "현대차 급기야, 20년 만에 신용등급마저 떨어졌다", 〈조선비즈〉 2018. 11. 2.

16 이동현, "사실상 회생 불능 좀비기업 비율, 일본 2% 우린 15%", 〈중앙일보〉 2016. 10. 19.

17 곽노필, "인공지능과 인간의 '토론 배틀' 결과는?", 〈한겨레〉 2018. 6. 21.

18 박근모, "구글 딥마인드 AI에 상상력을 탑재한다", 〈Digital Today〉 2017. 7. 26.

19 박건형, "로봇 트랙터로 밭 갈고, 드론으로 농장 관리, 무인 농업 현실화", 〈조선비즈〉
    2018. 5. 21.

20 올더스 헉슬리, 이덕형 역,《멋진 신세계》(문예출판사, 1998).

21 케빈 켈리, 이한음 역,《기술의 충격》(민음사, 2011), p. 21.

22 문영규, "2029년엔 사람과 같은 컴퓨터 등장할 수 있다", 〈Hearald Weekend〉 2014. 6. 27.

23 방승언, "사람에게 명령하고 평가하는 관리자 로봇 배치", 〈서울신문〉 2015. 9. 9.

24 클라우스 슈바프, 장대환 역,《21세기 예측》(매일경제신문사, 1997), p. 357.

25 앨빈 토플러 · 하이디 토플러, 김중웅 역,《부의 미래》(청림출판, 2006), p. 168.

26 "미국 교육 최신 트렌드: IT 기술과 교육의 만남", 〈월스트리트저널〉 2014. 6. 30.

27 김재광,《온라인교육, 세상을 바꾸다》(좋은땅, 2013), pp. 175~226.

28 이원재 외,《소셜 픽션, 지금 세계는 무엇을 상상하고 있는가》(어크로스, 2014), p. 246.

29 중앙일보 중앙SUNDAY 미래탐사팀, 최재천,《10년 후 세상》(청림출판, 2012), p. 137.

30 김들풀, "미래 기술은 미래학습을 어떻게 바꾸나?", 〈IT 뉴스〉 2017. 4. 23.

31 린다 그래튼, 조성숙 역,《일의 미래》(생각연구소, 2012), p. 120.

32 에릭 슈미트 · 제러드 코언, 이진원 역,《새로운 디지털 시대》(알키, 2013), p. 41.

33 린다 그래튼, 조성숙 역,《일의 미래》(생각연구소, 2012), p. 212.

34 마이클 하임, 여명숙 역,《가상현실의 철학적 의미》(책세상, 1997), pp. 40~42.

35 마티아스 호르크스, 이수연 역,《위대한 미래》(한국경제신문, 2010), pp. 112~114.

36 구본권, "AI 네이티브, 코딩보다 알고리즘 힘 아는 게 우선", 〈한겨레〉 2019. 9. 29.

37 김희윤, "기자, 20년 내 사라질 확률 11%, 언론사, '봇기자' 편집국으로", 〈아시아경제〉
    2017. 3. 28.

Insight into **Job**